郭添漢——著

熱　線
兩岸軍事互信機制建構

推薦序

　　郭添漢是一位新進的兩岸關係與戰略研究者,他的作品近年散見於國內各軍事期刊雜誌及學術研討會,是一位「後發先至」的戰略領域生力軍。明室邀請我為郭添漢出版的專書作序時,我為他們感到高興,也欣然接受邀請。

　　這本書中有三個特殊的意涵:首先當對岸解放軍近年來也提倡培養複合型的指揮人才之際,國軍應當不落人後,提昇戰略素養並與國際接軌,此種學術研究風氣,值得推廣與鼓勵。

　　其次,郭添漢累積二十餘年的實務經驗,再重拾書本,透過學術理論的探討,觀察兩岸解除敵對狀態,進而維持兩岸軍事互信的模式。經過嚴謹的學術論證之後,必然有其可觀之處。

　　最後,對於「信心建立措施」議題的研究,兩岸及國內外學者,已發表各種不同觀點報告,而大多論述也以研究「兩岸軍事互信機制」為範籌。本書以較少被提及的「熱線溝通」為研究主題,結合近年來中共積極與多國建立不同層級的「熱線」模式,從政策與技術層面探討適合兩岸現況的「熱線」機制。相信可以讓讀者增進對軍事互信機制的「熱線」運用的了解與認識。

　　未來在兩岸互動的過程中,台灣不僅要重視強化戰備整備,保衛台海安全,更重要的是如何防止戰爭的發生。兩岸建立「熱線」機制還有漫長的道路要走,從閱讀郭添漢的著作開始,可引領您去了解來龍去脈。我極力推薦郭添漢的《熱線──兩岸軍事互信機制

建構》，也希望他能持續軍事學術研究的工作，為戰略研究付出更多
貢獻。

國防部前副部長

林中斌

沈　序

　　最近因為北韓挑起戰爭衝突，使得東北亞戰雲密布，引發區域的動盪不安。其中北韓公開宣示終止停戰協定，兩韓用於溝通的熱線電話也停止。有的人會認為，你看，只要威脅存在，即使兩方具備熱線電話也無法發揮作用；另有人認為，因為有熱線電話，才顯示出情勢緊張的變化節奏，反而發揮警示的效果。然而更重要的是，不論情勢與互動趨向緩和或衝突，都是因為人的偏執與誤判所造成，與溝通機制無關。換言之，爆發衝突的原因是人的互信不足，故執意以使用武力方式解決衝突，才會引發戰爭。實際上，並非既有軍事互信機制的類型與功能不足的影響。

　　相對於兩韓的衝突，台灣海峽兩岸的和平進展大幅躍升，經濟與文化的互動與交流日益密切。為了促成進一步的和平發展，中共希望促進兩岸的政治接觸，甚至從非官方智庫接觸開始，先討論政治協議的可能性與內涵。而在政治協議進展過程中，兩岸軍事互信一直是個熱門議題。台灣過去二十年來已經有許多類似研究成果，但原本屬於國與國之間避免衝突的軍事互信作為，要運用在兩岸特殊關係上，本來就有許多政治考量，目前仍是「說的多、做的少」。

　　而在眾多兩岸軍事互信的論著中，添漢這本《熱線——兩岸軍事互信建構》直接切入主題，就溝通性措施中的熱線進行研究，參考其他區域或國家熱線機制的經驗，提出他個人的觀點，非常具有代表性。當然，從本書可以看出，添漢對兩岸軍事互信議題進行學術探討，目的不在鼓吹兩岸實施軍事互信，而是讓國人了解兩岸軍

事互信中有關熱線溝通的可能發展與問題，從而汲取教訓，避免錯誤決策。

　　他在求學時期就非常認真，畢業後也陸續發表研究成果，相信本書必有可觀之處，並可提供相關單位作為政策制定的參考。軍事學術研究之路漫長而孤寂，很高興看到許多新銳研究者參與這個非主流的行列。期待添漢能夠再接再厲，寫出更多著述深入的佳作。

淡江大學國際事務與戰略研究所副教授

沈明室

2013,4,12

自 序

　　兩岸「軍事互信機制」議題早從李登輝及陳水扁兩位前總統時代即在推動，由於兩岸意識形態差異，又充滿不信任感，使剛開始的兩岸「軍事互信機制」只淪為台灣一廂情願的單方意見。但在 2008 年的最後一天，中共前國家主席胡錦濤發表對台政策六點談話之後，中共轉而呈現積極態度。

　　中共態度轉變反而引起台灣警覺，對相關議題因而日趨謹慎。如《中華民國一〇二年四年期國防總檢討》指出，兩岸「軍事互信機制」目前主客觀條件尚未成熟，未來將配合政府政策，審慎研議推動。由此可見，兩岸對於軍事互信議題，因為政治目的考量不同，政策取向也有差異。

　　事實上，兩岸主權歸屬及政治實體的談判，仍屬於敏感議題的情況下，若無進一步發展軍事互信的條件，兩岸設置「熱線」仍處於研議階段。兩岸民間團體已達成有關台灣海峽的救援熱線協議，且近期兩岸雙方已就「兩岸兩會互設辦事機構」議題，列入兩會協商議程，也許在兩岸環境緩和之後，轉換成為兩岸軍事熱線聯繫管道。但是，任何兩岸軍事互信作為須以台灣主權及國家安全的確保為前提。即使兩岸目前主客觀條件尚未成熟，但我國須先預擬各種想定，完成各種情勢發展的準備。例如，兩岸如要建立與南北韓類似的熱線對話機制，在技術、心理上是否做好相關準備。如此方能掌握主動優勢，避免受制於人。

感謝前國防部副部長林中斌教授為本書作序，我的恩師沈明室博士，引領我進入戰略研究殿堂，鼓勵及支持我完成此書的寫作，他的教學與研究熱忱足為後學的典範。另也感謝秀威出版社在出版的過程中，展現出熱誠與專業，才有本書的問世。希望此書能做為相關研究與教學之輔助，提供相關單位做為政策制定之參考。本書仍有不足，尚祈各界先進對本書不吝提出指正。

郭添漢　謹誌

2013/4

目　次

表目次

圖目次

第一章　緒論

　　人類自有文明以來，各種大大小小爭端與衝突不斷的發生，而「戰爭」一直是人類揮之不去的夢魘。由於戰爭對於人類社會造成巨大的破壞力，在科技文明突飛猛進的今日，人對於戰爭的恐懼感仍然有增無減。因此，在國際間，如何避免因衝突而導致戰爭一直是人們所關心的議題，而學者專家對戰爭起源的研究，著墨甚多。[1]有學者認為世界上缺乏「一個最終的世界政府」（an eventual world government）來維持秩序，所以才會發生戰爭；只要國際政治上無政府狀態存在一天，戰爭的爆發，就永遠會有潛在的可能。[2]

　　更有學者主張，戰爭純粹是意外事件，是國家間「擦槍走火」後，造成一發不可收拾的局面。[3]數世紀以來，國際為了避免戰爭的發生，政治家、軍事家、法學家、外交家、革命家、思想家提出許多的方法，其中比較著名的方法與途徑有安全結盟、功能性合作、權力平衡、集體安全、國際仲裁、外交途徑、國際組織、軍備管制、裁軍、核子威嚇、軍事互信機制等方法。[4]

---

[1] 例如：Geoffrey Blainey, *The Causes of War,*（New York: The Free Press, 1988 3rd ed.）; Stepheh V. Evera, *Causes of War: Power and the Roots of Conflict, Cornell Studies in Security Affairs*（Ithaca: Cornell University Press, 1999）.

[2] John J. Mearsheimer, *The Tragedy of Great Power Politics*（New York: W. W. Norton, 2001）,p.25.

[3] Greg Cashman, *What Causes War? : An Introduction to Theories of International Conflict*（New York: Lexington Books, 1993）,pp.14-15.

[4] 林正義，〈歐洲及亞太信心暨安全建立措施之研究〉，《理論與政策》，第12卷第3期，1998年9月，頁75。

事實上，兩岸「軍事互信機制」在李登輝及陳水扁兩位前總統時代即已在推動，但由於兩岸意識形態差異，且雙方又極度不信任感，開始倡議的兩岸「軍事互信機制」恐怕只是台灣一廂情願的期盼而已。但近年來大陸學界及媒體亦逐漸增加有關兩岸軍事互信機制的探討，[5]尤其 2008 年的最後一天，中共國家主席胡錦濤具體揭示推動兩岸關係六項政策要點，對兩岸關係具有政策指標作用。[6]此為中共領導人首次在公開場合對兩岸「軍事安全互信機制」作出建議，可見相關議題殊值探討。

第一節　動機與目的

在各種避免戰爭的方式與途徑中，「軍事互信機制」已經應用在許多地區與國家間，產生良好的成果。因此，當今世界各地「軍事互信機制」已經成為聯盟與聯盟、聯盟與國以及國與國之間普遍用來降低軍事意外衝突的一種機制。[7]其目的是在增進兩國間之軍事透明化、相互瞭解與溝通的協議，以降低因意外、錯估或溝通不良，而導致爆發衝突的可能性，更可以用來防止對方奇襲或政治威脅，確保承平與危機時期的穩定。

---

[5] 陳世民，〈中共對「信心建立措施」之態度的分析：對兩岸關係的影響〉，《戰略與評估》，2011 年秋季，頁 69。

[6] 「胡六點」係 2008 年 12 月 31 日中國國家主席胡錦濤利用《告台灣同胞書三十周年》座談會，順應兩岸新情勢，具體提出對台政策六點原則：確保兩岸關係和平發展增進政治互信、推進經濟合作、加強中華文化的精神紐帶、加強人員往來與交流、協商涉外事務、達成和平協議。

[7] 林正義，〈歐洲及亞太信心暨安全建立措施之研究〉，頁 75。

壹、動機

推動兩岸「軍事互信機制」最大的意義，在於促進雙方以「和平溝通」的方式，化解兩岸歧見與問題，終結軍備競賽（Arms Race），[8]確保地區穩定。自馬英九總統上任之後，兩岸關係恢復交流與互動，[9]朝向和緩的趨勢發展。尤其在開放「大三通」後，大陸觀光客（簡稱陸客）來台及財團法人「海峽交流基金會」（簡稱海基會）與「海峽兩岸關係協會」（簡稱海協會）於 2010 年 6 月 29 日在中國大陸四川重慶簽署《兩岸經濟合作架構協議》（*Economic Cooperation Framework Agreement*,簡稱 ECFA）的協

---

[8] 軍備競賽一詞，是來自對「威脅」（Threat）的主觀價值判斷，也是一種將競爭對象視為具有「敵意」的安全歸因，隨之產生的「行動──反應」（Action-reaction）即是解釋軍備競賽形成安全困境的較佳模型。例如第一次世界大戰之前，英國與德國海軍彼此的軍備競賽。由於德國意圖打造戰艦超越英國「無畏號」（Dreadnaught），引發英國恐懼，遂使英國擴張海軍力量，建造超越原「無畏號」頓級的軍艦取回優勢。引自 Carey B. Joynt, "Arms Races and the Problem of Equilibrium," in George W. Keeton & George Schwazenberger, eds., *The Yearbook of World Affairs*（London: Stevens, 1964）, pp. 23-40.

[9] 八次的「江陳會」陸續簽訂十六項協議、一項共識：2008 年 6 月在北京，簽訂大陸居民赴台旅遊與海峽兩岸包機兩項協議，同年 11 月在台北，簽訂兩岸空運、海運、郵政、食品安全協議；2009 年 4 月在南京，簽訂金融合作、空運補充、共同打擊犯罪及司法互助三項協議，並就大陸資本赴台投資達成共識，同年 12 月在台中，簽訂漁業勞務合作、農業品檢疫檢驗、標準檢驗及認驗證等三項協議；2010 年 6 月在重慶，簽訂海峽兩岸經濟合作架構及海峽兩岸智慧財產權保護合作二項協議，同年 12 月在台北，簽訂兩岸醫藥衛生合作協議；2011 年 10 月在天津，簽訂兩岸核電安全合作協議；2012 年 8 月在台北，簽訂兩岸投資保障協議和兩岸海關合作協議。引自《行政院大陸委員會》,〈http://www.mac.gov.tw/welcome03/welcome03.htm〉,檢索日期：2012/9/10。

議，[10]甚至 2011 年 6 月底已開放「試點試行」的陸客自由行，帶動了兩岸的緊密互動。[11]

　　兩岸雖然互動頻繁，政軍情勢趨於緩和，但要達到兩岸完全互信的條件仍感不足。面對複雜的軍事狀況，可能無法完全防止誤解、誤判的情事發生，主要是因雙方缺乏軍事溝通性措施，而為雙方亟待開拓的領域。兩岸若未能達成「和解」或「統合」的目標，雙方軍事實力的對比，不論是現在或者是未來，研判兩岸將會延續「敵強我弱」的態勢。此種不對稱的軍事實力，就弱的一方理應刻意潛藏實力，以避免暴露弱點。[12]然兩岸都有維持台海和平的意願，不希望發生戰爭。如何在確保我國基本安全的情況下，適度的與中共進行軍事交流，建構兩岸「軍事互信機制」，是雙方政府亟欲解決的重要課題，亦是展開兩岸和平協商的最佳契機。[13]因此，建立軍事互信機制使兩岸百姓免於生活在軍事威嚇恐懼之下，實是當務之急，故而引起第一個動機。

　　國內學者所提出之兩岸「軍事互信機制」概念，其討論議題仍停留在政治層面與安全一般原則性探討的階段，有關國防軍事安全

10　靖心慈，〈兩岸經濟合作架構協議之服務貿易早期收穫和後續可能發展研析〉，《WTO 電子報》，第 235 期，2010 年 10 月 2 日，頁 2-5。《中華經濟研究院（台灣 WTO 中心）》〈http://www.wtocenter.org.tw/SmartKMS/ fileviewer ?id=112959〉，檢索日期：2011/6/14。

11　羅俊宏，〈析論開放「陸客自由行」對兩岸發展影響〉，《青年日報》，2011年 3 月 16 日，版 7。

12　根據西方國家的經驗，在雙方軍力不對稱情況下進行軍事互信機制，對小國或依賴武器進口程度較高的一方將較為不利。引自韓岡明，〈兩岸「軍事互信機制」的非確定性因素研析〉，曾章瑞主編，《國防軍事戰略視窗》（桃園：國防大學國家戰略研究中心，2002 年 6 月），頁 23-25。

13　〈馬英九、蕭萬長 2008 年總統大選競選國防政策〉，《馬英九、蕭萬長2008 年總統大選競選網站》〈http://2008.ma19.net/files/ ma-policy4you/pdf/defense.pdf〉，檢索日期：2010/11/24。

具體措施予以詳細解說的論述則較少著墨；[14]而政府所編印的《國防報告書》[15]、《國家安全報告》[16]與《四年期國防總檢討》（*Quadrennial Defense Review 2009*,簡稱 QDR）[17]專書中略見原則性的論述。故本書將以政府積極與中共強化交流與互信之際，就國防與軍事安全的觀點，提出相關具體的措施做為兩岸進行協商談判的基礎，為第二個動機。

在 2009 年 10 月 4 日，巴拿馬貨輪「銀海號」（Silver Sea）在澎湖西南方外海沉沒，台灣與大陸、香港三方持續搜救兩日；由於當時三方救難機、艦只能利用救難頻道聯絡，[18]使得救難工作事倍功半，困難重重。[19]基本上，台灣海峽中部以北及北部海域冬季海象惡劣，台灣附近海域每日來往船隻多達四、五百艘；尤其在兩岸 2008 年 11 月 4 日，由海基會董事長江丙坤和中共海協會會長陳雲林，代表兩岸政府在台簽署空運、海運、郵政及食品安全等四項

---

[14] 謝台喜，〈兩岸建立軍事互信機制之研究〉，《中華戰略學刊》，2009 年 6 月 30 日，頁 104。

[15] 參閱《中華民國九十八年國防報告書》，第三章：國防政策，頁 75；《中華民國九十七年國防報告書》，第五章：國防政策，頁 93；《中華民國九十三年國防報告書》，第五章：國防政策，頁 57-77；及《中華民國九十一年國防報告書》，第五章：軍事戰略調整，頁 91-94。《中華民國九十八年四年期國防總檢討》，第二章：國防戰略指導，頁 43。

[16] 參閱《2006 國家安全報告（2008 修訂版）》，肆、國家安全策略：建立台海軍事安全諮商機制，頁 97-98。

[17] 參閱《中華民國九十八年四年期國防總檢討》，第二章：國防戰略指導，頁 43。

[18] 根據相關的國際公約規定，當航空器或船舶遭遇緊急危難時，航空器使用「Guard」波道、船舶使用「CH16」海事救難頻道，實施緊急救援通聯。引自張競，〈籌建兩岸熱線之研究〉，陳德門主編，《國防大學第一屆國家安全與軍事戰略學術研討會論文》（桃園：國防大學，2000 年 11 月 30 日），頁 99。

[19] 劉禹慶、黃旭磊、蔡宗勳、余雪蘭，〈巴拿馬貨輪沉沒　一死十失蹤對兩岸發展影響〉，《自由電子報》，2009 年 10 月 6 日，〈http://www.libertytimes.com.tw/2009/new/oct/6/today-fo3-3.htm〉，檢索日期：2011/11/4。

協議，兩岸正式進入大三通階段，[20]在兩岸擴大三通及海空頻繁直航榮景背後，海峽區域發生海空難的潛在危機也隨之增加。[21]

美國著名智庫「史汀生研究中心」（The Henry L. Stimson Center）主任克里朋（Michael Krepon）將「信心建立措施」區分為三個階段；而第一階段「衝突避免」的特色就是雙方都不想要戰爭，且不需在有正式外交關係的國家之間即可達成。[22]例如古巴飛彈危機後美、蘇兩國元首建立直接通訊（即熱線），以避免衝突發生，就是一個範例。[23]因此，熱線的設置將可提供兩岸相當層級的領導人（政治或軍事上）有一條直接溝通的管道，不論在象徵與實質的意義而言都能達到降低兩岸的緊張情勢。[24]更極有可能成為未來兩岸可行之溝通性措施，實有必要針對此議題先行研究，規劃出符合兩岸國情特有之「熱線」，為第三個動機。

---

[20] 馮志成，《兩岸軍事互信機制的海上安全合作》（桃園：國防大學戰略研究所戰略與國際事務研究所論文，2010 年 3 月），頁 2。

[21] 林文隆，〈台海軍事互信機制的困境與突破〉，《戰略安全研析》，2009 年 2 月，頁 35。

[22] The Henry L. Stimson Center, "What are Confidence Building Measures?" 〈http://www.stimson.org/home.cfm〉，檢索日期：2010/11/24。

[23] 翁明賢、吳建德主編，《兩岸關係與信心建立措施》（台北：華立圖書，2005 年 9 月），頁 314-315。

[24] 在兩岸軍事互信機制尚未完全建立前，透過相關熱線的溝通管道，相互提供必要資訊，以防禦外衝突發生，逐步建立具有相互信任的機制。引自曾章瑞，〈2009-2016 推動「兩岸軍事互信機制」的可行作法〉，《戰略暨產業研究》，第 3 卷第 2 期，2009 年 4 月，頁 41。

貳、目的

　　實際上，不論是「信心建立措施」或「軍事互信機制」，基本上都屬於高度的政治議題，必須雙方在政治上先有共識，方有可能進一步軍事互信的建構。[25]本書係針對兩岸關係的和平穩定發展，在政治條件各方面趨於成熟後，由國防暨軍事部門依據政府大陸政策指導，開始與中共建立磋商互信機制。如何在「確保安全」、「維持對等」、「創造雙贏」的原則下，針對一些攸關國防與軍事層面較為具體、實際層面的議題予以探討，若能汲取中共與他國間經驗，有助於建構兩岸互信的模式。惟目前仍有許多困境必須加以克服。希望藉由國內、外學術著作，提出作者總結與建議。因此，本書之主要目的臚列於後：

　　一、透過亞太地區各國之「信心建立措施」的實踐經驗，作為兩岸建立「軍事互信機制」之參考。

　　二、闡述現階段中共、台灣、與美國對於兩岸「軍事互信機制」的認知；進而歸納出各方面背後所認知的利益。

　　三、從中共與美國、俄羅斯、印度等國家建立「熱線」之經驗，以瞭解其設置「熱線」的共通性模式與慣例。

　　四、從政策與技術層面中，探索出兩岸設置「熱線」構想與具體措施，希望能夠作為兩岸設置熱線的政策擬定、機制籌建之參考，[26]提供讀者有關脈絡思維。

---

[25] 段復初，〈兩岸軍事互信機制之建構——軍事互動的可能模式〉，劉慶祥主編，《兩岸和平發展與互信機制之研析》（台北：秀威資訊科技，2010 年 6 月），頁 231。

[26] 近年我國政府將「預防戰爭」訂為重要的國防政策之一，其主要施政方針即在國內外及兩岸環境成熟後，以「穩健、務實、循序漸進」方式，區分近、中、遠程三階段，逐步推動兩岸軍事互信機制，以預防台海衝突，降

第二節　軍事互信研究概況

　　對於「信心建立措施」議題研究，兩岸學者及國內外知名人士，已發表有各種不同觀點的專書及報告，而且大多論述也以研究「兩岸軍事互信機制」為範疇。在 1996 年 12 月的國家發展會議中，曾提出研究報告指出，兩岸應設置「熱線」；並於 2000 年總統選舉時，所有的候選人在兩岸政策議題中，都倡言建立兩岸互信機制，其中並且提到建立兩岸元首熱線；又於《2006 國家安全報告（2008 年修訂版）》再提及兩岸應共同思考設置「軍事熱線」，以避免意外軍事衝突的發生，[27]然而都未對「熱線」的定義及具體措施予以詳細說明。

　　另外官方單位，在此議題的關聯性、整體性的研究與規劃等仍付諸闕如的前提下，本書在相關文獻資料的蒐集與整理上，也產生了一定的限制。因此，研究本議題必須廣泛閱讀相關文獻資料，以蒐集當今中外學者專家的論述，來彌補文獻的不足。期能在兩岸軍事互信中，尋找「異中求同」的可能，進而預想推論出兩岸未來設置「熱線」政策面與技術面的運作原則及具體措施。

低意外爆發戰爭的機率。參閱《中華民國九十八年國防報告書》，第三章：國防政策，頁 75；《中華民國九十七年國防報告書》，第五章：國防政策，頁 93；《中華民國九十五年國防報告書》，第五章：軍事戰略調整，頁 91-94；及《中華民國九十三年國防報告書》，第五章：國防政策，頁 57-77。
[27] 國家安全會議台灣，《2006 國家安全報告（2008 修訂版）》，頁 98。

壹、信心建立措施

　　「信心建立措施」（Confidence Building Measures,簡稱 CBMs）概念的重點，在強調透過相關政治與軍事安排，以軍事透明化有效降低彼此誤解與誤判的可能，建立安全合作所需之信任與信心基礎，避免對立各方不預期的衝突升級。[28]美國智庫史汀生中心主任克里朋針對中東、南亞、朝鮮半島、南錐（Southern Cone）國家[29]及東西冷戰的經驗，編纂成的《區域安全信心建立措施手冊》（*A Handbook of Confidence-Building Measures for Regional Security*）歸納信心建立措施重要議題，包括信心建立措施之定義、種類、功能、方法、步驟、演進等，成為學術研究與衝突地區推動相關措施的指南。[30]茲就「信心建立措施」重要觀點分述如下：

一、國際間信心建立措施的途徑

　　林正義認為「信心建立措施」的演進是一個漫長的過程，它必須與「衝突解決」等其它機制相互配合，必須等到時機成熟，才會有相關措施的建立，但不可期待過高。[31]後續的研究，如張哲銘認為目前「信心建立措施」廣泛運用在全球可能發生局部衝突的區

---

[28] 李明，〈「信心建立措施」在朝鮮半島：實踐與成效〉，陳鴻瑜主編，《信心建立措施的理論與實際》（台北：台綜院，2001 年 2 月），頁 69。

[29] 係指南美洲相關國家，例如「南錐共同市場（South American Cone Common Market）」。參加的國家有：阿根廷、巴西、烏拉圭、及巴拉圭。

[30] Michael Krepon et. al., "*A Handbook of Confidence-Building Measures for Regional Security,*" （Washington D.C.: The Henry L. Stimson Center, 1998）.

[31] 林正義，〈歐洲及亞太信心暨安全建立措施之研究〉，頁 80-85。

域，用以降低敵意，減少對抗衝突。當中較著名的例子如「東協區域論壇」（ASEAN Region Forum,簡稱 ARF）及「亞太安全合作理事會」（Council for Security Cooperation in Asia-Pacific, CSCAP），這些機制的存在對於維護區域安全與增進雙方合作是有正面價值。[32]另翁明賢認為歐洲、亞太地區信心建立措施的經驗與發展，可以作為我國信心建立措施的立場與策略運用參考。[33]

李明從南、北韓過去雙方的互動可以看出，南、北韓都不願因衝突，導致局勢失控。藉由朝鮮半島在信心建立措施的實踐與成效，作為兩岸建立信心措施思考的空間和借鑒。[34]另外王順合亦有同樣的觀點認為南、北韓雙方對防止戰爭再度發生，形成一致共識，已放棄武力，透過對話，達成朝鮮半島的和平協定，值得兩岸重視。[35]但南韓前總統金大中卻提出不同的見解，[36]認為兩岸因隔一道台灣海峽，問題自然較為困難，兩韓和解模式並不完全適用於兩岸。[37]

綜合上述，歐洲地區的信心建立措施，是歐洲各國歷經數十年談判、溝通、協調，累積經驗並加以持續不斷的修正、補強、精進，最後始能達成當今成熟的運作模式。[38]國際衝突常來自於敵意，而

---

[32] 張哲銘、李鐵生，〈「信心建立措施」概念的回顧與展望〉，《戰略與國際研究》，第 2 卷第 1 期，2000 年 1 月，頁 1-20。

[33] 翁明賢、吳建德主編，《兩岸關係與信心建立措施》，頁 329。

[34] 李明，〈『信心建立措施』在朝鮮半島：實踐成效〉，《戰略與國際研究》，第 2 卷第 1 期，2000 年 1 月，頁 56-82。

[35] 王順合，《論臺海兩岸建構「信心暨安全建立措施」之理論與實務》（台南：供學出版社，2006 年 11 月），頁 105。

[36] 南韓前總統金大中於 2000 年 11 月 17 日訪問新加坡時，應新加波「東南亞研究院」邀請發表演說，於演講後回答問題時。

[37] 〈金大中；兩韓模式不完適用兩岸，他表示台灣和大陸間隔著海峽，問題自然困難得多，不過他表示和平統一最重要的是真誠，要從內心發出和平的願望〉，《聯合報》，2000 年 11 月 28 日，版 13。

[38] Lin Huaqiu, "Step-By-Step Confidence and Security Building for the Asian

敵意則肇因於相互的誤解、誤判、和不信任。南、北韓之間的敵意不易填平，可從 2010 年間連續發生「天安艦事件」及「延坪島砲擊事件」，顯示衝突亦可能再度發生。[39]然歐洲、亞太地區，以及南北韓的實踐過程是否適用於兩岸仍有待觀察。

二、中共和其他國家信心建立措施的途徑

美國著名智庫史汀生研究中心軍事專家艾倫（Kenneth W. Allen）在《中國對外軍事關係》（*China's Foreign Military Relations*）一書的文章〈中共對信心建立措施的作法〉（China's Approach to Confidence- Building Measures），指出在過去 10 年中共善用信心建措施，來改善解放軍的對外關係，並巧妙應用信心建立措施來強化中共的周邊安全與促進區域穩定。[40]

林文程認為中共偏好雙邊信心建立措施之實踐，並偏重於宣示性、溝通性、限制性及透明性等四類措施。其中透明性措施實為有限，查證性仍付之闕如，可見中共對開放軍事部署供他國檢視仍有疑慮。他也認為中共基於國家利益的考量來推動信心建立措施，所

Region: A Chinese Perspective," in Ralph A. Cossa ed., *Asia Pacific Confidence and Security Building Measures* （Washington, D. C.: Center for Strategic and International Studies, 1995）, p.121.

[39] 2010 年 3 月 26 日南韓「天安艦」（Cheonan Ship）在西部海域爆炸沉沒，造成艦上 46 名官兵喪生，及同年 11 月 23 日北韓砲擊南韓延平島，造成島上駐軍與民眾 4 人死亡、18 人輕重傷，造成朝鮮半島數月的緊張氣氛推向戰爭邊緣。引自陳嘉生，〈北韓砲擊南韓延平島事件的觀察與後續發展〉，《戰略安全研究》，第 68 期，2010 年 12 月，頁 20。

[40] Kenneth W. Allen, "China's Approach to Confidence-Building Measures," in Ranjeet K. Singh, ed., *China's Foreign Military Relations* （Oxford: Westview Press, 1999）.

以中共會選擇最有利者參與。[41]另外，莫大華認為中共對於「信心
建立措施」主要觀點有五：一、強調因地制宜的自願性；二、廣泛
的「建立信心措施」；三、以排除「中國威脅論」為考量；四、強
調「和平共處五項原則」[42]的政策宣示；五、重視展現政治承諾的
政治時機。[43]其他與中共有關信心建立措施論述的文獻亦有：蔡明
宗[44]、唐仁俊[45]及日本齊藤良（Saito Makoto）[46]等。

　　大陸陳寒溪認為，中共堅持平等和不干涉內政原則，對具有較
強約束力和干預性的信心建立措施持保留態度。並認為建立信任
措施的政策與實踐，將有助於中共和平外交政策被亞洲國家所瞭
解。[47]另夏立平認為自從改革開放以來，中共對信心建立措施的看
法與作為有很大的改變。主要原因有國際情勢趨於和緩，經濟因素
在國際關係的重要性增加；中共集中力量發展經濟，力求一個和平
穩定的國際安全環境。另外如隨中共改革開放的成就，對信心建立
措施逐漸能正面看待、及為降低「中國威脅論」等原因。[48]

[41] 林文程，〈中共對信心建立措施的立場與作法〉，《戰略與國際研究》，第 2
卷第 1 期，2000 年 1 月，頁 83。

[42] 「和平共處五項原則」，係指堅持互相尊重主權和領土完整、互不侵犯、互
不干涉內政、平等互利、和平共處的五項原則。引自彭光謙、王光緒等編
著，《軍事戰略思想》（北京：軍事科學出版社，1989 年），頁 71。

[43] 莫大華，〈中共對建立「軍事互信機制」之立場：分析與檢視〉，《中國大陸
研究》，第 42 卷第 7 期，1999 年，頁 35-36。

[44] 蔡明宗，《冷戰後美國與中共間信心建立措施之發展》（台北：政治大學東
亞研究所碩士論文，2002 年）。

[45] 唐仁俊，〈中共對信心建立措施之立場、實踐經驗與策略運用〉，《中國大陸
研究》，第 47 卷第 1 期，2004 年，頁 105。

[46] 齊藤良，〈對人民解放軍認為的信任措施一個考察〉，發表於「第四屆區域
安全國防論壇──華日對話」研討會（台北：中華民國國防部整合評估室，
2010 年 10 月 26-27 日）。

[47] 陳寒溪，〈新安全觀實踐：中國的建立信任措施政策及其影響〉，《國際關係
學院學報》，第 5 期，2005 年，頁 31-36。

[48] Xia Liping, "The Evolution of Chinese View toward CBMs," in Michael

中共軍方認為信心建立措施有以下幾點經驗：一、信心建立措施的前提在良好的政治願望與政治關係的緩和；二、信心建立措施必須適應該地區的政治、經濟、歷史、文化等特點；三、遵守聯合國憲章與和平共處五原則是信心建立措施的指導原則；四、信心建立措施應採用循序漸進的方式；五、信心建立措施應與適應時代要求的安全觀念相結合。[49]

綜合上述，中共早期對信心建立措施，抱持悲觀、負面的看法居多，直到20世紀80年代，中共基於緊張情勢和緩，以及從事經濟建設而需要和平的國際環境等重要因素。從中共與他國簽署信心建立措施的協議內容看，至今所建立的程度並不深入，頂多僅止於透明性、宣示性和溝通性措施之階段，均尚未涉及驗證性措施的真正建立。然而驗證性措施方是軍事互信機制能否得到貫徹與成功的真正關鍵，以避免在此機制中出現詭詐，而導致武力較弱一方不利的軍事局面。從中共立場與作法，可得知與他國建立信心措施，主要目的在消除「中國威脅論」及營造，維護中共有利安全環境，也就是中共所謂「新安全觀」（New Security View）[50]；另外，中共更不允許任何國家在領土主權問題上進行干預。[51]

Krepon ed., *Chinese Perspectives on Confidence-Building Measures*（Washington, D. C.: The Henry L. Stimson Center , 1997），pp.15-16.

[49] 劉華秋，《軍備控制與裁軍手冊》（北京：國防工業出版社，2000年12月），頁439-441。

[50] 概念最早是1996年中共領導人江澤民時代所提出的，江澤民在1996年12月訪問印度、巴基斯坦、尼泊爾三國，在巴基斯坦參議院發表題為「世界睦鄰友好，共創美好未來」的演說，計有一、擴大交往，加深傳統友誼；二、相互尊重，世代睦鄰友好；三、互利互惠，促進共同發展；四、求同存異，妥善處理分歧；五、團結合作，共創未來。而美國學者佛藍納根與馬提認為中共提出「新安全觀」的主要目的：一、北京呼籲建立「新安全觀」，代表中共對於形成的國際體系感到不滿與挫折；第二、「新安全觀」顯然是中共對美國之政策與行動的直接反應，北京方面認為這些政策與行動具有威脅性，尤其華府強化軍事聯盟的舉動；第三、「新安全觀」首次提

三、兩岸信心建立措施的途徑

　　張中勇認為，透過「信心建立措施」的運作與制度化的發展，可降低兩岸間緊張氣氛與潛在的衝突，雙方可由功能性、事務性的信心建立措施進行學習過程，奠定「和平協議」的信心基礎，進而累積未來追求兩岸的互信與共識。[52]郭臨伍則認為，以「信心建立措施」作為兩岸對話的理由，除了可以迴避主權議題，尚可為兩岸結束敵對狀態、簽署互不侵犯條約鋪路。[53]

　　後續研究方面，如蕭朝琴認為兩岸若能以「信心建立措施」作為結束敵對狀態之預備性磋商議題，可以暫時迴避雙方對「一個中國」的爭議，有助於建立一個有效溝通管道；[54]岳瑞麒，嘗試藉由「國際典則」（International Regimes）[55]與法制化的學科領域整合基礎，建構「安全典則與法制化」的理論模型，並採用兩岸官方與非

出時，北京方面態度一致，意欲在亞太地區建立較為親切和善的形象，尤其是東南亞地區。引自佛藍納根（Stephen J. Flanagan）、馬提（Michael E. Marti）著，方淑惠、余佳玲譯，《人民解放軍與變動的中國》（*The Peoples Liberation Army and China in Transition*）（台北：國防部史政編譯室，2005年1月），頁 269-271。

[51] Gurtov Melvin, *China's Security : The New Role of the Military*（Boulder: Lynne Rienner publisher,1998），p. 234.

[52] 張中勇，〈以信心建立為主導的兩岸關係〉，發表於「中華民國新開端：國家安全與國力提昇」圓桌研討會（台北：國策中心，1996 年 5 月 11 日）。

[53] 郭臨伍，〈信心建立措施與台灣海峽關係〉，《戰略與國際研究》，第 1 卷第 1 期，1999 年 1 月，頁 84。

[54] 蕭朝琴，〈兩岸信心建立措施芻議〉，《遠景基金會季刊》，第 4 卷第 1 期，2003 年 1 月，頁 65。

[55] 「國際典則」：乃指國際為穩定國際秩序，建立起系列性有約束性制度安排或行為規範，包括成文的規章制度，亦包括不成文的、非正式的默契，其重點在於突顯規則和規範等制度化的約束在國際政治中的作用。引自袁易，〈安全典則與美「中」關係：一個認知社群的分析架構〉，包宗和、吳玉山主編，《爭辯中的兩岸關係理論》（台北：五南圖書，2009 年 3 月），頁 391。

官方文件或資料，來檢證目前「信心建立措施」制度化之程度的高低，以作為未來建構兩岸互動模式的測量指標。[56]

　　另趙永生認為，以非正式方式作為政治互信成熟前的敲門磚，應有其可行之處。因民主國家民意監督的制度特性與伴隨而來的國內選舉政治的糾纏，縱然是非正式的二、三甚至四軌交流，仍存有極大的政治風險，也抑制了決策者的決心與參與者的勇氣，然「學術」這兩個字卻提供了彼此相當大的彈性。[57]沈明室認為，信心建立措施不需要等到兩岸情勢趨緩或建立相當程度的互信之後，才開始接觸與運作；相反的，是要以信心建立措施作為起點。[58]

　　綜合上述，雖然兩岸關係已趨於和緩，但雙方對於「信心建立措施」的界定與實施，尚存有非常大的歧見。學者普遍認為中共對開放軍事資訊的顧忌與「一個中國」原則的僵化立場，以及將武力當成防止台灣獨立的最後防線，是形成兩岸「信心建立措施」最大阻礙。如何去除對台灣獨立言論和從「合作安全」（cooperative security）[59]角度來探究兩岸信心建立措施制度化的程度，都是未來雙方在進行「信心建立措施」對話時所必須面對的問題。

---

[56] 岳瑞麒，〈兩岸安全與信心建立措施之初探〉，《展望與探索》，第 2 卷第 12 期，2004 年 12 月，頁 47。

[57] 趙永生，〈美國亞太安全戰略與兩岸關係〉，王央城主編，《2003-2004 年 IIR-CSS 戰略安全論壇彙編》（桃園：國防大學國家戰略研究中心，2005 年 1 月），頁 335。

[58] 沈明室，〈兩岸軍事互信機制的建構困境與機會〉，王央城主編，《前瞻兩岸關係發展趨勢》（桃園：國防大學戰略研究所，2007 年），頁 187。

[59] 「合作安全」定義為國際社會各個成員共同努力防制軍事武力的使用或威脅的興起，合作安全建制可從正式的限武與裁武協議到非正式的國際安全議題對話。為能確保所有國家皆能屬於合作安全的架構，必須藉由審慎的安排來誘導國家的志願順從，通常採用的方式就是國家之間的對話，無論官方正式的第一軌或非官方非正式的第二軌，皆係合作安全概念所強調的。引自 Harry Harding, "Prospects for Cooperative Security Arrangements in the Asia-Pacific Region," *Journal of Northeast Asia Studies*, Vol.13, No.3, Fall 1994, p.32.

　　再則，兩岸彼此關係即非普遍被接受的國際關係，又非國家內部關係，如何借鏡國際間「信心建立措施」，以避免誤判、誤解、意外及衝突，有迫切的需要。[60]故未來兩推動信心建立措施，應先從較容易的「溝通性措施」著手，進而推動「透明性措施」與「限制性措施」，而目前可考慮先從「單方面」信心建立措施開始，向對方表達善意；另「學術」交流的思考提供了彼此相當大的彈性。

貳、軍事互信機制

　　洪陸訓認為中共堅持「一個中國」的原則，台灣不承認「九二共識」[61]，甚至民進黨被懷疑是在推行「柔性台獨」或「漸進式台獨」的情勢下，政治互信更難於建立。[62]兩岸尋求建立「軍事互信機制」，乃假定彼此存在著不信任感和不安全感，因而積極尋求增進互信，進而建立安全機制。因此，推動兩岸軍事互信機制，一方面具有實質上相互信任，獲得安全的積極效果；另一方面具有象徵性的政治意涵；亦即相互承認兩個在國際上各擁有自主性權力的政

---

[60] Chung-young Chang, "Globalization and Human Security: Taiwan's Perspective," paper presented at the Fourth ASEAN-ISIS/IIR Dialogue, Taipei: January 11-14, 2001, p.367.

[61] 「九二共識」，係由當時的陸委會主委蘇起於 2000 年 8 月創造並公布「九二共識」這個名詞，用以在字面上替代國民黨自 1992-2000 年間使用的「一中各表」之內涵。據其表示，提出「九二共識」，意在同時包含國民黨主張「一個中國各自表述」、民進黨的「各自表述」、中共的「一個中國」等不同立場，以模糊性的概念讓各方解釋都有交集，以便兩岸關係解套與發展。引自蕭源興，〈新年新氣象兩岸交流展新局〉，《中共研究》，第 45 卷第 1 期，2011 年 1 月，頁 21。

[62] 洪陸訓，〈兩岸建立軍事信任措施可行性之探討〉，《共黨問題研究》，第 28 卷第 7 期，2002 年 7 月，頁 28-42。

治實體的存在。中共不以武力犯台，應是兩岸建立軍事互信非常重要，且具有指標性作用的關鍵措施。相反的，中共一直要求台灣接受「一個中國」原則，才談軍事互信的建立，成為兩岸爭執點。兩岸建立軍事互信是建立政治互信的一環，理論上，軍事服從政治；從另一方面來思考，軍事也是達成政治目標或目的的一種手段，透過軍事互信事務性的措施，同樣有可能解決政治上的問題，兩岸互信的建立需要彼此作出相當程度的退讓，否則不可能促進互信機制的建立。

　　丁樹範係國內首先運用「意圖決定論」[63]為基礎，解釋中共對台灣所提方案裹足不前的原因。他認為兩岸間主要是缺乏建立「軍事互信機制」的政治信任；中共主要軍事部署是針對美國，歐洲發展出的軍事互信機制模式不適用於兩岸；而中共人員思考問題方式有兩個特色，第一是「意圖決定論」；第二是堅持「一個中國」原則，兩岸關係為一個中國內部事務議題。[64]周茂林提出不同的見解，認為「意圖決定論」與中共談兩岸「軍事互信機制」之間要取得關聯是相當勉強的，特別是中共「五一七」聲明所揭示出來因果實證關係，建議我方不應依賴「意圖決定論」來看問題，否則會干擾我方對中共戰略步調研析。[65]王順合持相同的見解，認為「意圖

---

[63] 意指如果彼此沒有敵意，則雙方之間的衝突摩擦就不會發生。因此，即使雙方沒有接戰準則，彼此仍不必擔心對方會有任何敵意行為。詳見丁樹範，〈推動兩岸「軍事互信機制」：中共的看法〉，王央城主編，《2003-2004年IIR-CSS戰略安全論壇彙編》（桃園：國防大學國家戰略研究中心，2005年1月），頁375。

[64] 學者丁樹範認為共軍的M-9/M-11導彈除了對準台灣的重要目標外 嚇阻台灣獨立外，更是用來打擊美國的航母，與2007年3月，美國「蘭德公司」（RAND Corporation）出版研究報告指出，中共正發展「反介入」戰略的概念相符。詳見丁樹範，〈推動兩岸「軍事互信機制」：中共的看法〉，頁366。

[65] 周茂林，〈從中共「五一七對台聲明」論中共提出兩岸軍事互信機制的戰略

決定論」涉及動機的問題，若將動機作為決策參考變項，已超出國際關係理論可以解釋範圍。[66]

林正義從「兩岸軍事互信機制」台灣的觀點與中共與美國的想法與回應，認為中共領導人胡錦濤與江澤民在兩岸「軍事互信機制」的相同點在於，均堅持「一個中國」原則是兩岸「軍事互信機制」的前提；另美國在台海兩岸之間不願意扮演調停者的角色，但兩岸相互和解，有助東亞和平穩定，符合美國利益。[67]亦指出 1996 年台海危機以來，美國政府改變消極不介入台海兩岸立場，轉為積極建議台海兩岸思考建立軍事互信，來降低誤判、誤解，減少軍事衝突的可能性。[68]

蘇進強針對 2004 年兩岸領導人「五一七」及「五二〇」演講的互動意義就軍事互信機制的規劃、軍事互信機制成功的關鍵特質、建立軍事互信共識等方面實施論述。並指出中共官方機構首次提出軍事互信機制，相對於過去保守冷漠不同，顯示中共已擺脫慣有的對抗思維。[69]劉廣華從 1995 年李登輝政府在國統綱領提出有關兩岸交流與互信建立的政策聲明，到 2010 年 5 月 26 日國防部副部長楊念祖「兩岸軍事互信機制非政策選項」的轉變；與中共領導人從不放棄軍事作為解決統一問題，到 2010 年 10 月 13 日大陸國台辦主任楊毅「贊成兩岸適時就建立軍事安全互信機制問題進行探

意涵〉，王央城主編，《2003-2004 年 IIR-CSS 戰略安全論壇彙編》（桃園：國防大學國家戰略研究中心，2005 年 1 月），頁 379-381。

[66] 王順合，《論臺海兩岸建構「信心暨安全建立措施」之理論與實務》，頁 13。

[67] 林正義，〈台海兩岸軍事互信機制可能與展望〉，賴宗男主編，《國防大學第六屆國家安全與軍事戰略學術研討會論文》（桃園：國防大學，2005 年 12 月），頁 201-219。

[68] 林正義，〈美國與台海兩岸信心建立措施〉，《問題與研究》，第 44 卷第 6 期，2005 年 11、12 月，頁 1。

[69] 蘇進強，〈兩岸軍事互信機制的虛與實──沒有互動就沒有互信，沒有互信就沒有安全〉，《新世紀智庫論壇》，第 26 期，2004 年 6 月 30 日，頁 6-11。

討」。中共的態度也已跳脫以往，冷漠以對的模式，改以主動積極的觀點，相對於台灣趨於保守，認為兩岸之間軍事互信機制環境已經成熟。[70]但「台灣智庫」卻認為，中共對台可能以軍事互信機制為誘餌，並配合其政治促談工程，挑撥已經出現遠離現象的台灣與美國的互信，以完成「排美圍台」目的。[71]

後續的研究，如王高成從兩岸簽署 ECFA 後，是否進一步協商軍事互信機制，及大陸撤除對台部署飛彈事宜，與美國軍售台灣必要的防禦性武器之間的關係，將影響中、台、美三邊關係的發展。[72]另丁樹範從中共專家學者相關文獻來分析中共對兩岸軍事互信的未來作法。研究發現中共對兩岸軍事互信議題的原則和目標是始終一致的，不會因台灣政黨輪替或領導人更迭而有所差別。特別提及 2008 年胡錦濤於紀念《告台灣同胞書》30 周年座談會上確定使用「軍事安全互信」一詞定調為兩岸軍事互信機制的專有名詞；顯示中共將兩岸的軍事互信界定在「一個中國」原則下進行，而兩岸的軍事互動最後必然是統一，而不是永久分離。[73]

蔡明彥從台灣對兩岸軍事互信的研究，發現台灣方面的提議偏重於「程序面」，引用冷戰時期的歐洲經驗，防止兩岸出現軍事意

---

[70] 劉廣華，〈兩岸軍事互信機制探討——源起、倡議、現況、障礙與作為〉，發表於「第四屆區域安全國防論壇——華日對話」研討會（台北：中華民國國防部整合評估室，2010 年 10 月 26-27 日），頁 217-222。

[71] 財團法人台灣智庫，〈美韓聯合軍事演習與東亞海權撞擊——雙邊聯合演習對台灣的啟示〉，《2010 國際暨外交事務政策評析》，2010 年 8 月 13 日，頁 1-5。引自《財團法人台灣智庫》，〈http://www.taiwanthinktank. org/page/ chinese _attachment_1/1700/011_20100817.pdf〉，檢索日期：2011/01/06。

[72] 王高成，〈兩岸軍事互信機制的探討〉，發表於「第四屆區域安全國防論壇——華日對話」研討會（台北：中華民國國防部整合評估室，2010 年 10 月 26-27 日），頁 1。

[73] 丁樹範，〈中國的兩岸軍事互信政策：堅持一個中國原則和最終統一〉，《亞太研究論壇》，第 52 期，2011 年 6 月，頁 86。

外。建議爾後研究者，應朝向「過程面」來探討，先釐清台灣推動軍事互信的政治與軍事目標，並且確認和中共協商的議程與底線，藉以瞭解雙方的共同關切與衝突利益。[74]洪陸訓從中共有關軍事互信議題的主張和論述加以解析，發現兩岸目前最大困境：一則在於台灣內部能否取得共識，特別是民進黨能否調整對中共和兩岸政策主張，再則中共能否不過度堅持其主觀認定，並且兩岸確實能「擱置（主權）爭議，求同存異」，才可望真正達到建立軍事、政治安全互信的目的。[75]

　　自 2008 年 12 月 31 日胡錦濤於紀念《告台灣同胞書》30 週年發表談話後，中共學者專家也相繼發表專文討論有關兩岸軍事互信議題。例如軍科院世界軍事部副部長王衛星，在 2009 年 2 月發表〈兩岸軍人攜手共建軍事安全互信〉一文中，認為台灣軍事交流應該成為推動兩岸關係和平發展的主要力量；並主張「雙方應盡早從建立兩岸國防事務的信任開始，進行實質的交流接觸。」[76]同年 8 月中國社科院台灣研究所所長余克禮，發表〈兩岸應正視結束敵對狀態簽定和平協定的問題〉一文，主張結束兩岸軍事對峙狀態，建立軍事安全互信機制與建立兩岸和平協議。[77]2011 年 6 月上海同濟大學政治與國際關係學院院長夏立平發表〈對兩岸政治軍事議題談

---

[74] 蔡明彥，〈台灣對兩岸軍事互信的研究與未來作法〉，《亞太研究論壇》，第 52 期，2011 年 6 月，頁 107。

[75] 洪陸訓，〈2012 大選後，兩岸軍事互信機制的展望〉，發表於「2011 年台灣戰略研究學會」年度座談會（台北：淡江大學國際事務與戰略研究所，2011 年 9 月 24 日），頁 5-6。

[76] 王衛星，〈兩岸軍人攜手共建軍事安全互信〉，《中國評論月刊》，第 134 期，2009 年 2 月號，頁 15。

[77] 余克禮，〈兩岸應正視結束敵對狀態簽訂和平協定的問題〉，《中國評論新聞網》，2009 年 8 月 4 日，〈http://www.chinareviewnews.com/doc/ 1010/ 3/5/5/ 101035580_5.html?coluid=33&kindid=3470&docid=101035580&mdate=0827 124454〉，檢索日期：2011/10/1。

判的幾點思考〉一文，主張兩岸開展政治軍事協商談判，並預言在
2012 年 3 月至 10 月，在馬英九當選總統後，中共「十八大」產生
新領導人後，將可能成為「馬胡會」的適當時機。7 月中央黨校國
際戰略研究所教授趙黎青的〈再論先軍後政實現胡馬會〉一文，主
張兩岸「先軍後政」[78]，先從解決軍事問題，然後再處理政治問題；
並且建議「馬胡會」，於 2011 年 10 月胡馬尚未交班前，各以黨主席
身分，選在台北會面，針對軍事安全議題討論，並發表和平宣言，[79]但
從目前兩岸的氛圍似乎不太可能實現。

　　美國智庫及專家長期對兩岸建立「軍事互信機制」抱持高度的
研究興趣，也進行持續的觀察與研究。其中又以華府智庫「戰略與
研究中心」（Center for Strategic and International Studies, CSIS）資
深研究員葛來儀（Bonnie S. Glaser），早在 2002 年 11 月即主張兩
岸軍方以宣示性措施建立軍事互信機制，獲取雙贏。[80]後來與葛羅
斯曼（Brad Glosserman）等 8 員學者，針對兩岸研究「軍事互信機
制」的業管單位及專家學者，從 2009 年 8 月 24 日至 28 日實施座
談會，將彙整訪談要點，發表〈建立海峽兩岸互信-軍事互信機制
建立之角色〉（Building Trust Across the Taiwan Strait: A Role for
Military Confidence-Building Measures）的報告。

---

[78] 中共全國政協教科文體委員會副主任高敬德認為，兩岸在統一的政治問題
　　還不能提上議事日程的時候，應該採取「先軍後政」的前進路徑，先繼續
　　擱置政治問題爭議，而專注於軍事與安全問題的解決，以達至建立軍事互
　　信機制、簽署和平協定、結束敵對狀態的目標。引自〈和平發展新思維兩
　　岸關係新突破〉，《文匯報》，2010 年 12 月 30 日，A17。
[79] 洪陸訓，〈2012 大選後，兩岸軍事互信機制的展望〉，頁 2-3。
[80] Bonnie S. Glaser, "Cross-Strait Stalemate: Searching for a way out," paper
　　presented at the 2002 Roundtable on the Asian-Pacific Security Environment
　　Emerging Realities Hawaii, November 9-11, 2002, pp.168-169.

　　葛氏認為兩岸軍事互信建立措施是敏感領域的要項之一，這是用來改善兩岸軍事關係，並降低相互攻擊憂慮與可能軍事誤判的方式。並提出可行的途徑包括雙方元首、軍事將領或第一線指揮官直接聯繫的熱線電話，以及其他積極增加透明度的方法，例如出版國防報告書或預先告知軍事演習。有關兩岸間存在猜疑與軍事緊張，雙方執政當局存在已久的歷史問題，「互信機制」在雙方建立互信與防範不預期衝突上可扮演具有助益的角色。最後還對中、台、美三方提出建議指出，中共需要耐心與聚焦創造條件的努力，其中包括經由單方面更大的軍事透明度、減少軍事演習、調整對台灣針對性的軍事部署等釋出善意；對台灣而言，促成兩岸軍事互信機制建立，有賴國內領導階層克服藍綠的政治隔閡，並顧及中共的利益與敏感事物；美國對於持續減緩兩岸緊張與建立互信，應表達堅定的支持，在美台關係上，應適時給予台灣安全感與信心。[81]

　　綜合上述，相關學者專家研究的成果多指出中共認為「軍事互信機制」乃是主權國家之間的談判，不適用於兩岸談判此議題。目前兩岸官方在推動軍事互信機制的態度，似乎是「台灣冷、中共熱」，而在台灣內部又呈現「官方保守、民間積極」的現象。很明顯，在進入後 ECFA 時代，軍事互信機制已成為中共當局下一階段對台主要工作項目之一。中共《2010 年中國的國防》國防白皮書，將兩岸「建立軍事安全互信機制問題」列入軍方正式文件有其特定的戰略意涵。[82]從中共使用「兩岸軍事安全互信機制」一詞，來區別於和他國協議上所用的「軍事互信機制」，這也可以看出中共刻意「內外有別」的考量。

---

[81] 李志德，〈葛來儀：92 共識下 可建構ＣＢＭ〉，《聯合報》，2009 年 8 月 27 日，A11。

[82] 中華人民共和國國務院新聞辦公室，《2010 年中國的國防》（北京：國務院新聞辦公室，2011 年 3 月），頁 4。

　　另外，葛氏研究報告透過兩岸專家學者的訪談，是美國近期來對研究兩岸軍事互信議題較具深度與廣度，受到兩岸領導階層的注意。其中論及兩岸可行的途徑包括雙方元首、軍事將領或第一線指揮官直接聯繫的熱線電話，也是本書的重點。美國雖同意兩岸建立軍事互信機制，防止意外衝突事件發生；但美國官員更期望台灣與中共正式談判之前，先與美國諮商，突顯此篇報告仍以美國立場來看兩岸軍事互信機制，也暗示台灣在作任何決策時，需要考慮到美國在此地區的利益。[83]

　　最後，兩岸籌劃軍事互信機制的建立，台灣基於與華盛頓傳統關係，必須考慮美國的立場。[84]而美國軍事專家艾倫，對於兩岸軍事互信機制的建立認為可以透過宣示性、溝通性、約束性、透明性、海上安全及查證措施等方式，達到降低兩岸敵意，減少衝突發生的機率。[85]沈明室更進一步指出，中共期望兩岸軍事互信機制有其特殊性，非一般的軍事互信機制，只要是可以實質解決紛爭與衝突，不會矮化台灣主權，特殊化反而有助於解決當前兩岸關係的問題，[86]例如兩岸金門協議與澳門協商就是實際案例。

---

[83] 雖然葛萊儀在任何場合都會先聲明，她所發表的意見純屬個人的觀點，不代表官方的立場，但因葛氏的美國國防部顧問頭銜，難保將來不被接受為政策。引自周茂林，〈美國對兩岸互信機制的觀點與我方應有之認識〉，王央城主編，《2003-2004年IIR-CSS戰略安全論壇彙編》（桃園：國防大學國家戰略研究中心，2005年1月），頁409。

[84] 翁明賢，〈建構兩岸集體身份下的台灣安全戰略〉，發表於「第五屆戰略學術研討會」（台北：淡江大學國際事務與戰略研究所，2009年5月1日），頁26。

[85] Kenneth W. Allen, "Military Confidence-Building Measures Across the Taiwan Strait," paper presented in the Conference on 'Building New Bridges for a New Millenniums' Sponsored by The public policy Institute of Southern Illinois University 1998, pp.9-10.

[86] 沈明室，〈探討中共對兩岸建立軍事互信機制之策略——兩岸軍事互信策略的目標、方法與手段〉，《中共研究》，第44卷第9期，2010年9月，頁107。

參、溝通性措施與熱線

　　沈明室認為因受中共對「一個中國」的堅持，使信心建立措施實施的可能性降低。但可以從沒有互信基礎上，先行規劃「衝突避免措施」開始，爾後再發展到信心建立措施。溝通性措施是作為危機來臨時解除緊張的管道，避免危機產生，其內容包括建立元首與雙方指揮中心熱線、軍事意外通報與通訊查證等措施。[87]

　　袁易從美國智庫研究，梳理出中共藉由多種途徑達成軍事互信的論證，文內綜合歸納出宣示性、溝通性、海上救援、限制性、透明性及驗證等六種軍事互信措施。溝通性措施是最可能，而且容易達成目標，其中建立熱線電話，不論是象徵意義或實質意義，都是降低緊張情勢的一種重要步驟。[88]

　　張競從政策面及技術面來分析兩岸設置熱線可行性。在政策問題上，包括雙方如何建立互信、如何正確解讀對方語意、如何利用此熱線、如何避免官僚本位主義及較勁影響熱線的效果、對方決策機制與文化、向媒體發布消息的原則及盟邦關係的處理等；在技術上，包括確保彼此溝通無阻礙、通聯內容不被第三者竊取、查證訊息的正確性、分享解碼技術，但又不能暴露我方密碼編制方式、及彼此用語和語意等。[89]

　　沈明室從「熱線」功能性與重要性的視角來探討。尤其從兩岸盤根錯節關係，如何降低政治緊張，避免軍事誤判，導致不必要軍事衝突，以提供溝通管道，維持台海穩定。在此情況下，兩岸如果

---

[87] 沈明室，〈兩岸軍事互信機制的建構困境與機會〉，頁187。
[88] 袁易，〈對美國有關兩岸軍事信任措施建立的觀察〉，王央城主編，《2003-2004年 IIR-CSS 戰略安全論壇彙編》（桃園：國防大學國家戰略研究中心，2005年1月），頁396。
[89] 張競，〈籌建兩岸熱線之研究〉，頁89。

能夠先建立溝通性的信心建立措施,將有助於整體信心建立措施的進行。他並建議兩岸設置熱線可先從前線容易發生衝突地區的熱線,再擴展至兩岸事務、國防部,最後到元首層級,且必須循序漸進實施。[90]另學者洪陸訓也認為兩岸可建立直接溝通的「熱線」,雖然元首層級的熱線目前中共不太可能接受,但可從較低層級的第一線軍事指揮官及通行在台灣海峽的艦艇指揮官間之間的聯繫開始。[91]

　　林正義認為熱線的設置都是雙邊協商性質,如美蘇、美中、中蘇的元首熱線;他認為信心建立措施無法急促形成,必須與「衝突解決」[92]等其他機制相輔相成,且必須等到時機成熟,才會建立相關措施建立,須有耐心,無法期待過高。尤其,台灣在亞太地區被視為軍事衝突的熱點,信心建立措施第一階段就是衝突避免,而設置「熱線」可以提供雙方衝突避免的試金石。[93]其他主張兩岸設置「熱線」的論述文章亦有張旭成[94]、謝台喜[95]及丁樹範[96]等人提及相關論述。

[90] 沈明室,〈建立兩岸領導人溝通熱線可行性之研究〉,顧尚智、李夢麟主編,《2007 年解放軍研究論壇彙編》(八德:國防大學,2007 年 12 月),頁 387。
[91] 洪陸訓,〈兩岸建立軍事信任措施可行性之探討〉,頁 37。
[92] 與美國學者克蘭普將信心建立措施第一階段之衝突避免,概念相同。
[93] 林正義,〈國際經驗與台海信心建立措施〉,陳德門主編,《國防大學第一屆國家安全與軍事戰略學術研討會論文》(桃園:國防大學,2000 年 11 月 30 日),頁 51。
[94] 學者張旭成認為兩岸軍力過於懸殊,只能將目標定在避免衝突的溝通性「信心建立措施」規劃上,建立溝通管道,先和緩緊張情勢,其餘則必須等待國際環境演變,提供進一步誘因。詳見張旭成,〈從歐安會議及亞太區域安全協商機制探討兩岸建立軍事互信機制之可行性〉,陳德門主編,《國防大學第一屆國家安全與軍事戰略學術研討會論文》(桃園:國防大學,2000 年 11 月 30 日),頁 39。
[95] 學者謝台喜主張兩岸可從軍事熱線、演習預先告知等問題先談,較為務實,也更貼近和平議題。詳見謝台喜,〈兩岸建立軍事互信機制之研究〉,頁 126。
[96] 學者丁樹範建議兩岸的軍事熱線(Military hot line)應該仿效美國和中共之

綜合上述，學者普遍認為溝通性措施係指在有衝突傾向或緊張關係的國家之間建立溝通管道，作為遭遇突發危機時有助於解除緊張狀態的管道；平時可以用此管道保持溝通，化解疑慮。兩岸之間的溝通性措施包括建立元首及國防部門熱線、軍事人員互訪、彼此共同參與國際性質的研討會、交換軍事學員、共同參與國際組織中的類似部門、海上救難與反恐合作等。其中在兩岸軍事互信建立初期，可從設置「熱線」為起點。

肆、兩岸軍事互信機制研究現況

本書從網路及期刊搜尋與軍事互信機制相關的關鍵詞，[97]進一步研究有關兩岸「信心建立措施」與「軍事互信機制」相關議題整理所得，迄 2011 年底為止。25 年來國內學界有關兩岸此議題的著作、論文及期刊方面不勝枚舉，然研究的主要標的，均在於兩岸間信心建立措施實踐之可能性探討。雖從不同角度切入，就其實質研究的主題而言，其中不乏針對信心建立措施的概念與意涵、信心建立措施的實務經驗、中共對信心建立措施之立場以及兩岸信心建立措施可行途徑之研究。大多聚焦以整體性的分析為主（148 篇，占88%），單一措施分析僅 20 篇（請參考表 1-1），其中又以「非軍事區」與「海上安全合作」各 5 篇為最多，但針對兩岸特性雙方實際需求可具體建構單一措施如「熱線」的議題，卻付之闕如，目前僅

間的模式，採取國防部對國防部，但要特別注意中共可能提出南京軍區與台灣的國防部，矮化台灣。詳見丁樹範，〈兩岸間的軍事熱線：政治、技術、和體系的考慮〉，《戰略安全研析》，2009 年 2 月，頁 13。

[97] 關鍵詞的輸入除了包括「信心建立措施」、「軍事互信機制」外，再選出與兩岸有關之相關研究。

只出現於研討會論文與期刊發表。有鑑於此，本書希望在前人肩膀上能夠看的更寬廣、更深遠。

表 1-1　1996-2011 年兩岸「信心建立措施」與「軍事互信機制」相關議題

區分	專書	專書論文	學位論文	期刊	合計	備考
整體分析	3	53	30	63	149	比例為：88%
單一措施分析	0	8	8	4	20	非軍事區（5）、海上安全合作（5）、熱線機制（4）、緩衝區及海峽行為準則（2）、共同合作打擊犯罪、台海和平區、戰略層級部隊調動通告、軍事機構互訪
總數	3	61	38	67	169	

1.括弧中代表篇數。

2.資料來源：筆者自行整理，詳細分析內容請參見附錄。

　　經過前面分析，初步發現兩岸關係錯綜複雜，而軍事互信機制是一項高度敏感性的議題，不單是兩岸之間的問題，其中還受到國際環境的與國內政治情勢的牽動。在此一議題上受限中共對於軍事互信機制或者是信心建立措施的立場與戰略意涵，是一個重要的關鍵因素；[98]另外，兩岸的特殊性未必能完全套用過去歐陸成功的經驗的模式，而制度本身與制度發展的過程對互信的建立有著不同程度的影響；美國對於兩岸軍事互信機制是扮演「調停者」（mediator）的角色，用以支持兩岸以和平、非戰爭的方式、手段，達成各項和平、安全協議；[99]但台灣政府的立場與戰略意涵及朝野是否達成共

---

[98] 沈明室，〈兩岸軍事互信機制的建構困境與機會〉，頁 187。

[99] 蔡明彥，〈臺灣對兩岸軍事互信的研究與未來作法〉，發表於「中央研究院人文社會科學研究中心亞太區域研究專題中心 2010 臺海安全互信前瞻」研

識，亦是軍事互信機制能否可以成功的變數之一；最後，或許兩岸立場不同、解讀有異，迫切程度不一，然而總體來說，至少兩岸對於軍事互信機制的建構，皆已經表現出求同存異的認知。實際上，因為主、客觀環境因素的影響，兩岸建構軍事互信機制的外在因素與環境，顯然已然成熟許多。[100]誠然，意圖只是第一步，欲求實踐上可以操作與執行的機制，尚有許多空間可以努力；例如「熱線」議題，尤其建構在兩岸的合作模式下，仍有待探討與研究的空間。（其它分析內容參閱附錄）

第三節　熱線概念界定

截至目前為止，針對熱線議題實施探討的文獻報告，僅見於少數期刊中的短文或隻字片語，以兩岸的立場對熱線議題的研究則不多見。有關具體論述者僅有沈明室的〈建立兩岸領導人溝通熱線可行性之研究〉[101]、張競〈籌建兩岸熱線之研究〉[102]、及丁樹範〈兩岸間的軍事熱線：政治、技術、和體系的考慮〉[103]等文獻。相關研究目前尚屬起步階段，還沒有出現被普遍接受的學術定義，而且在

討會（台北：中研院，2010 年 6 月 29 日），頁 8-10。

[100] 劉啟文，〈從兩岸新局看建立軍事互信機制〉，〈從兩岸新局看建立軍事互信機制〉，《海軍學術月刊》，第 43 卷第 4 期，2009 年 8 月，頁 28。

[101] 沈明室，〈建立兩岸領導人溝通熱線可行性之研究〉，顧尚智、李夢麟主編，《2007 年解放軍研究論壇彙編》（八德：國防大學，2007 年 12 月），頁 387-410。

[102] 張競，〈籌建兩岸熱線之研究〉，頁 83-122。

[103] 丁樹範，〈兩岸間的軍事熱線：政治、技術、和體系的考慮〉，《戰略安全研析》，2009 年 2 月，頁 13-15。

概念上也存在某種混亂的現象。例如有些學者接受「熱線」（Hot Line）的說法，也有些學者則傾向於使用「軍事熱線」（Military Hotline）的看法，或者兩者並用。作者搜集到的相關領域的研究成果看，鮮少見關於「熱線」的定義，但可從兩岸學者觀點可以看出「熱線」與「軍事熱線」之差異。

　　張競認為兩岸熱線絕非軍事熱線，他是以使用者來界定「熱線」；[104]大陸閻學通則認為，「軍事熱線」是指兩個國家軍事首長可以不經請示本國的元首直接進行對話，[105]與張競的看法不謀而合；另中共國防大學李大光教授認為，「軍事熱線」，是兩國政治、軍事領導人解決雙方軍事領域突發性問題的溝通機制，它是兩國軍事互信機制的一個組成部分；[106]學者沈明室依「熱線」使用目的定義為，建立兩個對立國家軍事部門的通報系統，避免意外發生，而穩定兩個敵對國家的軍事關係。[107]從上述四位學者的觀點可發現，前二者係以使用者的身份來區別「熱線」與「軍事熱線」；而後二者則以解決雙方軍事領域突發性問題，是以事件為主體。由於上述兩名詞常被學者、政治人物交互使用，故本書為探討方便，用國內學界常用「熱線」為總稱，但「軍事熱線」僅適用於解決軍事領域突發性問題，以便於分析與對照。（參閱表 1-2）

---

[104] 參閱張競，〈籌建兩岸熱線之研究〉，頁 88-89。

[105] 李海元，〈直播實錄：閻學通評「軍事熱線」與中美關係〉，《人民網》，2007 年 10 月 9 日，〈http://world.people.com.cn/BIG5/89881 /97032/ 6506616. html〉，檢索日期：2011/7/24。

[106] 李光大，〈軍事熱線是軍事外交重要渠道〉，《香港文匯報》，2008 年 5 月 10 日，〈http://paper.wenweipo.com/〉，檢索日期：2011/7/24。

[107] 沈明室，〈建立兩岸領導人溝通熱線可行性之研究〉，頁 393。

表 1-2　有關「熱線」的界定

學者	主張内容
新辭典	60 年代以來，美、蘇兩國首長為了應付緊急情況，尤其阻止意外的原子戰爭，而同意設立直接無線電通訊，使其隨時保持暢通聯繫，此項直接電訊國際之間習稱熱線。
沈明室	「熱線」主要目的，是建立兩個對立國家軍事部門的通報系統，避免意外發生，而穩定兩個敵對國家的軍事關係，進而發展出可預測的行為。
吳建德張蜀誠	軍事熱線是兩國政治、軍事領導人解決軍事領域突發問題的溝通機制，可降低因猜疑、誤判所引起不必要的軍事衝突。
張　競	熱線主要避免因為意外事件，或是因為軍事活動、政策發言及涉外作業遭致誤解而引發軍事衝突。

資料來源：筆者整理自下列資料。

1.劉振強，《新辭典》（台北：三民書局，1998 年 5 月初版），頁 1625。

2.沈明室，〈建立兩岸領導人溝通熱線可行性之研究〉，顧尚智、李夢麟主編，《2007 年解放軍研究論壇彙編》（八德：國防大學，2007 年 12 月），頁 393。

3.吳建德、張蜀誠，〈胡錦濤時期中共軍事戰略指導：繼承與變革〉，王高成主編，《兩岸新形勢下的國家安全戰略》（台北：淡江大學國際事務與戰略研究所，2009 年 10 月），頁 279。

4.張競，〈籌建兩岸熱線之研究〉，陳德門主編，《國防大學第一屆國家安全與軍事戰略學術研討會論文》（桃園：國防大學，2000 年 11 月 30 日），頁 89。

　　綜合上述學者的定義，本書認為「熱線」的定義如後：

　　係指有衝突傾向或缺乏互信的兩個對立國家間，雙方藉由專線（溝通工具），建立即時的溝通管道，化解對方之意圖，無須經過第三者傳話；它是兩國之間的溝通性措施，在降低可能因誤解或誤判所產生衝突（戰爭）的危機；而「軍事熱線」係指國與國政治、軍事元首解決雙方軍事領域突發性問題的溝通機制，是國與國軍事互信機制的組成部分。

　　根據韓岡明的研究「軍事互信機制」可視為軍事性的「信心建立措施」，[108]後續研究者蔡志昇、應澤揚、[109]曾娟娟[110]亦有相同的見解。另吳建德認為軍事互信機制，係屬廣義的信心建立措施眾多操作項目之一環。[111]雖信心建立措施可包括較廣的綜合層面，但其最主要核心內涵仍以軍事安全領域為主，畢竟武器是較直接可見的威脅。而「信心建立措施」一詞起源於冷戰時期的歐洲，屬西方慣用詞彙，在兩岸多以「軍事互信機制」或「軍事安全互信機制」稱之。[112]故本書為探討方便，將「信心建立措施」取狹義的定義，並與「軍事互信機制」視為相同定義與內涵之名詞，以便於分析與對照。結合前述「熱線」的概念界定，且「熱線」為溝通性措施的一環，[113]故其關係如圖1-2所示。

---

[108] 韓岡明，〈現階段建構「兩岸軍事互信」具體作法之研究〉，王央城主編，《2003-2004年IIR-CSS戰略安全論壇彙編》（桃園：國防大學國家戰略研究中心，2005年1月），頁431。

[109] 蔡志昇、應澤揚，〈擱置爭議追求雙贏──馬英九時代開展兩岸和平之研究〉，《空軍學術雙月刊》，第609期，2009年4月，頁6。

[110] 曾娟娟，《從建構主義分析「兩岸軍事互信機制」之建立》，頁26。

[111] 吳建德，〈台海兩岸建構和平協議之研究：信心建立措施之觀點〉，《空軍學術雙月刊》，第616期，2010年6月，頁3。

[112] 有關信心建立措施方面的探討，台灣慣稱「建立互信機制」、「建立軍事互信機制」，而中共自2008年12月31日胡六點提出後，改稱為「軍事安全互信機制」。大陸學者，軍事科學院少將研究員羅援指出，「軍事互信機制係國與國之間的一種信任措施，而胡錦濤提出的『軍事安全互信機制』是根據兩岸『特殊情況』所做的『特殊安排』，表示大陸反對任何可能影射中華民國主權意涵的軍事互信機制。引自揭仲，〈先要釐清「軍事互信機制」〉，《蘋果日報》，2009年9月8日，〈http://tw.nextmedia.com/applenews/article/art_id/31923193/IssueID/20090908#〉，檢索日期：2011/01/06。

[113] 王崑義將「熱線」歸類於聯繫性措施，係指在有衝突傾向或緊張關係的國家之間建立溝通管道，作為遭遇突發危機時有助於解除緊張狀態的管道。但從其名詞界定與溝通性措施概同，故本論文將熱線認為溝通措施之一環，請參閱王崑義，〈海上反恐──兩岸信心建立措施初步合作之分析〉，發表於第四屆「恐怖主義與國家安全」學術研討會（桃園：警察大學，2008年

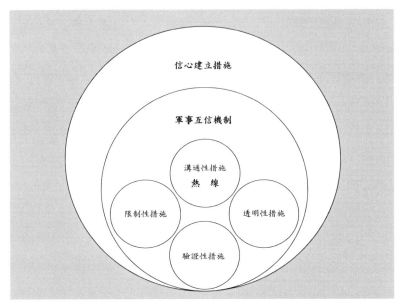

圖 1-2　信心建立措施、軍事互信機制、溝通措施與熱線關係示意圖

資料來源：筆者自繪

第四節　章節安排

　　本書從「信心建立措施」理論與實踐出發，找出適合兩岸「軍事互信機制」建構的方式，進而提出兩岸設置「熱線」的構想與具體措施建議。全書共分六章，各章重點概述如後：

5 月 11 日）。

　　第一章緒論。將本書之動機與目的、軍事互信研究概況及熱線概念界定做簡述。

　　第二章「信心建立措施」的理論與實踐。首先從「信心建立措施」的緣起為導言，並探討其內涵，與亞太地區的東協、印巴及朝鮮半島的實踐經驗，作為探討兩岸建立「軍事互信機制」的基礎。

　　第三章兩岸建立「軍事互信機制」可行性。從兩岸軍事互動的變遷，瞭解兩岸軍事發展的狀況；其次逐一探討中共、台灣、與美國三方對於兩岸建立「軍事互信機制」立場與其戰略意涵的認知；期望能從中、台、美三方的立場與戰略意涵，從中獲得各方所認知的利益。

　　第四章「熱線」的設置。先從瞭解「熱線」的分類，再分析美、蘇及朝鮮半島兩韓之間熱線的設置時代背景與貢獻；其次針對中共與美國、俄羅斯及印度等國家設置熱線之經驗，歸納出共通性的模式，作為兩岸建構熱線的借鑒。

　　第五章兩岸「熱線」的運作原則與具體措施。從前章各國實踐的經驗歸納出其共通性的特色，再針對兩岸設置熱線分別從政策面及與技術面進行運作分析；並針對兩岸預想「熱線」，進行其可行性評估，最後提出適合兩岸設置「熱線」的構想與具體措施。

　　第六章結論與建議。具體總結各章重點，提出政策建議。

第二章 「信心建立措施」的理論與實踐

　　在國際政治上，如何避免衝突與戰爭是各國持續關注的議題，而「信心建立措施」正是為解決國家之間因為認知錯誤，或者是發生誤判、誤會與誤解而導致戰爭的措施，可有助於減少擦槍走火而導致爆發戰爭的機率，[1]期望藉由訊息相互的交流，增進相互間彼此的瞭解。[2]「軍事互信機制」是當前研究兩岸關係的重要議題之一，因範圍廣泛，故藉理論基礎來加以解釋。[3]因此，本章區分三節，首先以「信心建立措施」的緣起為導言，並探討「信心建立措施」的內涵；其次，探討亞太地區的東協、印巴、與朝鮮半島的實踐經驗；最後從歷史經驗中歸納出「信心建立措施」的功能，提供未來兩岸建構「軍事互信機制」之政策參考。

---

[1] Ralph A. Cossa, "Asia Pacific Confidence and Security Measures," *in Asia Pacific Confidence and Security Building Measures* （Washington, D.C.: The Center for Strategic and International Studies, 1995）, p.7.

[2] Stephen V. Evera, *Causes of War: Power and the Roots of Conflict, Cornell Studies in Security Affairs*, pp.127-145.

[3] 夏宜嘉，《兩岸互信機制倡議研究》（台北：政治大學戰略與國際事務研究所碩士在職專班論文，2010 年 7 月 20 日），頁 29。

第一節　「信心建立措施」的緣起及內涵

　　「信心建立措施」是一種追求和平的重要步驟、機制及墊腳石（Springboard）;[4]也是國際間安全對話與機制建立過程中,重要溝通的方式之一。[5]「軍事互信機制」係從屬於「信心建立措施」運作的一部分與執行項目。本書探討兩岸建立「軍事互信機制」之前,先就「信心建立措施」的緣起及內涵作全盤性的敘述。

壹、「信心建立措施」的緣起

　　「信心建立措施」概念的發展有其歷史因素,只因當時未有一致概念加以涵蓋並且解讀說明。學者洪陸訓認為「信心建立措施」,最早緣起於 1955 年美、蘇於日內瓦會議中,美國總統艾森豪（Dwight D. Eisenhower）建議簽署《開放天空條約》（*Open Skies Treaty*）為起始點。[6]就其意涵可以追溯到更早期人類的歷史,在中國歷史上,諸如春秋晉、楚兩國的「退避三舍」之約,引喻退讓、

---

[4] 趙哲一,《建立信任措施——兩岸建立軍事互信機制之研究》（台北:政治作戰學校政治學系碩士論文,1998 年）,頁 34。

[5] M. Susan Perderson & Stanley Weeks, "A Survey of Confidence and Security Building Measures," in Ralph A. Cossa ed., *in Asia Pacific Confidence and Security Building Measures*（Washington, D.C.: The Center for Strategic and International Studies, 1995）,p.82.

[6] 此項建議雖遭到前蘇俄的嘲笑,是一項偵探蘇俄的圖謀。這一概念後來經由老布希總統修正,並在 1992 年簽定了「開放天空條約」（Open Skies treaty）。引自洪陸訓,〈兩岸建立軍事信任措施可行性之探討〉,〈兩岸建立軍事信任措施可行性之探討〉,《共黨問題研究》,第 28 卷第 7 期,2002 年 7 月,頁 32-33。

迴避、避免衝突之意；[7]「宋向戍善於趙文子……為會於宋，以藩為軍、晉楚各處其偏」等等。[8]

在西方諸如第一次世界大戰前，歐洲軍隊已開始邀請其他國家派軍事觀察員參加軍事演習；第一次世界大戰後，盟邦所簽訂《凡爾賽條約》(*Versailles Treaty*)；1922 年美、英、日、法、義等五國簽訂的《海軍軍備條約》(*Naval Armaments Treaty*) 來限制海軍軍備發展；或是 1930 年的「倫敦海軍會議」(London Naval Conference)，已經包含當前所提到的「信心建立措施」。[9]另韓戰後的停戰協定，也包含許多類似今日的「信心建立措施」的條款。[10]

7　劉良則，〈建立兩岸軍事互信機制研究：「戰略層級部隊調動、移防通知」之可行性評估〉，《國家安全與軍事戰略研究》，第 3 卷第 1 期，2002 年 1 月，頁 211。

8　係指各國在宋國集會，以藩籬為軍營，不造壘塹，而將晉國與楚國分在兩邊。就是現在信心建立措施的非軍事區（De-military Zone, DMZ），引自張哲銘、李鐵生，〈「信心建立措施」概念的回顧與展望〉，《戰略與國際研究》，第 2 卷第 1 期，2000 年 1 月，頁 3。

9　王曾才，《世界現代史》（台北：三民書局，1992 年 3 月），頁 79。

10　1953 年 7 月 27 日，中共、北韓與美國於在平壤共同簽訂韓戰《軍事停戰協定》(*Military Armistice Agreement*)，終止了這場戰事。此一停戰協議包含以下幾種信心建立措施：一、建立非軍事區：依協議，軍事劃界將被確定，雙方將兵力撤出此邊界兩公里以外地區，此區域將建立為雙方的非軍事緩衝區，以避免可能導致雙方衝突的敵對事件發生。二、撤離在非軍事區外的對方控制區內的軍事武力：依協議，在協議生效後 10 天內，雙方要全面撤出其在非軍事區以外的對方控制區（包括島嶼及水域）內的武力、支援及其裝備。三、停止對朝鮮半島既有兵力的加強：依協議，雙方除輪調、執行暫時職務與短期休假返回等理由之外，不得再由外界調入人員、戰機、武裝車輛、武器與彈藥。四、建立一個軍事停戰委員會：依協議，軍事停戰委員會將由 10 個資深官方人員組成，其中五名由聯合國統帥任命，另外五名由朝鮮人民軍最高統帥與中共人民自願軍統帥任命。五、建立一個由中立國組成的監督委員會：依協議，中立國監督委員會將由四名資深官方人員組成，其中兩名由聯合國統帥任命兩中立國瑞士與瑞典擔任，另外兩名由朝鮮人民軍最高統帥與中共人民志願軍統帥任命波蘭與捷克斯拉夫擔任。六、建議成立一個由雙邊共同組成的高階政治會議：依協議，

　　第二次世界大戰後歐洲各國的經濟面臨崩潰、政治情勢相當不穩定。蘇俄利用歐洲國家戰後致力復原的時機，大肆擴張其政治勢力，相繼使得中歐與東歐各國的共產組織取得政權，成為附庸國並受其控制。為了阻止蘇俄在歐洲地區的擴張，在美國帶領下，與加拿大、英國、法國、盧森堡、比利時、荷蘭、義大利、冰島、挪威、葡萄牙等10國於1949年4月4日簽訂了《北大西洋公約》(*The North Atlantic Treaty*)，同年8月24日，正式成立「北大西洋公約組織」(The North Atlantic Treaty Organization, NATO)；隨後希臘與土耳其於1952年，西德於1955年也加入了北約組織。

　　以蘇俄為首的共產國家不甘示弱，乃於1954年11月29日至12月2日在莫斯科(Moscow)由蘇俄、東德、波蘭、匈牙利、保加利亞、捷克、羅馬尼亞、阿爾巴尼亞等國舉行所謂「歐洲國家保障及歐洲和平與安全會議」，並於次年5月11日在波蘭首都華沙(Warsaw)舉行第二次會議，締結了八國《友好合作互助條約》，通稱為《華沙公約》(*The Warsaw Pact*)，成立「華沙公約組織」(The Warsaw Treaty Organization, WTO)；也使得東、西方從此揭開「冷戰」(The Cold War)序幕。[11]

　　1958年11月27日「柏林危機」與1962年10月16日至28日所發生的「古巴飛彈危機」，促使美國與蘇俄之間瀕臨於戰爭邊緣，甚至可能導致核武戰爭。[12]雙方於1963年6月20日，達成《熱

[11] 張哲銘、李鐵生，〈「信心建立措施」概念的回顧與展望〉，頁2-3。
[12] Wilfried Loth著，朱章才譯，《和解與軍備裁減：1975年8月1日，赫爾辛基》(台北：麥田出版社，2000年)，頁2-3。

線協議》（*The Hot Line Agreement*）；成為「信心建立措施」機制的
雛型與先驅。[13]本書將於第四章針對美、蘇之間熱線加以探討，在
此先不作論述。

　　20 世紀 70 年代美、蘇進行和解（Detent），以及歐洲各國的努
力奔波下，華沙公約與北約組織在這種和解的氣氛下逐漸展開各種
裁軍與促進和平的談判。終於在 1973 年，決定共同籌組成立「歐
洲安全暨合作會議」（Conference on Security and Cooperation in
Europe, CSCE，以下簡稱「歐安會議」）[14]，針對歐洲地區的安全與
經濟合作、各國人民遷徙自由、改善東、西方的交流與接觸、新聞
自由等議題，達成初步互信的共識。[15]

　　「建立信任措施」的詞彙首次出現於比利時與義大利，透過歐
安會議，於 1973 年赫爾辛基會議前的預備會時提出的，經過了兩
年的磋商談判，終於在 1975 年 8 月 1 日在日內瓦（Geneva），簽署
《赫爾辛基最終決議書》（The Helsinki Final Act, 1975），全名為《建
立信任措施暨特定安全與裁軍文件》（*Document on Confidence
Building Measures and Certain Aspects of Security and Disarmament*）。[16]
文件有關信心建立的措施共 12 條，包含軍事演習的事先告知、邀

[13] Liu Huaqiu, "Step-By-Step Confidence and Security Building for the Asian
Region: A Chinese Perspective," *Asia Pacific Confidence and Security Building
Measures* （Washington, D.C.: Center for Strategic and International Studies,
1995），p. 121.

[14] 「歐安會議」的成員國，除阿爾巴尼亞外，包含歐洲其他 33 個國家與美國、
加拿大共 35 國在芬蘭赫爾辛基舉行「歐安會議」，並於 1994 年在布達佩
斯舉行的各國元首會議中更名為「歐洲安全暨合作組織」。引自翁明賢、
林德澔、陳聰銘合著，《歐洲區域組織新論》（台北：五南書局，1994 年），
頁 73。

[15] 趙哲一，〈我國執行信心建立措施的現況與展望〉，劉慶祥主編，《兩岸和平
發展與互信機制之研析》（台北：秀威資訊科技，2010 年），頁 163。

[16] Walter Kremp, Michal Olejamik, Victor-Yves Ghebali, Andrei Androsov &
Keith Jinks, *OSCE Handbook* （Vienna: OSCE, 2000），pp. 20-39.

請他國觀察員到本國觀摩軍事演習、軍事調動與主要部隊移防的事先告知。[17]其目的透過軍事交流與資訊交換,增加歐洲各國彼此的瞭解之外,並消除緊張關係進而加強世界和平與安全。[18]

在 1975 年簽訂赫爾辛基最終決議書之後,歐安會議舉行幾次的後續會議,包括 1980 年 9 月 9 日在西班牙首都馬德里(Madrid)舉行歐安會議的預備會議及討論相關事項,1983 年 10 月 25 日在赫爾辛基舉行「歐洲地區信任暨安全建立措施及裁軍預備會議」(Confidence and Security Building Measures and Disarmament in Europe),1984 年 1 月 15 日在瑞典首都斯德哥爾摩(Stockholm)舉行「歐洲地區信心暨安全建立措施及傳統武器裁減會議」(Conference on Confidence and Security-Building Measures and Disarmament in Europe),會議中,對於「信任建立措施」的定義以及目標加以強化與補充。

直至 1986 年 9 月 19 日的歐安會議終於簽署《斯德哥爾摩信心和安全建立措施文件》(*Stockholm Document of Confidence and Security Building Measures*)。文件中更進一步將「建立信任措施」擴大成為「信任暨安全建立措施」(Confidence and Security Building Measures, CSBMs),文件中總共有 104 條條文與 4 個附件,該文件將「信心建立措施」進一步擴大為「信心暨安全建立措施」,亦涵蓋於馬德里會議中,關於信任安全合作的結論文件與歐洲「信心暨安全建立措施」以及裁武的「斯德哥爾摩文件」。[19]相對於建立信

---

[17] Victor-Yves Ghebali, *Confidence-Building Measures within the CSCE Process: Paragraph-by- Paragraph Analysis of Helsinki and Stockholm Regimes*(New York: United Nations, 1989), pp.3-6

[18] 主要內容:一、預先通告重大軍事演習的規模,內容及間;第二、邀請對方軍事觀察員參加軍事演習;第三、軍事人員的互訪與交流等項。引自張哲銘、李鐵生,〈「信心建立措施」的回顧與展望〉,頁 5-6。

[19] Arie Bloed, ed., *The Conference on Security and Cooperation in Europe*(The

任措施的草創階段，第二代「信心暨安全建立措施」更強調軍事意涵的重要性及各項查證性措施的使用，進入更具體與強制性的階段。[20]

歐安會議在 1990 年 11 月 17 日，再簽署了《歐洲傳統武力條約》（*Treaty on Conventional Armed Forces in Europe*）。限制了歐陸地區五種重要傳統武器的發展，[21]要求參與簽署國家裁減軍備。更加具體的對於軍事活動規模以及頻率、次數的限制等，促使軍事互信機制的內涵更趨完備，較以往「斯德哥爾摩文件」更加成熟，這可謂是第三代信心建立措施先導。[22]而 1992 年 3 月 4 日在奧地利首都維也納（Vienna）簽署了《維也納信任暨安全建立措施文件》（*Vienna Document 1992 of the Negotiations on Conference and Security Building Measures*），[23]除原先成員外並增加哈薩克（The Republic of Kazakhstan）、土庫曼（Turkmenistan）、烏茲別克（The Republic of Uzbekistan）等國，條文增加提供各會員國武器系統能力資料，新型武器系統部署需公開資訊給其他成員國知悉，且通知演習規模更為縮小。

另 1994 年 11 月 28 日簽署的《1994 年維也納信心暨安全建立措施、全球軍事資訊交流談判文件》（*Vienna Document 1994 of the Negotiations on Conference and Security Building Measures, Global*

Netherlands: Kluwer Academic, 1993），p.68.

[20] 林正義，〈台海兩岸「信任建立措施」芻議〉，《國防雜誌》，第 13 卷第 2 期，1998 年，頁 4。

[21] 包含戰鬥坦克、武裝戰鬥運輸輸具、戰鬥機、武裝攻擊直昇機與大口徑投射系統等五項。

[22] 林正義，〈歐洲及亞太信心暨安全建立措施之研究〉，《理論與政策》，第 12 卷第 3 期，1998 年 9 月，頁 83-85。

[23] 《「歐洲安全暨合作組織」（Organization for Security and Co-operation in Europe）》，〈http://www.osceprag.cz/docs/chronos.htm〉，檢索日期：2010/12/12。

Exchange of Military Information，簡稱 1994 年維也納文件）。[24]除原先議定外，增加國防政策及軍力計畫也列入公開項目，將下年度國防預算資訊交換改為下 5 年度資訊，並對軍事演習事先通告有更為嚴格的規定。[25]歷經 5 年之久的討論後，終於在 1999 年 11 月由歐安會議的 54 個參與國的元首，在土耳其首都伊斯坦堡（Istanbul），通過《歐洲安全憲章》（*Charter for European Security*），及重新修訂《歐洲傳統武力條約》（*Conventional Armed Forces in Europe*）、《1999 年維也納文件》（*Vienna Document 1999*）等與歐洲安全有關議題的文件。[26]雖然歐洲安全憲章雖不具法律效應，但是在歐安組織內具有政治的約束力文件之一。

　　總而言之，源自歐洲「信心建立措施」在經過逾 35 年的發展，儼然已臻於完備。[27]歐安會議所達成決議之過程，是在歐洲共同的地理、歷史環境及人文背景之下，經由長期累積的談判與實務經驗之成就，歸功於歐洲的每個與會國，共同參與研商而形成。「建立信心措施」的形成與歐安會議發展是併行的，兩者皆為歐洲安全事務中最重要議題。[28]故此措施已經成為區域與國家間，預防衝突以及情勢誤判的緩衝機制，亦為國際軍事安全機制的典範。

---

[24] 林正義，〈歐洲及亞太信心暨安全建立措施之研究〉，頁 80-81。

[25] 陳國銘，《由建立信任措施論歐洲傳統武力條約之研究》（台北：淡江大學國際事務與戰略研究所碩士論文，1996 年），頁 202。

[26] 有關歐洲信心建立措施發展現況，可參閱 The Organization for Security and Cooperation in Europe，〈http://www.osceprag.cz/docs/chronos.htm〉，檢索日期：2010/12/12。

[27] Richard E. Darilek eds., "East-West Confidence-Building Measures: Defusing the Cold War," in Michael Krepon et al., *A Handbook of Confidence-Building Measure for Regional Security*, 3rd Edition（Washington D.C.：The Stimson Center, 1998）pp. 247-248.

[28] William Gutteridge ed., *European Security, Nuclear Weapons and Public Confidence*（Hong Kong: Macmillan Press, 1982），p.18.

貳、「信心建立措施」的內涵

　　「信心建立措施」推行之初只有實踐而無具體模式，但是歷經幾十年的經驗，已經有學者對於信心建立措施的類型、範圍與目的，做出詳細的闡釋。[29]以下針對「信心建立措施」的階段發展模式與類型，分別說明之。

一、「信心建立措施」階段發展模式

　　在「信心建立措施」的階段發展模式上，以美國學者克里朋的分法為代表，認為推動的過程並非一蹴可及，必須透過參與國家或區域的互動與協商談判，採取循序漸進的方式來推動，且在運作初期成熟後，方可進入高階層次。[30]他更進一步依照其執行程度與內涵將「信心建立措施」分為三個階段，其要義分述如下：

（一）第一階段：衝突避免（Conflict Avoidance）

　　在「信心建立措施」的談判與執行必須要有共同政治意願的支持。在不危害國家安全與國家利益，且又不使現有衝突惡化的前提下。此時，對立各方國家元首同意進行最基本或最初步的溝通與接觸，以避免對立情勢更加劇烈，以建立一個安全的網絡。特別是爆發戰爭或危機之後，衝突的避免可以提供一段冷卻期（Cooling-off

[29] Marie-France Desjardins, *Rethinking Confidence Building Measures*（London: Oxford University Press, 1996）,pp.7-8.

[30] 陳泊瑋，《啟動台海和平契機-從建構兩岸軍事互信機制探討》（台中：逢甲大學公共政策研究所碩士班論文，2010 年 6 月），頁 32。

Period）讓雙方有一個思考的時空。[31]學者歐斯古德（Charles Osgood）認為，在情勢緊張地區應以逐漸降低敵意（Gradual Reduction in Tension, GRIT），為首要目標，藉由衝突避免措施可以建立一個基本的安全架構，防止造成全面性的衝突。[32]

「衝突避免措施」（Conflict Avoidance Measures, CAMs）特色在於避免衝突各方發生彼此都不願見到的戰爭，以及非蓄意的情勢升高（Uninten- ded Escalation）之危險，諸如：雙方設置熱線及實施軍事演習得事前通知等將有助於達成此目的。[33]雖然各方採取衝突避免措施的理由和目的不相同，但只要務實地避免衝突情勢發生，確實可以作為雙方建立新的基礎，再準備進入第二階段的「建立信任」，成為建立信任措施的必要前提。[34]

（二）第二階段：建立信任（Confidence Building）

在獲得政治支持與良性互動後，對立雙方進一步建立彼此的信心與信任。[35]首先，在目的方面，「信心建立措施」作法不僅是在

[31] Michael Krepon et. al., *A Handbook of Confidence-Building Measures for Regional Security*（Washington D.C.：The Stimson Center, 1998, 3rd Edition）pp.4-7.

[32] 學者歐斯古德認為，敵對的一方可藉由讓步的方式刺探對方，俟對方有所反應時，必須繼續不斷地加碼友善的行為，以產生和平螺旋效應（Peace spiral）。轉引自 Louis Kriesberg, *Constructive Conflicts: Form Escalation to Resolution*（New York: Rowmen and Littlefield, 1998），p.211.

[33] 趙哲一，〈兩岸如何建立對話管道──以「建立信任措施」為例〉，顧尚智、李夢麟主編，《2007 年解放軍研究論壇彙編》（八德：國防大學，2007 年 12 月），頁 370。

[34] Michael Krepon et al., *A Handbook of Confidence Building Measure for Regional Security*, pp. 2-3.

[35] 翁明賢、吳建德主編，《兩岸關係與信心建立措施》（台北：華立圖書，2005 年 9 月），頁 310。

避免突發生的衝突和危機，更要進一步建構彼此信任和信心的基礎。其次，在執行層面方面，需要更大政治支援與良性互動，因此從第一階段發展到第二階段相當困難。

除此之外，從衝突避免到信心建立過程中，若各方在核心利益議題上，沒有重大歧見，則轉型過程將較為順利。通常國內的障礙或重大戰略問題，會對此造成嚴重阻礙。前者包括國內的政治情勢不穩（如反對黨的勢力）或國內重大利益考慮等；後者例如發展核武或軍事聯盟等問題。[36]若發展過程中面臨到政治和解的高風險時，就要有積極而有遠見的領導者，從困難中果斷抉擇出解決問題的方向，使國家避免陷入嚴重的突發衝突與戰爭，如前蘇俄總統戈巴契夫（Mikhail Gorbachev）、埃及總統沙達特（Anwar al-Sadat）和巴西總統科樂（Collor de Mello）等領導人，都為了要使國家能順利從衝突避免轉化至建立信任而承擔風險地作出選擇。[37]

（三）第三階段：強化和平（Strengthening the Peace）

如能克服避免戰爭的重大障礙，並開始磋商和平條約，國家領導人就可以繼續利用「信心建立措施」來強化和平。本階段最主要之目的，在擴大並且深化既存的合作模式，並且盡可能創造強化和平的積極進展，[38]亦為進階至國際「預防外交」（Preventive

---

[36] Michael Krepon et al., *A Handbook of Confidence Building Measure for Regional Security*, pp. 4-7.

[37] M. Susan Pederson & Stanley Weeks, "A Survey of Confidence and Security Building Measures," in Ralph A. Cossa ed., *Asia Pacific Confidence and Security Building Measures*（Washington, D.C.: The Center for Strategic and International Studies, 1995），p.82.

[38] Michael Krepon et al., *A Handbook of Confidence-Building Measures for Regional Security*, pp.4-5.

Diplomacy）的必要基礎。[39]但要達到此目標非常困難，例如南北韓在 1990 年展開「南北高層會談」，並仿《東西德基礎條約》，簽訂各種信心建立措施，因而無法深入社會各階層，以符實情與實需；[40]在受到國內政治的影響、或國際因素的壓力，往往陳義過高，不見得可行。

　　以上為克里朋「信心建立措施」的三階段過程，在實施過程的首要階段主要在衝突避免，因為衝突會影響到雙方或多方國家（區域）安全與利益，所以敵對國家或利益相關的國家，會有較高意願來執行。誠如基歐漢認為，合作能在利益互補的基礎發展，而國家之間的共同利益只有經由合作才能實現。[41]因此，兩岸如何在互動過程中，讓雙方可能真正受益，不以一方受害為代價，兩岸的互信機制推動有其必要性。但前述三階段步驟，並非是一成不變的程序，即使完成第一、二階段，依然可能發生危機或衝突。

　　例如中美雙方為避免海事與軍機遭遇意外事件的發生，在 1998 年 1 月 19 日簽定的《海事軍事諮商協議》（*Military Maritime Consultative Agreement,* 簡稱 MMCA）；[42]理論上應有助於中美雙方建立制度性的協商，使雙方軍事活動更具可預測性。[43]但 2001 年

---

[39] Boutros Boutros-Ghali, *An Agenda for Peace*（New York: United Nation, 1995）,pp.45-46.

[40] 翁明賢、吳建德主編，《兩岸關係與信心建立措施》，頁 316。

[41] Robert Keohane, *After Hegemony: Cooperation and Discord in the World Political Economy*,pp.6-9.

[42] Michael Krepon et al., *A Handbook of Confidence-Building Measures for Regional Security*, pp.45-47.

[43] 《海事軍事諮商協議》（MMCA）是在第一次美中國防部諮商中在所提出，1998 年 1 月，柯林頓政府的美國國防部長柯恩（William Cohen）訪問北京，與中共國防部長遲浩田簽訂《海事軍事諮商協議》，並於同年 7 月召開首屆年度會議。此協議是美中兩國軍方最早建立的信心建立措施之一，在對話形式上，則可分為年度會議、專家工作小組會議及特別會議等三種類別，儘管其立意是希望透過定期與不定期的會晤，商討兩國在海上安全、溝通

仍在南海發生了 EP-3 偵察機擦撞意外事件、[44]2002 年美國海洋研究船鮑迪奇號（USNS Bow-ditch, TAGS-62）遭中共驅離、2006 年宋級潛艦與美國小鷹號遭遇，以及 2009 年美國海洋研究船無瑕號（USNS Impeccable, TAGOS-23）遭中共警告等事件，顯示此機制的功效是非常有限的。[45]但也為此事件的醞釀，雙方更加密切溝通，促成後來兩國在國防部層級軍事熱線的建立。

二、「信心建立措施」的類型

有關國際間發展的「信心建立措施」採取的各種實際操作措施，多位學者、戰略專家與智庫依據其專長領域，有深入的研究，且區分標準各有不同。美國智庫史汀生中心，最早將其具體措施歸納為：溝通性措施（Communication measures）、透明性措施（Transparency measures）、限制性措施（Constrain measures）、驗證性措施（Verification measures）等四種類型，也是「信心建立措施」的主要工具。[46]這些措施常用於衝突傾向或緊張關係的國家

聯繫以及建立互信等問題。引自翟文中，〈中共與美國海上軍事安全磋商機制之研究——背景、運作與展望〉，《國防雜誌》，第 23 卷第 5 期，2008 年，頁 44。

[44] 林文隆認為由於美中因為未能制訂發生危機或交戰期間的通訊協定（條文過於模糊且缺乏運作細節），是在 2001 年南海撞機事件中未發揮《海事軍事諮商協議》功能的主要原因。引自林文隆，〈從台灣角度看美中軍事交流的現況與新局〉，王凱衍主編，《2009 年戰略安全論壇彙編》（桃園：國防大學，2009 年 12 月），頁 56。

[45] Shirley A. Kan, *U.S.-China Military Contacts: Issues for Congress*（Washington D.C.: Library of Congress, 2009），pp.16-17.

[46] 《美國史汀生中心》網站，〈http://www.stimson.org/cbm/cbmdef.htm〉，檢索日期：2010 年 12 月 25 日。

間，使能保持開放且暢通的管道。該措施可以消除危機時的緊張局勢，甚至更能以定期性的協商機制，使每一個國家能夠相互討論及預防危機的發生。其主要的內容如下：（見表2-1）

表2-1　美國智庫史汀生中心對「信心建立措施」分類與內容

類型	具體內容
溝通性措施	1. 設置熱線（Hotlines）：熱線可提供危機發生時，獲得正確資訊的溝通管道。如中共與俄羅斯、美國與中共、印度與巴基斯坦間接或直接聯繫溝通的管道。 2. 區域溝通中心（Regional communication centers）：區域溝通中心可以協助區域國家衝突時之危機管理。例如歐安會議所設立的溝通暨安全中心（Conflict Prevention Center, CPC）的模式。 3. 定期協商（Regularly scheduled consultations）：定期磋商提供一個常態性的論壇機制，讓參與國家定期集會發表其所關心的事，甚或表達其不滿。例如美蘇《1972年海上意外事件協定》（1972 Incidents at Sea Agreement, INCSEA）、中南美洲國家每年召開的軍事首席幕僚會議。
透明性措施	1. 事前通知的要求（Pre-notification requirements）：計畫性的軍事演習（含飛彈試射）、調動部隊需事先通知，使各國的軍事意圖能更加明顯。例如中東地區的「武器管制與地區安全工作組」（Arms Control and Regional Security Working Group）規定4,000名以上軍隊或110輛戰車調動時，須知會相關國家。 2. 資料交換（Data exchange）：透過參與國家提供各國軍隊數量、國防預算規劃、武器裝備採購，將能夠很清楚瞭解一個國家目前的軍事實力。 3. 志願觀察者（Voluntary observations）：藉由主動觀察其他國家的軍事演習，以直接取得參與國家的軍事能力。

表 2-1　美國智庫史汀生中心對「信心建立措施」分類與內容（續一）

類型	具體內容
限制性措施	1. 限武區域（Thin-out zones or limited for deployment zones）：限制靠近某特定領土或邊界部隊或武器類型與數量。例如敘利亞與以色列 1975 年解除緊張狀態協定（Disengagement Agreement）細部條款建立了延伸 20 公里的非軍事區（Demilitarized zone, DME），雙方在此地的部隊與武器都受到限制。 2. 事前通知的要求（Pre-notification requirements）：例如 1986 年斯德哥爾摩協定（Stockholm Accord）對軍事演習規模、次數限制。
驗證性措施	1. 空中檢查（Aerial inspections）：[47]使各方能監視協定中限武區域軍隊是否有依規定限制、確認有關部隊佈署所交換資料，並對潛在導致不穩定的活動提供早期警告，並由第三國來執行。 2. 地面電子感應系統（Ground-base electronic monitoring system）：[48]以檢查某國對裝備限制的執行情形或部隊的移動。 3. 實地檢查（On-site inspections）：[49]盤問與例行操作有助於檢查協定的執行情形。檢查方式可由第三者、對方或雙方聯合執行。

[47] 空中檢查：對於早期預警有立即效益；空中檢查亦可由中立的第三者為之。例如美國在以 敘邊境的檢查行動 以及依據 1988 年「開放天空條約」（Open Skies Treaty）施行的北約和華沙公約組織會員國參與的檢查行動。引自陳子平，〈從 CBMs 看兩岸建立「軍事互信機制」〉，《中華戰略學刊》，96 年秋季刊，2007 年 9 月，頁 153。

[48] 地面電子感應系統：例如 1975 年與 1979 年兩次在東西奈半島設立的機制對於以、埃之間的和解，助益甚大。引自陳子平，〈從 CBMs 看兩岸建立「軍事互信機制」〉，頁 153。

[49] 實地檢查：例如 1988 年成立的「美國現場檢查局」（On-Site Inspection Agency, OSIA）即根據中程核武飛彈協議（INF）檢查蘇俄和東歐 100 所以上的薩姆飛彈（SS20s）發射座，並加以銷毀，另陪同蘇俄人員至美國銷毀潘興 2 型（Pershing 2）飛彈。引自陳子平，〈從 CBMs 看兩岸建立「軍事互信機

資料來源：筆者整理自下列資料。

1.《美國史汀生中心網站》，〈http://www.stimson.org/cbm/cbmdef.htm〉，檢索日期：20011/01/06；

2.陳泊瑋，《啟動台海和平契機——從建構兩岸軍事互信機制探討》（台中：逢甲大學公共政策研究所碩士班論文，2010 年 6 月），頁 29-30；

3.呂中華，《兩岸建立軍事互信機制可行模式之研究》（台北：銘傳大學社會科學院國家發展與兩岸關係碩士在職專班碩士論文，2008 年），頁 24-26。

　　另美國學者亞倫針對兩岸的特殊性，認為應增加，宣示性措施[50]（Declaratory measures）及海上安全救援措施[51]（Maritime safety measures）。[52]另聯合國前秘書長蓋里（Boutros Boutros-Ghali），在 1990 年，出版《防禦性安全概念及政策研究》（*Study on Defensive Security Concepts and Policies*）報告指出，「信心建立措施」包含溝通性措施、接觸性措施、通知性措施、限制性措施、資訊性措施等五種類型。[53]這五類的「信心建立措施」，較著重在防禦

制」〉，頁 153。

[50] 宣示性措施：針對特定問題宣示自身立場，有單方面或雙方面；是具有實質意義，亦有象徵性質。引自陳子平，〈從 CBMs 看兩岸建立「軍事互信機制」〉，頁 153。

[51] 海上安全救援措施：包含救援協定的達成與聯合搜救演習之進行等等。引自尤國臻，《兩岸軍事互信機制的建立——以兩岸非軍事區為例》（台北：國防大學政治作戰學院政治研究所碩士論文，2010 年 6 月），頁 70。

[52] Kenneth W. Allen, "Confidence Building Measures and the People's Liberation Army,"paper presented on International Conference for The PRC's Reforms at Twenty: Retrospect and Prospects, Sun Yat-sen Graduate Institute of Social Science and Humanities, National Chengchi University, April 8-9, 1999, Taipei, Taiwan, ROC, pp.11-17.

[53] Boutros Boutros-Ghali, *Study on Defensive Security Concepts and Policies* （New York: United Nations, 1993）, pp.33-35.

性的安全措施面向，尤其是熱線可視為「信心建立措施」的先導者。

國內學者林文程研究國際學者論述，加入兩岸關係的有關元素，諸如不相互干擾內政、和平解決爭端，飛彈不瞄準對方與危機處理標準程序等。另郭臨伍與沈明室，則參考聯合國、美國史汀生中心及其他相關國際組織推展「信心建立措施」的經驗，並結合兩岸關係與台海特殊情勢，歸納如下：（見表2-2）

表 2-2　國內學者對兩岸「信心建立措施」的類型

類型	具體內容
宣示性措施	1.尊重現有邊界與現狀；2.尊重雙方主權完整；3.避免武力威脅；4.互不干涉內政；5.和平解決衝突。
資訊交換與透明性措施	1.軍事演習與活動預先告知；2.演習時間、種類、內容、意圖事先告知；3.國防資訊交流；4.國防白皮書公佈；5.軍事基地開放參觀；6.兵力規模、裝備類別與數量、部署地點、武器發展計畫公佈；7.相互觀察軍事演習。
溝通性措施	1.建立領導人與雙方指揮中心熱線；2.危機軍事意外通報機制；3.中低階軍事人員、專家與機構交流；4.設立衝突防治中心；5.加強軍政首長溝通與對話；6.成立通訊與查證網路；7.加強海上軍事安全磋商機制。
限制性措施	1.限制大規模軍事演習；2.限制軍事演習次數；3.限制武器部署種類；4.裁減邊境駐軍；5.劃定非軍事區；6.戰略武器與飛彈互不瞄準；7.不參加針對對方之軍事同盟。
規範性措施	1.海上遭遇行為準則或磋商機制；2.不率先使用核武協定；3.核武不相互瞄準等原則。
查證性措施	1.空中監偵及攝影；2.邀請觀察員實地檢查。
綜合性安全措施	1.人權保障與人道服務；2.共同科學及學術研討計畫；3.毒品防治、犯罪防治、罪犯遣返及共同打擊犯罪；4.海上搜索與救難。

資料來源：筆者整理自下列資料。

1. 林文程，〈中共對信心建立措施的立場與作法〉，陳鴻瑜主編，《信心建立措施的理論與實際》（台北：台綜院，2001 年 2 月），頁 116。
2. 沈明室，〈兩岸軍事互信機制的建構困境與機會〉，王央城主編，《前瞻兩岸關係發展的趨勢》（桃園：國防大學戰略研究所，2007 年 12 月），頁 189-220。
3. 郭臨伍，〈信心建立措施與兩岸關係〉，陳鴻瑜主編，《信心建立措施的理論與實際》（台北：台綜院，2001 年 2 月），頁 168-169。

　　國內外若干學者或機構的主張所指涉範疇因用詞不夠精準，而常常以不同用詞來表示相同的類型之情形的產生，有關信心建立措施的實踐類型整理如表 2-3。

表 2-3　信心建立措施的實踐類型

措施類型 / 機構或學者	溝通性	限制性	驗證性	開放或透明性	宣示性	資訊性	通知性	接觸性	海上安全救援	規範性	綜合安全	類型數
Michael Krepon	◎	◎	◎	◎								4
Kennth W. Allen	◎	◎	◎	◎	◎				◎			6
Boutros Ghali	◎	◎		◎		◎	◎	◎				6
中華民國國防部	◎	◎	◎	◎					◎			6
林文程	◎	◎	◎	◎								5
沈明室	◎	◎	◎	◎							◎	6
郭臨伍	◎	◎	◎	◎						◎	◎	7

資料來源：筆者整理自下列資料。

1. 史汀生研究中心網站：〈http://www.stimson.org/home.cfm〉，檢索日期：2011/08/24；
2. Kennth W. Allen, "Confidence-Building Measures and the People's Liberation Army," in *The PRC'S Reform at Twenty: Retrospect and Prospects*, An International Conference organized by Sun Yat-Sen Graduate Institute of Social Science and Humanities, National Chengchi University, April , 1999 8-9；

3.Boutros Ghali, *Study on Defensive Security Concepts and Policies.*（NY: United Nations Press, 1993）pp.33-35；

4.中華民國國防部,《中華民國九十一年國防報告書》(台北:中華民國國防部, 2002 年),頁 280；

5.林文程,〈中共對信心建立措施的立場及作法〉,陳鴻瑜主編,《信心建立措施的理論與實際》(台北:台綜院,2001 年 2 月),頁 116；

6.沈明室,〈兩岸軍事互信機制的建構困境與機會〉,王央城主編,《前瞻兩岸關係發展的趨勢》(桃園:國防大學戰略研究所,2007 年 12 月),頁 189-217；

7.郭臨伍,〈信心建立措施與兩岸關係〉,《戰略與國際研究》,第 2 卷第 2 期, 2000 年 1 月,頁 170。

　　根據上述分析所言,不難發現「信心建立措施」涵蓋層面非常廣泛,不勝枚舉。「信心建立措施」對於國家安全在直接、間接上皆有積極作用。當今,為國際之間常運用其以降低衝突,解決爭端。就台海而言,學者普遍認為兩岸「信心建立措施」可以達到以下功能:一、減少因誤判及意外而引起武裝衝突的機會;二、在發生危機時,提供消弭危機的方法;三、供兩岸軍方建立海上救難與其它人道援助任務的合作模式;四、有助於兩岸軍方降低緊張與強化互信。[54]美國學者詹森（L. Celeste Johnson）認為兩岸因政治因素,在信心建立措施的建立有其困難度。他建議區分三階段循序漸進方式實施,第一階段包括增加非官方接觸及適度的官方接觸、熱線溝通、海上意外事故的溝通性措施建立、海上合作、建立軍事互動和溝通的工作組。[55]兩岸敵對狀態至今尚未解

---

[54] Bonnie S. Glaser, "Establishing Cross-Strait Military Confidence Building Measures," p.268.

[55] L. Celeste Johnson, "Military Confidence-Building Measures between Taiwan and the People's Republic of China," *Policy Analysis Exercise,* Massachusetts: John F. Kennedy School of Government, Harvard University, April 6, 1999,pp.21-24.

除，為避免衝突，共同建構和平安全的環境，信心建立措施的建
立有其必要性。

第二節　「信心建立措施」在亞太地區實踐 經驗

　　歐洲「信心建立措施」，是各國歷經數十次溝通、協調、談判
累積經驗並加以持續不斷的修正、精進，最後造就現今成熟的運作
模式。[56]從歐洲成功的經驗看來，不僅為該區域帶來和平與安定，
並且被廣泛運用在南美、中東、中亞、南亞、非洲等地區。[57]然亞
太地區信心建立措施的發展與實踐是否等同於歐美地區，專家學者
有不同的見解。

　　亞太地區各國受海洋的影響，軍隊的調動有其地理上的侷限
性。更遑論經由大規模軍事演習或軍隊動員等方式，來發動奇襲；[58]

---

[56] Lin Huaqiu, "Step-By-Step Confidence and Security Building for the Asian Region: A Chinese Perspective," in Ralph A. Cossa ed., *Asia Pacific Confidence and Security Building Measures* （Washington, D.C.: Center for Strategic and International Studies, 1995）, p.121.

[57] Yong Deng, "The Association of East Asian Security and the United States' Role," *East Asia: An International Quarterly*16, Issue 3/4, Autumn/Winter 1998,pp.95-97.

[58] 由於歐陸缺乏高山、海洋等天然屏障，國與國之間大多以政治、軍事等人為邊界區隔彼此，一國若無法有效維持邊防武力，將遭致敵方陣營滲透與國家安全莫大損失；反之在亞太地區各國或以有限疆域與鄰國相接，或四面環海而孤懸於太平洋中，除東南亞的寮國外，其餘區域國家都擁有很長的海岸線當作國土的天然屏障。引自夏宜嘉，《兩岸軍事互信機制倡議之研究》，頁 126-127。

且各國民族、文化、宗教與歷史的差異性。[59]因此，在亞太地區安全合作倡議方面，各國著眼於海洋方面的威脅（如：聯合演習、艦艇數量、緝私、跨國犯罪防制），發展出來有別於歐洲模式的信心建立措施。

尤其兩岸囿於政治因素（主權問題），無法模仿歐洲信心建立模式，但可以依據歐洲經驗發展的相關概念和途徑作為參考，以選擇兩岸更適切合宜以及有效的方法與策略，提升機制運作的可適用性。[60]以往學者專家對「歐安組織」（實為美國與蘇俄的勢力範圍）之發展與經驗之文獻汗牛充棟，在此不再贅述。[61]本書僅以亞太地區東協、南亞印度與巴基斯坦及朝鮮半島之信心建立措施分別探討，[62]期能從相關實踐經驗中過濾出解決兩岸僵局，增進彼此互信的新思維與新作法。

---

[59] Peter Searle, "Ethno-Religious Conflicts: Rise or Decline? Recent Developments in Southeast Asia," *Contemporary Southeast Asia: A Journal of International & Strategic Affairs* 24, Issue 1,Apr 2002 ,p.2.

[60] 彭錦珍，〈雙贏或零和？臺海新情勢兩岸互信機制之建立——機制設計理論的應用〉，《國防大學政戰學院亞太政治情勢研討會論文集》（台北：國防大學，2008 年 6 月 18 日），頁 126-127。

[61] 請參閱王順合，《論臺海兩岸建構「信心暨安全建立措施」之理論與實務》（台南：供學出版社，2006 年 11 月）；翁明賢、吳建德主編，《兩岸關係與信心建立措施》。

[62] 亞太地區「信心建立措施」之發展，大致可區分東北亞（美國、俄羅斯、中共、日本及南北韓等國家間的「信心建立措施」）、東南亞（東協推動之「信心建立措施」）、南亞（印度與巴基斯坦間的「信心建立措施」）等三大區塊，值得注意的是，雖然各區塊推動互信機制之參與者或許有重疊，且皆謂之「亞太信心建立措施」，但各區塊之發展與實際執行所涵蓋之範圍，卻存在明顯區隔，且不相隸屬，本論文所探討的範圍包含東協區域、南亞印度與巴基斯坦及朝鮮半島等三個區域之信心建立措施之推動。引自夏宜嘉，《兩岸軍事互信機制倡議之研究》，頁 46。

壹、東協國家實踐經驗

　　冷戰結束後，在歐安會議運作的成功經驗鼓勵下，亞太地區也開始積極進行信心建立措施的相關議題探討，而最早使用信心建立措施的是「東南亞國協組織」（Association of Southeast Asian Nations, ASEAN），簡稱為「東協（ASEAN）」，「東協」欲擴張其影響力，仿照歐安組織方式建立了「東協區域論壇」（ASEAN Region Forum，簡稱 ARF）。[63]1994 年 7 月 25 日首次於泰國曼谷舉行 ARF 年會，參與的國家計有 18 個，包括東協 6 個會員國、7 個對話夥伴（Dialogue Partners）、兩個諮商夥伴（Consultative Partners）及 3 個觀察員，[64]象徵為東南亞之和平、穩定與合作開啟新頁。[65]在「主席聲明」（Chairman's Statement）中，提到有關「信心建立措施」及「綜合性安全」等概念，其內涵不僅包括軍事層面，也包含政治、經濟、社會及其他議題。[66]各國同意透過論壇作為區域安全對話的重要機制，並決議進行信心建立措施的相關研究。

　　隨後 1995 年 8 月 1 日在汶萊（Brunei Darussalam）旺卡斯里所舉行的第二屆 ARF 年會，在主席聲明中，各國同意將依照「信心建立措施」、「預防外交」（Preventive Diplomacy）、與「衝突解決」

---

[63] Malcolm Chalmers, "Openness and Security Policy in Southeast-east Asia," *Survival*, Vol.38, No.3, Autumn 1996, pp.84-86.

[64] 當時東協 6 個會員國是汶萊、印尼、馬來西亞、菲律賓、新加坡、和泰國；7 個對話夥伴是澳洲、加拿大、歐盟、日本、紐西蘭、南韓、和美國；中共和俄羅斯是諮商夥伴；寮國、巴布亞新幾內亞、越南是觀察員。引自林文程，〈東協區域論壇與亞太多邊安全體系的建構〉，《戰略與國際研究》，第 1 卷第 3 期，1999 年 7 月，頁 74。

[65] Kusuma Snitwongse, "ASEAN's Security Cooperation: Searching for a Regional Order," *The Pacific Review,* Vol.8, No.3, 1995, p.528.

[66] 呂中華，《兩岸建立軍事互信機制可行模式之研究》（台北：銘傳大學社會科學院國家發展與兩岸關係碩士在職專班碩士論文，2008 年），頁 29。

（Elaboration of Approaches to Conflicts）等三個階段來推動區域安全。[67]在第一階段時，再採取兩個互補的途徑宣傳「信心建立措施」，一是藉由東協國家高階層互訪「諮商」[68]與「共識原則」（Principle of Consensus），[69]作為「預防外交」的管道；另一途徑則是執行確實的「信心建立措施」。[70]同時也提出《東協區域論壇概念性的文件》（The ASEAN Regional Forum: A Concept Paper），確立了此論壇的目標、期望、發展方向、會員、組織與執行的方式，並成立「會期間輔助小組」（Inter-seasonal Support Groups, ISG）。尤其定期召開會期間會議（Inter-seasonal Meetings, ISM），其中由「信心建立措施輔助小組」（Intercessional Support Group, ISG）負責研究信心建立措施的概念在亞太地區之適用性，並將其研究成果作成建議提交「論壇資深官員會議」（Senior Officials Meetings, SOM），於每年在東協國家輪流舉行的 ARF 年會中，交付與會各國進行討論，以達到安全觀點充分交流之目的。此次會議同時也支持「第二軌道」（Track Two）[71]會議的進行，以輔助官方層級會議，

[67] 林正義，〈東協區域論壇及其發展〉，《戰略安全研析》，第 28 期，2007 年 8月，頁 6。

[68] 由於東協各國之間的領土及領海爭議、社會文化的差異、經濟民族主義、東協國家制度缺陷，阻礙東協國家形成區域主義；東協國家藉由各國高階層元首的雙方互訪諮商，在區域合作、外交政策、安全事務、國際發展及東協國家組織事務上，給予東協國家發揮效率的政策指示而因應環境的變遷。引自張哲銘、李鐵生，〈「信心建立措施」概念的回顧與展望〉，頁 14。

[69] 有關「東協方式」具體運作方式，可參閱 Hiro Katsumata, "Reconstruction of Diplomatic Norms in Southeast Asia: The Case for Strict Adherence to The ASEAN Way," Contemporary Southeast Asia, Vol. 25, No. 1, April 2003, pp.104-121; Tobias Ingo Nischalke, "Insights from ASEAN's Foreign Policy Cooperation: The ASEAN Way, A Real Spirit or A Phantom?" Contemporary Southeast Asia, Vol. 22, No. 1, April 2000, pp. 89-92.

[70] 張哲銘、李鐵生，〈「信心建立措施」概念的回顧與展望〉，頁 14。

[71] 「第一軌道」途徑指的是官方路線、政府間之互動與政府間國際組織之活動；「第二軌道」途徑指的是非官方路線，例如：非政府間國際組織、民間

從此後 ARF 會議開始包含相當多樣的第二軌道與專家會議。在1995 年的《東協概念性文件》中提及諸多透明性與信心建立措施的建議，[72]有關信心建立措施的主要內容如表 2-4。

表 2-4　「概念性文件」提及信心建立措施內容

區分	內容
近程	1、展開安全概念的對話，包括主動聲明國防政策的立場。 2、出版國防資訊，如國防白皮書或相關政府認為有必要之文獻。 3、參與聯合國傳統武器登記。 4、強化接觸，包括高層官員訪問及社交活動。 5、軍事院校幹部交流。 6、在自動的前提下，軍事演習開放觀察員參加。 7、在特定國際安全議題上，舉行國防官員、軍官的年度研討會。
中、遠程	1、進一步探討區域性武器登記制度的可行性。 2、成立區域安全研究中心，協調各安全研究活動的進行。 3、海洋資訊資料庫的建立。 4、海上交通合作（海上救援、打擊海盜、毒品管制），先展開資訊交換與訓練。 5、建立動員救援機制以減低天然災害。 6、在南海建立合作區。 7、建立可適用於整個區域的重大軍事部署預先知會制度。 8、鼓勵軍火製造商及供應商公開它們武器的最後去向。

資料來源：筆者整理自林正義，〈歐洲及亞太信心暨安全建立措施之研究〉，《理論與政策》，第 12 卷第 3 期，1998 年 9 月，頁 86。

　　ARF 雖是在歐洲以外地區推動「信心建立措施」稍具成效的組織，但礙於亞太地區在冷戰後，仍存在種族衝突、領土爭議及發

學術單位、學者專家與企業界菁英等對安全議題進行研究。
[72] Malcolm Chalmers, "Openness and Security Policy in South-east Asia," *Survival*, Vol.38, No.2, Autumn, 1996, p.88.

生武裝衝突等問題，使得「信心建立措施」在此地區發展遠不及歐
洲的成效。其所落實的項目主要為溝通性措施，至於限制性、透明
性及驗證性等措施，則顯得較不足。[73]其主要原因為東協推動的信
心建立措施從 1995 年的《東協概念性文件》源起，相較於歐安會
議的《赫爾辛基最後議定書》在意願上同為自願主義（volunteerism）
的協議。

　　但進一步觀察可發現，東協強調以「東協方式」（ASEAN Way）
推動區域信心建立措施，就是 ARF 任何決策對參與國而言不具強
制履行的約束力，仍由各國自行決定是否參與。[74]值得注意的是，
從東協的「概念性文件」的海洋資訊庫的建立、海上交通合作與動
員救援機制等內容，可發現亞太地區域國家間，由於受海洋區隔，
其發展有別於「歐洲經驗」（European experience）的信心建立措施。

　　ARF 至 2011 年已第十八屆，也是第五屆「東協國防部長會議」
（ASEAN Defense Minister's Meeting, ADMM），[75]雖已由「信心建
立」階段進入「預防外交」階段，但尚無信心可達到第三階段「衝
突解決」之目標。[76]從 2010 年朝鮮半島（「天安艦」爆炸及北韓砲
擊南韓延坪島軍民事件）到 2011 年南海的爭端（中共、越南、菲
律賓）中，就不難看出 ARF 在其中扮演角色的見拙。英國倫敦政
經學院教授雷佛（Michael Leifer）也對 ARF 不抱持樂觀的看法，

---

[73] 楊永明、唐欣偉，〈信心建立措施與亞太安全〉，《問題與研究》，第 38 卷第 6 期，1999 年 6 月，頁 15。

[74] 關於「東協方式」概念的發展與討論，請參閱：Robin Ramcharan, "ASEAN and Non-interference: A Principle Maintained," *Contemporary Southeast Asia*, Vol.22, No.1, 2000, pp.60-88.

[75] 〈第五屆東協國防部長會議 以維繫區域和平與國防合作為主軸〉，《台灣東南亞國家協會研究中心》，2011 年 5 月 27 日，〈http://www.aseancenter. org. tw/ASEANnewsDetail.aspx?id_news=36〉，檢索日期：2011/7/15。

[76] 李瓊莉，〈第十七屆東協區域論壇觀察分析〉，《戰略安全研析》，第 64 期，2010 年 8 月，頁 26。

認為亞太地區依賴的仍然是以美國為主導的權力平衡制度，沒有國家願意將其安全完全仰賴在 ARF 的協助上。[77]可見 ARF 的發展對於區域軍事安全的維護，仍然相當受限。

貳、南亞印巴實踐經驗

第二次世界大戰結束後，1947 年印度半島擺脫英國的殖民統治獲得獨立成為印度與巴基斯坦兩個國家，但因宗教與領土問題產生衝突，發生數次的軍事衝突，其中在喀什米爾地區的武裝衝突幾乎從未中斷。目前印度控制五個地區，而巴基斯坦則控制兩個地區。[78]雙方早在 20 世紀 60 年代就建立軍事熱線等措施，爾後陸續有所進展。[79]其中主要措施如下：[80]

- 印、巴軍事行動指揮官熱線建立（1965 年）。
- 成立印、巴聯合委員會處理貿易、旅遊、科技議題（1882 年起）。
- 不攻擊雙方核設施協議（1988 年）。
- 互邀對方軍事人員參觀演習（1889 年）。

---

[77] Michael Leifer, "The ASEAN Regional Forum, " *Adelphi Paper*, No.302 , July 1996, pp.58-59.

[78] 巴基斯坦總統曾於 2004 年 10 月 25 日提議，印、巴兩國各自將駐軍撤出喀什米爾，讓喀什米爾非軍事化，然後再透過政治談判商議如何界定喀什米爾的地位，並變更其現狀，而巴國可以接受的安排包括：喀什米爾全域或部份地區獨立、印、巴兩國共管，或交付聯合國託管。引自翁明賢、吳建德主編，《兩岸關係與信心建立措施》，頁 344。

[79] 柯恩（Stephen Philip Cohen）著，高一中譯，《印度：成型中的強權》（*India: Emerging Power*）（台北：史政編譯室，2003 年 12 月），頁 342。

[80] 周茂林，〈印、巴軍事互信機制對話的發展與啟示〉，《2004 年戰略論壇文集》（桃園：國防大學戰略研究中心，2005 年 1 月），頁 125-127。

- 印、巴的總理熱線（1989 年）。
- 國防部作戰部門每週熱線聯絡乙次（1990 年）。
- 演習互助通報，並簽署核武器互不侵犯約定（1991 年）。
- 聯合發布禁止使用化學武器（1992 年）。
- 雙方同意禁止戰機飛越對方領海十海浬範圍（1992 年）。[81]
- 駐屯「實際控制線」兩側之地區指揮官建立熱線機制（1993 年）。
- 高階軍官學術互訪活動（1993 年）。
- 雙方文人領導人建立熱線（1997 年）。
- 飛彈測試通告（1999 年起）。
- 降低核武意外相關風險協議（2007 年）。

　　雖然印、巴雙方簽署多項信心建立措施的協議，但絕不代表必然可以確保和平，雙方依然兵戎相見。例如 1971－1972 年的印、巴戰爭、以及 1999 年 2 月「拉荷爾宣言」（Lahore Declaration）簽署後不到三個月，雙方即劍拔弩張，後來就爆發了卡吉爾（Kargil）戰爭。[82]其原因在於印、巴雙方缺乏政治意願，利用信心建立措施的制度缺陷，出現了選擇性遵守（Selective Compliance）、背信（Bad Faith）與刻意欺騙（Deception）的行為。概述如後：

---

[81] 在印、巴邊境設立「禁航區」，雙方戰機禁止進入邊境十公里範圍內，無武裝的運輸機及後勤飛機被允許以一千米以上高度飛越對方空域。引自林俊龍，《軍事痛苦指數變異下兩岸軍事互信機制建立時機之研究》（台北：國防大學管理學院國防決策研究所碩士班論文，2005 年），頁 25。

[82] 賴怡忠，〈孟買恐怖攻擊事件對印巴信心建立措施的衝擊〉，《中國電子時報》，2010 年 3 月 28 日，〈http://www.peaceforum.org.tw/onweb.jsp?webno=3333333731&webitem_no=1602〉，檢索日期：2011/4/25。

一、選擇性遵守

　　是指條約規範不完全、語意不清、造成漏洞，給予締約國有各自解讀的空間。例如 1991 年印、巴雙方簽屬《防止違反領空與准許軍事飛行器飛越或降落協議》(Prevention of airspace violations and preventing over flights and landings by military aircraft, 1991)，協議中規定雙方不得入侵對方領空，但卻附加規定允許「非故意性違反」(Inadvertent Violation)，此種規避條款原本是給予對方偏航道入侵領空行為合理化的解釋，也避免了因偶發事件而過度反應，但相對更讓雙方在入侵對方領空大開便利之門。[83]

二、背信

　　是指一方嚴重違反規定，不依照協議內容將訊息真實告知對方，條約如同虛設。例如 1965 年印、巴第一線軍事指揮官熱線為例，原先雙方約定好每週通話，但實際狀況是當雙邊關係平靜時，通話頻率就能維持每週一次，但在印、巴兩國緊張程度上升高之際，雙方卻刻意未按協定適時將必要資訊告訴對方。[84]後來雙方於1991 年設置作戰司令部之間熱線時，律定每週應將軍事演習、軍事行動、邊境射擊事件、進入對方領空等事件先行告知對方，但印、巴雙方依然不依熱線規定行事，僅透過熱線通報無關痛癢的軍事訊息，完全不遵守原先的協定。[85]到後來還發生一種情形，當熱線沒

---

[83] Marie-France Desjardins, *Rethinking Confidence-Building Measures*（London: Oxford University Press, 1996），p.51.

[84] 林俊龍，《軍事痛苦指數變異下兩岸軍事互信機制建立時機之研究》，頁 49。

[85] Marie-France Desjardins, *Rethinking Confidence-Building Measures*, p.51.

有通話或次數變少時，雙方開始懷疑對方是否有其他的動機。使得原本應該增加信任的機制，反而促使猜忌產生。

三、欺騙

　　即一方面利用「信心建立措施」所建立的管道來掩護，另一方面提供錯誤的訊息給對方。例如 1988 年印、巴簽訂《不率先攻擊對方核設施協定》(*Prohibiting attacks against nuclear installations and facilities,1988*)，於 1992 年生效執行。協議中規範雙方必須告知核子設施的精確位置，然而在 1992 年首度交換訊息時，雙方刻意隱藏（或遺漏）一處重要核子設施，而此設施位置早已是眾所皆知的。[86] 又如 1998 年 5 月間雙方進行一連串的核子試爆，在事後來雙方為了避免發生意外或衝突，達成在試射前一天知會對方。但在 1999 年 4 月間，雙方又試射中程飛彈，事後雙方都宣稱有事前通知對方，但都遭到對方的否認。[87]

　　綜合上述分析，在印、巴兩個長期對立的國家，歷經三次戰爭又好幾次差點發生第四次戰爭。雙方的衝突，除了原有的邊界問題，種族、文化的差異，再加上選擇性的遵守、背信與刻意欺騙的行為，造成執行成果有限，但兩國領導階層對動武一事亦學會更小心謹慎。從印、巴地面部隊指揮官可依參謀本部作戰次長室一紙公文就隨即進行溝通，顯現出印、巴雙方基於長年的信心建立所累積的經驗。[88] 學者周茂林研究印、巴在信心建立措施中歸納出兩大特

---

[86]　王振軒，〈兩岸建立軍事互信機制之研究〉，《國防雜誌》，第 15 卷第 7 期，2000 年，頁 37-38。

[87]　王順合，《論臺海兩岸建構「信心暨安全建立措施」之理論與實務》，頁 439。

[88]　周茂林，〈印、巴軍事互信機制對話的發展與啟示〉，頁 126。

色：第一、以軍事交流活動擔任主軸，文人領導者奠定在後；[89]第二、雙方交流的大方向確定後，直接交付作戰部門來主導談判，[90]這是與目前台灣做法不同。

參、朝鮮半島實踐經驗

在亞太地區首先發展雙邊安全對話機制且較為具體者，則以朝鮮半島信心建立措施的發展為主。[91]1945 年日本於第二次世界大戰戰敗後退出朝鮮半島，卻被美國和蘇俄勢力所控制，並於 1948 年依北緯 38 度線將朝鮮半島分裂為南韓（大韓民國）與北韓（朝鮮民主人民共和國）。[92]兩個意識型態尖銳對立的政府，於 1950 年 6 月 25 日，北韓軍隊突然從「甕津半島」（Ongjin Peninsula）越過北緯 38 度線發動大規模的南進攻擊，拉開了「韓戰」的序幕。美國與中共分別介入，雙方交戰了三年，戰線最終維持在北緯 38 度線附近。1953 年 7 月 27 日，中共及北韓與以美國為主的聯合國軍隊在板門店簽署《軍事停戰協定》（*Military Armistice Agreement*），[93]兩

---

[89] 研判此舉係考量軍事互信機制是最具和平象徵意義的手腕，同時以「軍事在前、政治在後」的談判程序，後者能推翻前者決定，保留政治談判對外之轉圜的空間。引自周茂林，〈印、巴軍事互信機制對話的發展與啟示〉，頁 126-127。

[90] 此項設計可以減少官僚體系呈轉，可以透過熱線溝通，在和與談之間兩手操控，同時也可透過戰管連線，即時反映第一線指揮官之需求。引自周茂林，〈印、巴軍事互信機制對話的發展與啟示〉，頁 127。

[91] 林正義，〈東協區域論壇與南海信心建立措施〉，陳鴻瑜主編，《信心建立措施的理論與實際》（台北：台綜院，2001 年 12 月），頁 26。

[92] CHEONG WA DAE, "National History: Gojoseon." *CHEONG WA DAE Website*. In 〈http://english.president.go.kr/koreain/history/gojoseon.php.〉Latest update 17 August 2011.

[93] 《停戰協定》1953 年 7 月 27 日聯軍統帥克拉克、彭德懷、金日成在板門店

韓以北緯 38 度為界，畫出長 151 哩寬 4000 公尺的非軍事區，同時
雙方在板門店設立「軍事停火委員會」（Military Armistice
Commissions, MAC）。[94]韓戰結束後，雙方始終未消除敵意，致使
戰後朝鮮半島一直籠罩在緊張的情勢之中。[95]

一、1970 年代朝鮮半島「信心建立措施」推動成效

　　韓戰不僅造成兩韓人民的生命與財產的犧牲，甚至中共與美國
也損失慘重，[96]但兩韓的衝突依然存在。南、北韓的對立形勢自 20
世紀 70 年代起開始鬆動，南韓政府首先釋出和解的訊息，朴正熙
總統於 1970 年 8 月 15 日光復 25 周年講話中宣告：「只要北韓放棄
軍事挑釁，放棄對南韓巔覆，放棄以武力赤化，則南韓不反對北韓
參加聯合國有關韓國問題的討論。」在國際和解氣氛的推波助瀾
下，南、北韓進行了「南北紅十字會會談」[97]，達成的協議包括：

　　為停止邨戰簽訂的協定，其內容：一、北緯 38 度線為界，南北兩公里的地
　　帶為非武裝中立地帶；二、設立膠戰國的軍事停戰委員會及中立國監視委
　　員會；第三、俘虜在兩個月內送還；第四、所有外國軍隊的撤退及朝鮮的
　　善後處理問題，由高級政治會議討論決定。引自《中華百科全書第九冊》
　　（台北：中華文化大學，1994 年），頁 297-298。

[94] 王曾才，《世界現代史——下冊》（台北：三民書局股份有限公司，2006 年
　　3 月），頁 306-307。

[95] 吳東林，〈韓國國防武力與東北亞安全〉，發表於「瞭解當代韓國民主
　　政治學術研討會」（台北：台灣國際研究學會，2010 年 9 月 17 日），
　　頁 3。

[96] 據估算韓戰共花費 150 億美金，死亡人數包含：100 萬以上南韓人、100 萬
　　以上的北韓與中國人及美軍 54,217 人。引自王曾才，《世界現代史——下
　　冊》，頁 306-307。

[97] 「南北紅十字會會談」才是南北韓的第一次對話，1971 年 8 月，南韓紅十
　　字會向北韓紅十字會提出進行離散親屬團聚會談。北韓同意南韓的建議，
　　並於同年 8 月 30 日在平壤召開第一次會議，對斷絕已久的南北韓接觸，具

「失散家庭的聯繫、進行政府間談判、建立化解危機的共識」。1972
年7月4日雙方更排除萬難,於平壤與漢城(現稱首爾)同時發表
首次的官方協議《七、四共同聲明》,[98]兩韓開始邁向和解及建立
互信之路。其具體內容如下:[99]

(一) 不依賴外力、不受干涉,以自主性達成和平統一,並超越
　　 思想、意識形態及制度的差異,追求民族大團結。

(二) 為緩和緊張狀態及創造互信氣氛,不應互相中傷毀謗,不
　　 再武裝挑釁,採取積極措施,以防止意外之軍事衝突發生。

(三) 恢復民族聯繫,增進各項交流。

(四) 促成南北韓紅十字會會談的圓滿成功。

(五) 雙方同意為防止突發的軍事事件,並能迅速處理,漢城與
　　 平壤之間的直通熱線電話。

(六) 設立「南北事務調節委員會」推動各項協議。

(七) 以上各項協議符合全民族統一之希望,雙方誓言誠實加以
　　 履行。

　　從上述的7條主要聲明中,信心建立措施部分為(二)、(五)
兩項,可以發現就誠如美國學者克里朋認為的初步階段的「衝突避
免」,對立各造政治領導人同意進行雙向溝通,避免衝突之情勢惡
化。初步的信心建立措施應以促進交流、設置「熱線」、及設立「衝

有深遠的意義。引自王順合,《論臺海兩岸建構「信心暨安全建立措施」之
理論與實務》,頁203。

[98] 南北韓政府間,早有秘密聯繫,例如南韓總統朴正熙曾派遣其親信中央情
報部長李厚洛赴平壤,會見金日成胞弟金英柱,探求降低衝突的可能性,
最終簽訂了「七、四共同聲明」。引自李明,〈「信心建立措施」在朝鮮半島:
實踐與成效〉,陳鴻瑜主編,《信心建立措施的理論與實際》(台北:台綜院,
2001年2月),頁78。

[99] Hak-Joon Kim, *The Unification Policy of South and North Korea* (Seoul:
Seoul National University Press, 1977), p.129.

突協調機制」等。[100]1973 年 6 月 23 日南韓朴正熙總統進一步單方面發表《和平統一的特別外交宣言》(*Special Foreign Policy for Peace and Unification*),強調:「為消除緊張對立增進合作,不反對北韓和南韓共同參與聯合國與國際組織,南韓並將開放與社會主義國家的關係」,惟北韓認為南韓「企圖永久分裂朝鮮」,重申在朝鮮半島的外國部隊必須撤出的立場,而南、北韓的會談也因此爭議不斷,並於 1976 年 8 月底終止會談,一直到 20 世紀 70 年代末期南韓數度提出復談,惟遭北韓拒絕。

二、1990 年代朝鮮半島「信心建立措施」推動成效

南韓朴正熙總統於 1979 年 10 月被刺,全斗煥以軍事方式奪取政權,並於 1983 年發表「北方政策」(North- Policy),寄望蘇俄、東歐、中共等共產國家建立正式關係,並藉以壓迫北韓回到談判桌。由於全斗煥的「北方政策」與朴正熙的「和平統一外交宣言」精神相似,引起北韓諸多撻伐,無法獲得共識。隨後盧泰愚於 1988 年接任南韓總統,並於同年 7 月 7 日發表「七、七宣言」,建議:「雙方加強經濟交流,共同加入國際社會。」雖北韓對於南韓的建議,並無正面回應,不過雙方的外交戰出現了較為緩和的現象,兩韓均接受友邦雙重承認的彈性外交作法。

由於蘇俄解體後冷戰的結束,1990 年 9 月兩韓同意展開「南北高層會談」,1991 年 9 月 17 日兩韓一同加入聯合國,同年 12 月 13 日第 5 次「南北高層會談」達成重要協議,仿《東西德基礎條

---

[100] 夏天生,《從信心建立措施觀點論述兩岸軍事互信機制之建立》(高雄:中山大學大陸研究所碩士在職專班論文,2007 年 7 月),頁 37。

約》，簽訂了改善雙方關係的歷史性「基礎條約」，亦即《南北韓和解、互不侵犯及交流合作協議》（ *The Agreement on Reconciliation, Nonaggression, and Exchange and Exchanges and Cooperation Between the South and North* ），該協議的內容重點包括：[101]

（一）尊重各自治體制。

（二）不干涉對方內部事務。

（三）不中傷、毀謗或破壞顛覆對方。

（四）在和平條約訂定之前，仍舊尊重停戰協定。

（五）在國際舞台上，不互相競爭對決。

（六）設立南北軍事共同委員會，以保障互不侵犯協定的履行。

（七）推動雙方各層面的交流。

依據「基礎條約」第 12 條的規定，則屬於建立「信心建立措施」的具體辦法，其內容包括：設立「兩韓軍事共同委員會」研討建立軍事互信與實現軍備裁減的相關措施、互相通知主要軍事單位的移防和演習、非軍事區的和平運用、軍事資訊與人員交流、軍備武器分階段裁減、大規模毀滅武器的查證措施等。[102]第 13 條，雙

---

[101] 李明，《南北韓政經發展與東北亞安全》（台北：五南圖書出版公司，1998 年 3 月），頁 136。

[102] 有關互信機制內容：一、旅級部隊以上之軍事行動與演習必須事先通知對方，並邀請對方進行觀察；第二、前線地區的攻勢軍種與部隊撤至後方地區，並裁減攻勢部隊數量，以避免發生奇襲事件或「你到我家、我到你家」的報復性戰爭；三、依軍種、部隊平等之原則維持軍事平衡，亦即軍事優勢一方應降低軍力至劣勢一方相同水準；四、裁減多少武器即減少部隊，且裁減多少三軍部隊即裁減相同對應的後備及準軍事人員；五、推動現地檢證與監督措施，確保依約完成軍事裁編，為達此目標，必須建立常設性質之聯合稽核小組；六、有關最終兵力規模將透過協商決定，協商基礎以民族統一後的適當兵力幅員為參考標準。上述內容由南韓提出，但遭到北韓的反對，而未納入此次會談的議程中。根據美國學者顧比（James Goodby）的分析，南北韓在互信機制上找不到共識是因為彼此有不同的目的與看法。南韓希望透過互信機制的設立，降低奇襲與誤判之風險，並測試北韓合作

方最高軍事指揮部建立兩條熱線，及第 14 條，設立南北軍事共同
委員會，就履行與遵守互不侵犯協議及解除軍事對立狀態等，研擬
具體對策。[103]在 1992 年 2 月 19 日的第 6 次「南北高層會談」，雙
方又確認了《朝鮮半島非核聯合宣言》（the Joint Declaration on the
Denuclearization of Korean Peninsula）；[104]同年底的「總理級對話」，
雙方也同意放棄使用武力對抗、和平解決歧見、預防意外軍事衝
突、劃定互不侵犯線及建立雙方國防部長熱線。

　　金泳三於 1993 年接任南韓總統，就倡議「和解互助」、「南北
聯合」、「統一國家」的三階段促成民族統一的構想，立意的原旨與
循序漸進進程頗為合理可行，惟受到東歐國家非共化的影響，恐懼
如東西德的統一，北韓將會被南韓所吸收統一。[105]1993 年 2 月，
北韓拒絕「國際原子能總署」（International Atomic Energy Agency,
IAEA）檢查核子設施，並於 3 月間北韓宣布退出《禁止核子武器
擴散條約》（Nuclear Nonproliferation Treaty, NPT），不顧聯合國的
禁令，加強核武發展造成舉世矚目的「第一次核武危機」。[106]

　　1996 年 4 月北韓片面撕毀停戰協定，屢次以武裝潛艇滲透南
韓，以及一直存在的核武與飛彈爭議等問題，造成了南、北韓軍事

　　態度的底線；北韓則試圖利用互信機制在政治與經濟方面有所突破。引自
　　許劃（Uk Heo）、霍羅威茨（Shale A. Horowitz）著，周茂林譯，《亞洲衝突：
　　南北韓、台海、印巴》（Conflict in Asia: Korea, China-Taiwan, And
　　India-Pakistan）（台北：國防部史政編譯室，2008 年 10 月），頁 177-178。
[103] 吳孝寶，〈分裂國家、地區軍事互信機制建構與比較〉，《空軍學術雙月刊》，
　　第 609 期，2009 年 4 月，頁 39。
[104] Bon-Hak Koo, "Challenges and Prospects for Inter-Korean Relations Under the
　　New Leadership," Korean Journal of Defense Analysis, Vol.10, No.1, 1998,
　　p.79.
[105] 李明，〈信心建立措施在朝鮮半島：實踐與成效〉，《戰略與國際研究》，第
　　卷 2 第 1 期，2000 年 1 月，頁 72。
[106] 黃鴻博，〈中共與「北韓核武危機」〉，《共黨問題研究》，第 22 卷第 2 期，
　　1996 年 2 月，頁 36-38。

緊張情勢不斷的升高，導致雙方會談停滯，使得兩韓先前依據「基礎條約」所建立的五個委員會，除了「核子控制委員會」較落實外，其他的聯合「調停」、「軍事」、「經濟交流合作」、「社會文化交流合作」委員會，可說幾乎是成了空殼子。

三、「四方會談」與「陽光政策」對「信心建立措施」的推動成效

（一）四方會談（美國、中共、南韓、北韓）

　　為了促使朝鮮半島恢復和平談判的機制，美國與中共共同促成了 1997 年 12 月瑞士日內瓦的「四方會談」（Four Party Talks），由於各方均有立場考量；故初次「四方會談」一如各方所預期地流於各說各話，並沒有實質的成果。惟一慶幸的「四方會談」能繼續地推動，維繫著一條溝通管道，對話的內容也逐步觸及有關「信心建立措施」，諸如設立南北韓國防部層級熱線電話、相互通報軍事訓練與演習、軍事人員交流互訪。[107]

　　1998 年 8 月北韓突然發射「大浦洞一號」（Taepodong-1）飛彈，飛彈越過了日本的領空，使得日本與美國均威脅要進行制裁。南韓更向美國提出放寬飛彈研發射程的要求，以反制北韓的威脅，此種局面嚴重地傷害了雙方的互信，使得「四方會談」前後六次會議的努力成果化為烏有。[108]總結「四方會談」的效果，只能提供雙方溝

---

[107] 白永成，《台海兩岸軍事互信機制之建構——兩岸劃設「非軍事區」之探討》（台北 政治大學戰略與國際事務研究所碩士在職專班論文 2005 年 2 月），頁 27。

[108] 李明，〈信心建立措施在朝鮮半島：實踐與成效〉，頁 77。

通管道，避免不必要的誤解（Misperception）或誤判（Miscalculation），僅發揮差強人意的建設性結果（Constructive Result）。[109]其主要原因是四個國家的談判立場和國家利益都不盡相同，無法達成共識，自始至終沒有達到真正的會談實質意義。

（二）陽光政策

金大中於 1998 年 2 月就任南韓總統，在就職演說當中提出希望按照 1991 年 12 月簽訂的「基礎條約」展開交流，提議雙方互派特使駐節對方首都，推動經貿合作與投資事宜，更表達和北韓領導人進行高層會談的意願；他這種通稱為「陽光政策」（Sunshine Policy）[110]的作為其實與前政府的政策相較並無太大的修正，只是他較著重「避免刺激北韓」的包裝，金大中總統「陽光政策」的內涵，摘要如次：[111]

■ 擴大交往合作，尋求建立互信的方法。

■ 避免刺激北韓，不提出使北韓誤以為被吸收統一的階段論。

---

[109] 李明，〈信心建立措施在朝鮮半島：實踐與成效〉，頁 90-91。

[110] 所謂「陽光政策」，其實就是「接觸政策」（Engagement Policy），目標就是擴大交往合作，找尋建立互信的方法，施行指針有：政經分離，政治層次的爭議，不影響和北韓的經濟聯繫；和北韓政府的援助與合作，仍依互惠原則推動；及擴大南韓民眾與北韓之間的往來，增加接觸管道。參閱：Jongchul Park, "Seoul's Engagement Policy Towards Pyongyang-Setting, Framework and Conditions," *Korea and World Affairs*, Spring 1999, pp.5-25.但南韓在 1998 年 7 月 25 日宣布不再使用「陽光」兩字，避免北韓人民誤會交往政策意味著「併吞」的政策；美國其副國務卿阿米塔吉（Richard Armitage）建議南韓改稱「陽光政策」為「交往政策」。引自 Kihl Young Whan, "Soul's Engagement Policy and U.S.-DPRK Relations," *Korean Journal of Defense Analysis*, Vol.10, No.1, 1998, p.21.

[111] 李明，〈信心建立措施在朝鮮半島：實踐與成效〉，頁 72-73。

■ 從最容易達成共識、對雙方均有利的議題出發，推動合作。
■ 尊重東北亞強權的意願，並與渠等的利益配合。

由於北韓經濟情況的惡化，經濟問題成為國家安全的最大挑戰，亟需尋求外援，再加上金大中總統的「陽光政策」，使北韓對南韓逐漸產生信任。兩韓終於在 2000 年 6 月 14 日於平壤舉行 1945年分裂以來首次最高領袖的會談，並由南韓金大中與北韓領導人金正日簽署了包括「降低雙方緊張對峙」、「南韓以經貿投資協助北韓經濟建設」、「協助離散家庭團聚」、「和平完成統一」等四點協議；同時北韓也於同日在 38 度線的非軍事區，首度關掉了半世紀以來每天不停播送的心戰喊話器。

北韓的國防部長金鎰喆曾在高峰會後（9 月底）也率團至漢城（現稱首爾）與南韓國防部長趙成台做歷史性的會晤，儘管會談中有涉及緩和兩韓之間軍事緊張事務，但當南韓提出與北韓建立軍事熱線、軍事預警機制等建議都被拒絕，最後只達成同意協助清除「非軍事區」狹長地帶的地雷。北韓之所以在軍事堅持的主因，根據南韓專家的分析，認為對北韓而言，軍事還是他唯一討價還價的籌碼，因此若接受南韓所提出的建議，北韓便是放棄了嚇阻的能力。雖此次軍事首長會談，具體成效有限；但在「信心建立措施」上具有重大意義。[112]

在此時期，兩韓之間的對話和政治談判，除 1991 年 12 月 13日《南北韓和解、互不侵犯與交流合作協議》和美國主導「四方會談」歷經六次（如表 2-5），雙方雖表示，嚴禁對方做破壞、顛覆的行為，並致力於避免武力侵犯與衝突。然而低度衝突似乎並未停

---

[112] 吳洲桐，《朝鮮半島安全情勢下的預防外交——兼論中共的角色與態度》（台北：淡江大學國際事務與戰略研究所碩士在職專班論文，2005 年 6 月），頁 68。

止，顯示雖然簽訂了「信心建立措施」的兩國，如有一國背信，不遵守協議，將使另一國家的國家安全蒙受更大的安全威脅。[113]

表 2-5　「四方會談」進程表

區分	時間	地點	重要決議
三次預備會議	1997 年 8/5 及 9/18 及 11/21	紐約哥倫比亞大學	1. 確定四方會談的時間地點議程與參與人員等級。 2. 溝通建立各方信心。
第一次	1997 年 12/9	日內瓦	北韓首度表示願意在四方會談與南韓當局展開雙邊對話。
第二次	1998 年 3/16	日內瓦	無具體決議，僅從討論程序問題進入實質性問題。
第三次	1998 年 10/20	日內瓦	通過諒解備忘錄並成立討論建立朝鮮半島互信機制、緩和兩韓緊張情勢兩個小組委員會。
第四次	1999 年 1/19	日內瓦	建立朝鮮半島互信機制、緩和兩韓緊張情勢兩個小組委員會。
第五次	1999 年 4/24	日內瓦	1. 僅交換各方意見無具體決議。 2. 北韓同意讓美國代表前往北韓儲藏核武的地下設施進行檢查。
第六次	2008 年 12/8-12/11	日內瓦	無具體決議。

資料來源：筆者整理自吳洲桐,《朝鮮半島安全情勢下的預防外交-兼論中共的角色與態度》（台北：淡江大學國際事務與戰略研究所碩士在職專班論文，2005 年 6 月），頁 110。

---

[113] Marie-France Desjardins, "*Rethinking Confidence-Building Measures*", p.52.

四、「六方會談」與東北亞的互信機制

在 20 世紀 90 年代初，根據美國中情局的說法，北韓在寧邊（Yongbyon）秘密建造的核子設施，與轟炸長崎的原子彈威力相仿。[114]1994 年 6 月美國前總統卡特（Jimmy Carter）赴北韓同當時的領導人金日成會晤，北韓核子危機問題暫告緩解。同年 10 月美國與北韓在日內瓦達成了一項「協定架構」（Agreed Framework），規定北韓放棄其核武計畫，美國替北韓建設兩座採用輕水反應爐（light-water research reactor）取代目前使用的石墨減速式反應爐（graphite-moderated research reactor），在核電廠運轉前美國提供用作燃料的重油。

2003 年元月 10 日，平壤宣佈退出《禁止核子武器擴散條約》，宣告即日起不受任何國際核武規範，使朝鮮半島陷入「第二次核武危機」。同年 4 月 23 日至 25 日舉行的美、中、北韓三方在北京會談中，北韓代表宣稱：北韓已經製造出若干枚原子彈，並將於 5 月 22 日宣佈退出 1992 年《朝鮮半島非核化宣言》。同年 8 月 1 日，北韓外務省發言人宣稱，北韓已向美國提出就解決核武問題直接舉行由中、美、日、俄、以及南、北韓參加的「六方會談」（Six-party Talks）[115]，在此架構舉行朝（北韓）美雙邊會談的方案。[116]最後，

---

[114] 吳洲桐，《朝鮮半島安全情勢下的預防外交——兼論中共的角色與態度》，35-36 頁。

[115] 「六方會談」是為解決朝鮮核武問題，所產生的對話機制，北韓最早堅持與美國直接進行雙邊會談，但美國則堅持透過多邊對話來進行。引自國防部戰略規劃司委託研究，《未來十年東北亞戰略情勢分析之研究》（台北：國防部戰略規劃司委託研究，2008 年 2 月），頁 11。

[116] 北韓願意接受「六方會談」，主要的考慮，是外界的情勢對其不利。北韓的經濟亟需一個友善國際環境，否則無法支撐搖搖欲墜的政體。其次，美國在伊拉克的軍事行動也給了北韓一個教訓和反思的機會；另外，中共與俄

在中共從中穿梭斡旋下，終於在 8 月 27 日至 27 日在北京舉行第一次「六方會談」，[117]然在 2006 年 10 月 9 日，北韓再次進行地下核子試驗，就爆發北韓「第三次核武危機」。

經過多方努力，於 2007 年 10 月達成了共識，北韓同意於 2008 年 6 月 27 日，將寧邊核設施的冷卻塔銷毀，但後來美國一再宣稱，在北韓未接受檢查前，不會將北韓從「支持恐怖主義國家」名單中除名。2009 年 4 月 14 日北韓宣稱重新啟動核計畫並退出「六方會談」，並於同年 5 月 25 日北韓進行第二次地下核試。接著在 2010 年 3 月 26 日南韓「天安艦」（Warship Cheonan）遭北韓魚雷擊沉開始算起，北韓的動作頻繁，兩韓關係一直持續緊繃的氣氛。同年 11 月 23 日又再度爆發北韓砲擊南韓延坪島（Yeonpyeong Island），為朝鮮半島連續數月來緊張氣氛推向戰爭邊緣，再次成為國際的焦點。[118]朝鮮半島六方會談始於 2003 年 8 月迄 2011 年底前，經過六輪與 10 回合的談判，會談中各國所達成的共識，如表 2-6。

國的立場，與美、日及南韓關於朝鮮半島的非核化目標轉趨一致，北韓的空間受到嚴重壓縮，因此選擇談判已經是不得不的選擇。引自李明，〈六邊會談三對三口舌競賽〉，《國策評論》，2003 年 8 月 25 日，〈http:// old. npf.org.tw/PUBLICATION/NS/092/NS-C-092-258.htm 〉，檢索日期：2011/7/9。

[117] 蔡東杰，《當代中國外交政策》（台北：五南圖書出版公司，2008 年 3 月），頁 84。

[118] 沈明室，〈朝鮮半島砲擊事件與北韓權力繼承〉，《戰略安全研析》，第 68 期，2010 年 12 月，頁 16-19。

表 2-6 「六方會談」歷屆會議重要共識

區分	時間	重要內涵
第一輪	2003 年 8/27- 8/29	此次會議的成果包括：建立和平對話方式解決問題的模式，解決北韓核武問題，從而確保朝鮮半島和平穩定，實現朝鮮半島的無核化。中共首度展現「負責任大國」的形象。
第二輪	2004 年 2/25- 2/28	此次會議有五項重要進展：就核武問題進行實質討論、採取協調一致步驟解決相關問題、發表首份文件、設立工作小組、確定第三輪談判的時間和地點。美國與北韓雖各有堅持，但北韓仍明確提出放棄核武計畫，但排將「用於和平目標的開發」。總之會談並未獲得突破，只是各方發表一個折衷的主席聲明。
第三輪	2004 年 6/23- 6/26	此次會談已進入實質性討論階段。美國要求北韓凍結核設施，並以默許其他國家向北韓提供重油與美國給予北韓暫時性安全保證，將北韓從援助恐怖主義國家名單中刪除作為回報，北韓則表示條件是美國接受「凍結換補償」要求。
第四輪	2005 年 7/26- 8/7	由於北韓堅持擁有和平使用核能權利，致使目的在朝鮮半島無核化的共同聲明無法獲得共識。
第四輪	2005 年 9/13- 9/19	在會後共同聲明：北韓宣佈放棄核武計畫，美國則宣佈與北韓恢復正常關係，並承諾不以核武或傳統武器攻擊北韓，由此可以保解決北韓的安全問題，美方實際亦認可北韓和平使用核能的權利。不過，聲明並未律定放棄核期限，而北韓對輕水反應堆的要求成為下一階段會談的重點。
第五輪	2005 年 11/9- 11/11	根據主席聲明指出第一階段會談期間，各方就如何落實前一輪會談共同聲明進行了重申將根據「承諾對承諾、行動對行動」原則，早日可稽查地實現北韓半島無核化目標，維護朝鮮半島及東北亞地區的持久和平與穩定。
第五輪	2006 年 12/18- 12/22	各方回顧了過去會談形勢的發展和變化，重申透過對話和平實現朝鮮半島無核化的共同目標，但因美國與北韓之間歧見未解，導致此次復談又草草結束。

表 2-6 「六方會談」歷屆會議重要共識（續一）

區分	時間	重要內涵
第五輪	2007 年 2/8- 2/13	中共宣布會談達成協議，北韓將關閉主要核設施重，並允許聯合國檢查人員重返；如果協議落實，北韓將獲得 100 萬噸的燃料援助，並自美國的恐怖國家名單中除名，美國承諾與平壤展開交往。
第六輪	2007 年 3/19- 3/22	因北韓堅持先確認 2500 萬資金解除凍結，導致流會；北韓指責是日本中作梗阻礙復會。
	2007 年 9/27- 10/3	通過《落實共同聲明第二階段行動》共同文件，北韓同意對一切現有核設施進行以廢棄為目標的去功能化。並於 2007 年 12 月 31 日前對核子計畫進行整準確申報，相對的，各國則同意給予北韓相當於 100 萬噸重油的經濟、能源與人道主義救助，具體援助方式將由經濟與能源合作工作組商定。
第七輪	2008 年 12/8- 12/11	討論朝鮮半島無核化驗證問題、結束無核化第二階段及成立「東北亞和平安保機制」等三大議題；但無進展。

資料來源：筆者整理自下列資料。

1. 李明，〈北京六邊會談之結果與對我國之可能影響——第一輪六方會談之重要共識〉，《中國電子時報》，2003 年 9 月 1 日，〈http://www3. nccu.edu.tw/ ~minglee/impact.doc〉，檢索日期：2011/4/25。

2. 李明，〈六方會談共同文件與北韓終止核武計畫——第六輪六方會談第二階段《10.3 共同文件》之重要內涵〉2007 年 10 月 4 日，〈http://www3.nccu.edu. tw/ ~minglee/six-party.doc〉，檢索日期：2011/4/25。

3. 蔡東杰，〈朝鮮半島危機之區域佔略意涵分析〉，發表於「第七屆紀念鈕先鍾老師戰略學術研討會」（台北：淡江大學國際事務與戰略研究所，2011 年 5 月 7 日），頁 35-36。

綜合前述，歷經七次的「六方會談」，在北韓時而配合、時而要脅、時而退出，[119]北韓希望與美國進行雙邊談判，而美國則借

---

[119] 沈明室，〈北韓擊沉韓國天安艦戰略企圖、後續行動與影響〉，《戰略安全研究》，第 61 期，2010 年 5 月，頁 12-15。

重中共對北韓的影響力,向北韓進行外交施壓,迫使北韓逐漸走向「非核化」進程。[120]因中共居間未善盡斡旋者(Good Officer)的角色,[121]遭國際質疑其意圖,終讓「六方會談」無法發揮其效益。[122]亦誠如學者沈明室所觀察,「六方會談」雖為朝鮮半島和平將來契機,也可能為關鍵國家利益衝突難解,成為拖棚數年的歹戲。[123]

五、南北韓近況發展

2008 年南韓新總統李明博上台後,改變以往前任總統金大中、盧武鉉單方面對北韓採取贈與式援助的「陽光政策」,因此現階段的南、北韓「信心建立措施」情況並不樂觀。例如2009 年初,北韓宣稱:南、北韓已經進入全面對決的局面。同年1 月30 日,北韓更宣佈廢除過去南、北韓所簽訂的合議事項,使得南、北韓關

---

[120] Donald G. Gross, "U.S.-Korea Relations: Forward on Trade as Nuclear Talks Sputter, " *Comparative Connections,* Vol.8, No.1, April 2006, pp.49-50; Bonnie S. Glaser & Wang Liang, "North Korea: The Beginning of a U.S.-China Partnership? " *The Washington Quarterly*, Vol.31, No.3, Summer 2008, pp. 165-166.

[121] 美國學者林蔚(Arthur Waldron)指出,期待中共協助美國處理北韓問題是不切實際的,應該看清北韓危機背後的亞洲戰略格局。中共恐怕會暗中破壞美國與北韓的關係,來獲取戰略利益。因此,建議美國應該恢復與平壤的外交關係,設立直接的對話管道,獨立地與民主盟邦執行外交政策,因為對中共寄予任何厚望是讓人質疑。引自謝奕旭,〈東北亞戰略情勢的挑戰及對我國的戰略意涵〉,王凱衍主編,《2009 年戰略安全論壇彙編》(八德:國防大學,2009 年12 月),頁37。

[122] 李翔宙,〈觀察南北韓情勢探討國安作為〉,《戰略安全研究》,第62 期,2010年6 月,頁22。

[123] 沈明室,〈和平契機或歹戲拖棚?第四次六方會談的前景展望〉,《戰略安全研究》,第6 期,2005 年10 月,頁35。

係瀕臨衝突戰爭期，朝鮮半島的緊張情勢升高。儘管國際社會一再要求北韓保持克制，但是北韓依然在 2009 年 4 月 5 日發射的大浦洞 2 型洲際飛彈（Taepodong-2 ICBM）試射一事。[124]接著在 6 月 25 日時，北韓進行了第二次地下核試爆。而試爆當天，美國總統歐巴馬（Barack Hussein Obama Jr.）連夜發表聲明譴責北韓違反「國際法」、「不計後果地挑戰國際社會」，直到今日「第三次核武危機」仍然延續。[125]

　　整體而言，朝鮮半島的信心建立措施發展過程，跟隨著冷戰、後冷戰等國際局勢的變化與起伏不定。雖然雙方完成某種程度的成就，如陽光政策、開放天空、促進交流、設置熱線、及「衝突協調機制」等，然而緊張局勢，例如潛艇事件、海上武裝衝突等低度衝突似乎並未停止，且雙方互有傷亡（如表 2-7）。

表 2-7　南北韓重要海事衝突大事紀要

日期	內容摘要
1981 年 6 月 11 日	1 艘北韓間諜船，於忠清道的素安外海遭擊沉，9 名特工遭擊斃。
1985 年 10 月 14 日	南韓海軍於斧山外海擊沉 1 艘間諜船。
1998 年 6 月 22 日	9 名北韓突擊隊員搭乘一艘迷你潛艇突擊南韓東岸。
1998 年 7 月 12 日	1 名北韓蛙人被發現死在南韓東岸東涑的海灘上。
1998 年 11 月 20 日	北韓一艘間諜越過江華附近的南北韓海域分界線。
1998 年 12 月 18 日	南韓海軍在朝鮮半島以東海域擊沉 1 艘北韓間諜船。
1999 年 6 月 15 日	南北韓發生第一次延坪海戰，北韓 1 艘魚雷艇被擊沉、3 艘受到嚴重損害。南韓死亡 17 人，北韓 80 人。

---

[124] 陳嘉生，〈北韓砲擊南韓延坪島事件的觀察與後續發展〉，《戰略安全研究》，第 68 期，2010 年 12 月，頁 21。

[125] 蔡東杰，〈北韓核試引爆第三次朝鮮半島危機〉，《台灣戰略研究學會》，2009 年 6 月 15 日，〈http://blog.sina.com.tw/strategy2009/ article.php? pbgid =79840 & entryid=591631〉，檢索日期：2011/4/25。

2002 年 6 月 29 日	北韓警備艇侵入西海北方界線（Northern Limit Line, NLL）[126]南韓延平島附近黃海域發生第二次海戰，並以突襲方式擊沉南韓一艘快艇，北韓一艘警備艇被擊中起火，造成 6 死、18 人受傷。
2002 年 7 月 10 日	北韓稱兩艘南韓艦艇侵入北韓領海進行軍事挑釁。
2009 年 11 月 10 日	南北韓海軍艦艇在大青島附近海域發生大青海戰，造成北韓 1 巡邏艦起火失事及 1 死、3 人受傷。
2010 年 1 月 27 日	北韓向爭議海域發射 30 枚砲彈，南韓回射 100 枚。
2010 年 3 月 26 日	南韓海軍 1 巡邏艦在黃海白翎島附近，原因不明爆炸，造成 40 死、1 失蹤、58 獲救。（據南韓調查報告為遭北韓魚雷攻擊）。
2010 年 11 月 23 日	北韓向南韓的延坪島砲擊，前後共發射 170 餘發砲彈，其中 80 多發擊中延坪島，燒毀 19 棟民宅、4 人死亡、18 人受傷。

資料來源：筆者整理自下列資料。

1. 韓岡明，〈南北韓海上軍事衝突對朝鮮半島戰略情勢發展研析〉，國防大學國家戰略研究中心彙編，《國防軍事戰略視窗》，（桃園：國防大學國家戰略研究中心，2002 年 7 月），頁 1-3。

2. Dick K. Nanto 著，劉廣華譯，〈北韓 1950-2003 年挑釁事件年表〉，《國防譯粹》，第 30 卷第 7 期，2003 年 7 月，頁 51-65。

3. 沈明室，〈北韓擊沉韓國天安艦戰略企圖、後續行動與影響〉，《戰略安全研究》，第 61 期，2010 年 5 月，頁 12-15。

---

[126] 南北韓雙方有關「北方限制線」（Northern Limit Line, NLL）的爭執由來已久。1953 年 7 月韓戰結束後，有關各方只在朝鮮半島的陸地沿著北緯 38 度線劃分了南北之間的軍事分界線。同年 8 月，為避免軍事摩擦，駐韓美軍司令克拉克以「聯合國軍司令」名義，單方面設定了連接南韓白翎島、延坪島、大青島、小青島、隅島等 5 個島嶼北部海域為「北方界線」。此後，南韓將這條「北方界線」視為海上警戒線，但北韓方面始終沒有宣佈承認這條海上分界線。因兩韓對「北方界線」的態度不一，也是後來造成兩韓海上衝突不斷的根源所在。引自孫國祥等著，《亞太綜合安全年報 2002-2003》（台北：遠景基金會，2003 年），頁 223。

4. 李世勤,〈天安艦事件對海軍建軍備戰之啟示〉,《海軍學術雙月刊》,第 45
   卷第 4 期,2011 年 8 月,頁 32。

　　總結其主要因素可溯及到當年朝鮮半島係因美蘇兩強各自促
成了意識型態、經濟體制與外交策略下的產物,並在 1950 年 6 月
爆發韓戰後,經由國際勢力的強行介入下,挑動了南北韓政府民眾
的感情,加深了彼此的仇恨與不信任,更強化了雙方對立意識型態
與敵對程度;[127]再加上兩韓的陸地接壤,只以一紙停戰線約定來區
隔可能的軍事衝突,約束力本來就比較弱;[128]另外;缺乏溝通的民
間團體、及不易妥協的國際環境等,特別是強權利益的不一致,使
得強權在朝鮮半島的任何動作,僅側重於制止衝突和消除危機,並
沒有協助南北韓的統一,如蘇俄經濟崩潰的同時,中共順勢取而代
之,並與美國在朝鮮事務上分庭抗衡,是造成南、北韓「信心建立
措施」不易建立的主要因素,[129]目前兩韓仍然停留在初步的宣示性
與溝通性措施的「衝突避免」階段。

　　2011 年 12 月 17 日北韓領導人金正日因病身亡,由其兒子金
正恩接班,未來南北韓是否可能因此更進一步強化雙方的「信心建
立措施」?值得關注。但因大國不樂見短期間促成南北韓統一,所
以應該仍會維持現狀。

---

[127] 李明,《南北韓政經發展與東北亞》,頁 11-15。
[128] 沈明室,〈朝鮮半島砲擊事件與北韓權力繼承〉,頁 18。
[129] 李明,〈「信心建立措施」在朝鮮半島:實踐與成效〉,頁 76-77。

第三節　小結

　　總結本章各節相關國內外學者、專家對信心建立措施闡釋的觀點及亞太地區實踐的經驗，可以歸納出以下幾項重要功能，如下：[130]

■確立政治善意

　　緩和軍事的緊張與對立、預防衝突的提高與擴大，以降低彼此之敵意。任何軍事互信機制的建立必須基於政治善意與意願的突破，從確立彼此未來交往與對話之原則開始，雙方必須有追求和平的誠意，即使雙方在主權議題上仍有爭議，不應以此為藉口。例如 1975 年歐安會議的《赫爾辛基最後議定書》中，就規定雙方交往之政治立場與原則，包括主權的相互尊重、尊重現有邊界與領土完整、和平解決爭端或領土爭議（儘管當時東、西德主權問題及波蘭與德國之邊界問題都仍未解決）。中共與俄羅斯、中亞各國在信心建立措施中，也都以其「和平共處五原則」作為宣示。[131]今後兩岸軍事交流，應以此作為未來交往之基本規範，才有可能順利進行。

---

[130] 參考謝台喜，〈兩岸建立軍事互信機制之研議〉，《陸軍學術月刊》，2002 年 9 月，頁 82-83；郭臨伍，〈信心建立措施與兩岸關係〉，陳鴻瑜主編，《信心建立措施的理論與實際》（台北：台綜院，2001），頁 165-189；翁明賢、吳建德主編，《兩岸關係與信心建立措施》，頁 310。

[131] 莫大華，「中共對建立『軍事互信機制』之立場：分析與檢視」，《中國大陸研究》，第 42 卷第 7 期，1999 年，頁 35-37。

■建立溝通管道

　　雙方透過溝通、談判等方式，解決彼此紛爭，並建立協商、對話的機制。在表達政治善意及確立交往原則之後，首要工作便在建立溝通管道。事實上，就「歐安會議」的模式而言，各國之間的溝通管道初期仍以一般外交管道、熱線、人員交流為主。因此，不應誤認信心建立措施可以建立全新的對話管道，跳過或取代傳統的例行性或制度化協商管道，應視信心建立措施為輔助性管道而非取代性管道。兩岸軍事溝通管道的建立，初期可透過海基、海協兩會表達雙方意願，逐次建立制度化的「熱線」協商管道，甚至高層之間的熱線，以化解誤解誤判，防制軍事衝突或戰爭爆發。[132]兩岸可將「熱線」，納為兩岸信心建立措施的起點。

■界定溝通內容

　　溝通管道建立後，接下來就是要確認溝通內容，訂定彼此溝通的基本原則與內容，例如歐安會議初期僅有預告演習的時間、地點、目的及兵力規模等，待雙方建立初步互信後，才於 1986 年斯德哥爾摩文件中進一步降低通報內容之義務門檻（例如提早通報時間、降低通報演習人數），並增加年度軍事行事曆的公佈；到了 1990 年的維也納文件，交換的資訊內容又加入武器發展計畫、武器部署系統、國防預算以及軍事意外之澄清與通報。[133]兩岸軍事交流溝通

---

[132] 沈明室、郭添漢，〈建立兩岸軍事互信機制的理論探討〉，發表於「2011 年中國研究年會」學術研討會（台北：政治大學東亞研究所、中國研究年會籌備小組、政治大學中國大陸研究中心，2011 年 10 月 1 日），頁 6。

[133] 蔡宗良，《兩岸軍事互信機制建構之研究》（嘉義：中正大學政治學所碩士

內容初期可就宣示性、溝通性及規範性措施開始協商，逐次發展至透明性措施，進而發展到查證性、限制性措施之溝通。

■強化信心措施

初期信心建立措施，並未包括強制性的驗證或限制性措施，以避免參與國家因過多的義務與要求不願加入或參與對話。以觀察員的邀訪為例，1975 年的《赫爾辛基最後議定書》中並未強制要求簽約國邀請觀察員參加演習，而是自願方式邀請，一直到了 1986 年斯德哥爾摩文件中才出現強制性的要求邀訪觀察員參與。[134]兩岸軍事交流，現場查證性措施及限制性措施較有困難。因此，必須循序漸進，「逐步降低緊張」（Graduate Reduction in Tension, GRIT）建立信心後，方可實施驗證或限制性措施。

■設立常設機構

擴大相互之間的交流及合作，進而成立「衝突防制中心」（Conflict Preventive Center）來驗證各項措施所遇到的瓶頸，促進國家之間的合作與互動。[135]例如在 1990 年的維也納文件中除了成立首都直接通訊網路來傳遞與協議相關的訊息，協議共同召開年度

論文，2009 年），頁 32。

[134] 蕭朝琴，「兩岸信心建立措施芻議」，《遠景基金會季刊》，第 4 卷第 1 期，2003 年 1 月，頁 66-68。

[135] *SIPRI Yearbook 1991: World Armaments and Disarmament* （Oxford: Oxford University Press, 1991），pp.475-476.

執行評估會議外，也成立「衝突防制中心」來檢討各項執行瓶頸，促進合作與交流。[136]兩岸信心建立措施應隨著對話內容的擴展與提升，規範與限制性措施的導入，以及檢證監督功能的需求，並促成訂定此一制度化管道或常設機構的成立，但初期可在海基會與海協會下設一個工作小組，負責兩岸軍事事務協調事宜。

　　「信心建立措施」雖可降低雙方的敵意，仍無法防止故意發動戰爭的功能。[137]其目的並不假設當其建立後，戰爭即可避免，目的就是要解決國際政治上「意圖不確定」（Uncertainty About Intentions）的問題，是衝突雙方傳遞友好訊息的機制。但先決條件是雙方在政治意圖的誠意與共識，有助於「信心建立措施」的落實與推展。[138]

---

[136] 岳瑞麒，《兩岸建立信心暨安全措施之研究》（台北：中山大學大陸研究所碩士論文，1998 年），頁 29。

[137] 翟文中，「兩岸軍事信心建立措施的建構：理論與實踐」，《國防政策評論》，第 4 卷第 1 期，2003 年秋季，頁 22。

[138] 任海傳，《兩岸信心建立措施之研究——以共同打擊犯罪為例》（台北：淡江大學國際事務與戰略研究所碩士論文，2002 年），頁 33。

第三章　兩岸建立「軍事互信機制」可行性

　　兩岸對於軍事互信機制的概念形成，起於 1996 年「第三次台海危機」之後，台灣內部才開始進行相關研究；中共則到了 2004 年 5 月 17 日，發表「五一七聲明」後，改變過去對於軍事互信機制避談的保守立場；2008 年 12 月 31 日，在胡錦濤發表「胡六點」講話後，中共當局更採取積極的態度，呼籲兩岸進行「軍事安全互信機制」的相關探討。兩岸建構軍事互信機制雖屬北京與台北雙邊的談判，但美國長期在兩岸關係中所扮演的角色，卻有著「隱而不顯」的關鍵影響力。因此，本章區分五節，首先將從過去兩岸軍事互動的演進與分期，瞭解兩岸發展的狀況；其次分別就中共、台灣、與美國三方對兩岸建立軍事互信機制立場，逐一探討戰略意涵的認知。

第一節　兩岸軍事互動的演進與分期

　　兩岸軍事互動與政治關係是密不可分，當雙方政治關係處於緊張對抗時，軍事互動必然也會陷入對峙甚至衝突的狀態。[1]除了兩

---

[1] 馬振坤，〈兩岸關係發展的前瞻〉，王央城主編，《前瞻兩岸關係發展的趨勢》

岸政治關係外，國際環境的變遷，特別是美國兩岸政策的變化，影響兩岸軍事互動。[2]專家學者對兩岸關係（the cross-strait relations）的發展歷程有不同的界定（如表 3-1 所示），本論文參考李承禹將兩岸軍事互動界定為：軍事對抗、政治對峙、民間交流、停止接觸、及重起交流等五個時期。[3]每時期都有其時代背景，也突顯了這個時期所追求的政治目標。

表 3-1　兩岸關係發展階段與時期劃分

學者	階段與時期				
李承禹	軍事對抗 1949-1978	和平對峙 1979-1986	民間交流 1987-2000	停止接觸 2000-2008	重起交流 2008-至今
顧立民 趙忠傑	軍事衝突與政治對立 1949-1987		民間交流與協商 1988-2008		現階段兩岸關係 2008-至今
邵宗海	軍事對峙 1949-1977	法統爭執 1978-1986	交流緩和 1987-1999	意識對立 2000-2008	磨合過程 2008-至今
翁明賢 吳建德	軍事對峙 1949-1977	和平統戰 1978-1986	民間交流 1987-1999	台灣政權輪替後 2000-2004	反分裂國家法後 2005-至今
王功安 毛 磊	軍事對抗 1949-1979	和平對峙 1979-1987		民間交流 1988-1993	現階段兩岸關係 1993-至今
吳安家	軍事對峙 1949-1978	和平對立 1979-1986		展開民間交流協商 1987-1995	關係停滯 1996-至今
黃昆輝	軍事對抗 1949-1978		和平對峙 1979-1986		民間交流 1987-2000

資料來源：整理自下列資料。

（桃園：國防大學戰略研究所出版，2007 年 12 月），頁 319。

[2] 邵宗海，《兩岸關係》（台北：五南出版，2006 年 4 月），頁 3-4。

[3] 李承禹，〈兩岸關係的發展與困境〉，劉慶祥主編，《兩岸和平發展與互信機制之研析》（台北：秀威資訊科技，2010 年 6 月），頁 57。

1. 李承禹，〈兩岸關係的發展與困境〉，劉慶祥主編，《兩岸和平發展與互信機制之研析》（台北：秀威資訊科技，2010 年 6 月），頁 57。
2. 顧立民、趙忠傑合著，《大陸政策與兩岸關係》（台中：博明文化，2010 年 12 月），頁 5-45。
3. 邵宗海，《兩岸關係》（台北：五南書局，2006 年），頁 5-18。
4. 翁明賢、吳建德主編，《兩岸關係與信心建立措施》（台北：華立圖書，2005 年 9 月），頁 48-79。
5. 王功安、毛磊，《海峽兩岸關係概論》（武漢：武漢出版社，1997 年），頁 33。
6. 吳家安，《台灣兩岸關係的回顧與前瞻》（台北：永業出版社，1996 年 11 月），頁 1。
7. 黃昆輝，〈當前大陸政策與兩岸關係〉，行政院大陸委員「公益系列講座」，1992 年 12 月 20 日，〈http://www.tpml.edu.tw/public/ Attachment/ 041316175360. pdf〉，檢索日期：2011/7/19。

壹、軍事對峙時期（1949-1978）

　　本時期兩岸政治關係的主要特色，為激烈的軍事衝突、壁壘分明的政治對峙。[4] 自 1949 年國民政府撤退到台灣後，中共在北京建立「中華人民共和國」。從此形成台灣與中國大陸兩個政治實體的對抗，而中共在此時期對台政策則以軍事武力「解放台灣」，[5] 揚言要「血洗台灣」並發動一系列攻台戰役；[6] 國民政府則極力保住台灣這最後的復興基地與反共堡壘。歷經 1949 年金門古寧頭戰役（中

[4]　王功安、毛磊，《海峽兩岸關係概論》（武漢：武漢出版社，1997 年），頁 33。
[5]　1949 年 3 月 15 日中共新華社發表名為「中國人民一定要解放台灣」的社論，此為「解放台灣」口號的首次提出。引自古越，《紅長城-新中國重大軍事決策實錄》（廣州：廣東人民出版社，2006 年），頁 73-74。
[6]　張樹軍，《中南海三代集體領導與共合國外交實錄上卷》（北京：中國經濟出版社，1998 年 3 月），頁 43-44。

共方面稱為金門戰役），[7]1954 年第一次金門砲戰（台灣稱之為九三砲戰），1955 年大陳戰役，1955 年一江山戰役，[8]直到 1958 年第二次金門砲戰（台灣稱之為八二三砲戰）為止，台海緊張情勢仍持續。[9]

　　1950 年 6 月 25 日韓戰的爆發，因中共參與韓戰，使美國政策由原先的「放手政策」轉為支持台灣政府反共立場；且美國開始協助台灣軍隊對中國大陸沿海實施突擊，使台海軍事衝突轉趨激烈。[10]當時國民政府因反攻大陸收復失土的政策，故對中共軍事戰略為「攻勢戰略」。[11]時任美國總統杜魯門（Harry S. Truman）下令美國海軍第七艦隊（The Seventh Fleet）巡弋台灣海峽，空軍第 13 航空隊進駐台灣，美軍顧問團的派遣駐台，加上美國對台灣軍事與經濟

---

[7]　1949 年 10 月 24 日，共軍欲乘勝追擊，中共第三野戰軍第 10 兵團受命發起金門的渡海戰役，當日夜晚，共軍登陸部隊約二萬餘人，分別搭乘各型船隻二百餘艘，進犯金門本島。金門駐軍在海空軍配合作戰下與來犯共軍展開激戰，並阻斷其退路增援，敵軍傷亡慘重，終於彈盡糧絕投降。引自張火木，〈金門古寧頭戰役的歷史意義與影響〉，《紀念古寧頭大捷四十五週年兩岸關係學術研討會論文集》（金門：金門臨時縣議會，1993 年 10 月），頁 4-8。

[8]　一江山戰役從 1954 年 11 月 14 日海空權爭奪，至 1955 年 1 月 20 日止共計二月有餘，而中共正式發動登陸作戰則是從 1955 年 1 月 18 日起至 1 月 20 日止，地面戰鬥共計 52 小時又 44 分。共軍共動員部隊 6000 餘人，作戰船艦 110 餘艘，空軍 190 架次。我守軍王生明上校以下 1000 餘人共有 720 名國軍官兵壯烈成仁，堪稱國軍轉進來台最為慘烈之役。引自《台北市一江山五十週年祭典》，〈http://myweb.hinet.net/home8/yusanshu/ new_page_3116.htm〉，檢索日期：2011/8/16。

[9]　李承禹，〈兩岸關係的發展與困境〉，頁 58。

[10]　此一時期重要的軍事衝突如 1951 年 3 月 30 日大陳游擊隊襲擊浙江三門，1952 年 1 月 30 日馬祖游擊隊登陸福建莆田湄州島，6 月 10 日大陳游擊隊登陸浙江溫嶺黃焦島，8 月 24 日大陳游擊隊登陸浙江平陽金鎮衛，10 月 5 日金門游擊隊攻佔廣東外海的南澎島，10 月 15 日大陳游擊隊襲擊浙江外海南日島等。引自張玉法，《中華民國史稿（修訂版）》（台北：聯經出版社，2001 年），頁 557-558。

[11]　戴萬欽，《中國由一統到分割：美國杜魯門政府之對策》（台北：時英出版社，2000 年 10 月），頁 268。

的援助，[12]防止中共趁機奪取台灣，並保護西太平洋美軍的安全。相對的從那時候開始，中共便從未放棄以武力統一台灣。[13]

　　1953 年 7 月，韓戰停火協定後，中共隨即將焦點放在中國大陸沿海島嶼的問題上，中共認為美國的亞洲政策尚不明朗，有利於其解決台灣問題的最好時機。因此，1954 年 9 月 3 日，中共對金門進行砲擊，當日在 5 個小時發射砲彈約 6 千餘發。次日金門守軍予以還擊，展開持續長達 12 日的砲戰。砲戰中，美軍有兩名軍官陣亡，美國朝野譁然，台海局勢深陷空前緊張情勢。[14]1953 年 1 月艾森豪（Dwight David Eisenhower）就任美國總統，使台海局勢產生變化，美國開始與台灣政府商談簽署《共同防禦條約》，並於 1954 年 12 月 2 日簽署《中華民國與美利堅合眾國共同防禦條約》（Mutual Defense Treaty between the United State and the Republic of China）[15]，也引起中共的不滿。

　　因此，中共為了試探美國協防台灣的決心與程度，於 1955 年 1 月，大舉進攻大陳島。[16]美參、眾議院於同年 1 月通過《台海決

[12] 張樹軍，《中南海三代集體領導與共和國外交實錄上卷》，頁 55。

[13] John L. Gaddis, *We Now Know; Rethinking Cold War History*（Oxford, University Press, 1998），p.75.

[14] 劉慶元，〈從三次台海危機論台海安全〉，《中華戰略學刊》，2001 年 4 月，頁 40-41。

[15] 韓戰末期，中（台灣）、美兩國研商共同防禦條約，經九次談判，終於在 1954 年 12 月 2 日簽署。內容指出：一、明白宣示台灣在國際外交的地位，並表示台、澎絕無可能被當成美國的外交籌碼（但金門、馬祖及大陳島都不在共同防禦的範圍之內）；二、在於驅散中共對美國協防台灣所抱持的懷疑；三、此條約將使中美政府間軍事安排的共同防禦得到調整。引自李承禹，〈兩岸關係的發展與困境〉，頁 55。

[16] Michael Y. M. Kau, "The Implications of the Triangular Relations for Taiwan: An Emerging Target of Opportunity," in Ilpyong J. Kim ed., *The Strategic Triangle: China, the United States and the Soviet Union*（New York: Paragon House Publishers, 1987），p.185.

議案》(Formosa Resolution),授權美國總統依情勢判斷,有權動用美國武裝部隊協防台灣與澎湖。[17]但美國卻不願意為協助台灣控制的東南沿海島嶼而與中共交戰,故在一江山戰役結束後、在美國的壓力下,台灣同意自大陳島撤軍。中共基於國際因素考量,對台灣從大陳島撤軍並未採取干預行動,使「第一次台海危機」終告落幕。[18]

由於大陳島為台灣軍隊突擊中國大陸東南沿海的主要基地,再加上《中美共同防禦條約》的制約,使台灣在軍事戰略逐漸取「守勢戰略」。[19]1955 年 5 月 31 日,中共總理周恩來在全國人大常委會第 15 次擴大會議上發言表示:「中國人民解放台灣有兩種可能的方式,即戰爭的方式和和平的方式」,首次提出「和平解決」列為對台政策指導原則之一,[20]此為中共當局第一次公開提出和平解放台灣的新主張。

1958 年 7 月 14 日,中東地區的伊拉克發生政變,親西方政府被推翻,英、美兩國隨即出兵黎巴嫩與約旦,中東情勢日益緊張。[21]中

[17] 林正義,《1958 台海危機期間美國對華政策》(台北:台灣商務印書館,1985年),頁 22。

[18] 三次「台海危機」通常泛指:1954 年「九三金門砲戰」、1958 年「八二三金門砲戰」與 1995、1996 年「飛彈危機」。然亦有學者認為是四次的台海危機;第一次為 1955 年的「大陳戰役」、第二次為 1958 年的「金門砲戰」、第三次為 1962 年中華民國政府欲利用中共內部動亂,積極準備反攻大陸「反攻大陸」、第四次則為 1995 年至 1996 年的「飛彈危機」。引自翁明賢等著,《未來台海衝突中的美國》(台北:麥田出版社,1998 年 1 月),頁 62-63。

[19] 顧立民、趙忠傑合著,《大陸政策與兩岸關係》(台中:博明文化,2010 年 12 月),頁 8。

[20] 直至 1955 年,由於當時中共總理周恩來在印尼萬隆亞非高峰會議中宣稱對台灣問題的解決將採和平解放方式,終於將中共的軍事進犯台灣的可能,轉移到非武力解決的途徑。引自邵宗海,〈台海安全體系建立之可行性探討〉,《全球政治評論》,第 19 期,2007 年,頁 23;王功安、毛磊,《海峽兩岸關係概論》,頁 45-46;55。

[21] 劉慶元,〈從三次台海危機論台海安全〉,頁 42。

共藉機以聲援中東人民反抗西方帝國主義為由，準備砲擊金門。同年 7 月 31 日赫魯雪夫（Никита Сергеевич Хрущёв）與毛澤東在北京會談，中共也增加福建沿海的活動。[22]8 月中東危機稍為緩和，毛澤東決定對金門發動砲戰，藉此來測試美國協防台灣各外島的決心。[23]在 8 月 23 日下午 6 時 30 分，共軍駐紮福建沿海砲兵部隊，以襲擊的方式對大、小金門地區實施猛烈砲擊，主要砲擊目標包含指揮所、火砲陣地及各項重要設施，造成震驚中外的「八二三砲戰」[24]，亦稱為「第二次台海危機」。[25]

1958 年 9 月美國政府發表「新港聲明」決定協防金門、馬祖。在華沙會談舉行期間，中共以干預中國內政為由，要求美國退讓不要協防金、馬，美國堅持護航金門、馬祖之運補下，化解「第二次台海危機」。[26]而在「八二三砲戰」後，中共前國防部長彭德懷下令，對我外島地區改採「每逢單日砲擊，雙日停止」的方針，[27]而且只打沙灘，不打民房工事，只打宣傳彈，不打實彈。但兩岸仍有零星的軍事衝突，如 1960 年中共為向當時訪華（台灣）的美國總統艾森豪示威，而創下單日落彈八萬五千餘發的「六一七」及「六一九」

[22] 國防部編譯，《中國戰史大辭典——戰役之部》（台北：國防部史編局，1989年），頁 707。

[23] 蔡宗良，《兩岸軍事互信機制建構之研究》（嘉義：中正大學政治學所碩士論文，2009 年），頁 58。

[24] 首日兩小時餘之砲戰中，共軍共出動 36 個地面砲兵營，6 個海岸砲兵營，共發射 5 萬 7 千餘發砲彈，國軍亦發射 3 千 6 百餘發反擊，造成 65 棟房屋損毀，國軍傷亡 4 百餘人，包含金防部三位副司令吉星文、趙家驤、章傑不幸殉國，國防部長俞大維受傷。引自國防部編譯，《中國戰史大辭典——戰役之部》，頁 707。

[25] 劉慶元，〈從三次台海危機論台海安全〉，頁 43。

[26] Rand, Co.著，謝永湉譯，《一九五八年台灣海峽危機》（*The Taiwan Strait Crisis of 1958*）（台北：國防部史編局，1985 年），頁 90。

[27] 林正義，《1985 年台海危機期間美國對華政策》，頁 8。

砲擊；[28]及 1964 年、1965 年兩岸在台灣海峽發生數次海戰，中共並對金門持續砲擊，直到 1979 年元旦，中共發表《停止砲擊大、小金門等島嶼的聲明》，才正式宣佈停止金門砲擊。[29]

　　總而言之，在本時期中共對台發動：古寧頭戰役、「九三砲戰」、一江山戰役，到 1958 年第二次金門「八二三砲戰」為止，兩岸始終延續著國共內戰軍事對峙的狀態，雙方都企圖以武力完成「中國統一」或宣示領土之完整與主權之獨立為目的；直到 1979 年 7 月 30 日中共人大會第一屆第二次會議表明北京政府除戰爭手段外，也不排除和平解放台灣的可能性，這個宣示是中共對台政策的重大改變。[30]在台灣的國民黨因自身力量的有限，提出「三分軍事、七分政治」的策略，兩岸之間的衝突也從軍事轉為外交的拉鋸。從這兩次台海危機發現，兩岸軍事衝突過程中多少牽涉到國際干預，尤其是美國力量的強力介入。

貳、政治對峙時期（1979-1986）

　　由於國際環境及兩岸形勢變化，兩岸也從往日的軍事衝突對峙進入政治對峙時期。1979 年 1 月美國宣布與中共建立正式外交關係並與台灣斷交後，[31]同時《中美共同防禦條約》被廢止，美國並聲明將於四個月內自台灣撤退其剩餘的軍事人員，而為了建構斷交

---

[28] 戴政龍，〈身份建構與制度創新：兩岸軍事互信機制的想像與描繪〉，蔡東杰主編，《全球與亞太區域戰略格局發展》（台北：鼎茂圖書，2009 年 6 月），頁 323。

[29] 國防部史政編譯局，《八二三砲戰勝利三十週年紀念文集》（台北：國防部，1988 年），頁 3-4。

[30] 邵宗海，《兩岸關係》，頁 5-6。

[31] 顧立民、趙忠傑合著，《大陸政策與兩岸關係》，頁 13。

之後的台美關係發展，美國國會通過《台灣關係法》（*Taiwan Relations Act*, TRA），[32]條約文中的第三條（甲）：「……美國將供應台灣必要數量之防禦軍資與服務，俾使台灣維持足夠之自衛能力」，以及該條文之（丙）：「任何對台灣人民安全或社會經濟制度之威脅，以及因而對美國利益而產生之任何危險，總統應立即通知國會。總統與國會應依照憲法程序，決定美國為對付任何此類危險，而採取之適當行動」。[33]從上述條約文中可以了解美國推動台海和平政策的思維，即在強調「一個中國」的原則下，提供台灣足夠數量的武器，以因應及防衛任何危及台灣安全的各種威脅。

　　中共繼與美、日建交後，為營造國際和平氣氛，1979 年 1 月 1 日，以中共全國人大常務委員會名義發表《告台灣同胞書》，[34]這份文件是中共對台戰略由「武力解放」轉為「和平統一」的分水嶺。

---

[32] 《台灣關係法》，是 1979 年 4 月 1 日由美國總統卡特簽署，並且追溯到同年 1 月 1 日生效的美國國內法。其內容係由 18 條法律所構成，其內容重點有以下七點：一、維持及促進美國國民及台灣人民商業及文化關係；二、確保台灣人民的人權；三、確保台灣的安全，並提供防衛性武器給台灣；四、任何企圖以非和平方式（包括杯葛或禁運）解決台灣未來的作為，均會威脅太平洋和平與安全，美國將嚴重關切；五、如果有任何訴諸武力，或其他手段，危及台灣人民安全與社會經濟制度行動時，美國將會反擊；六、即使台美沒有外交關係，台美間各項條約與協議仍為有效；七、授權成立美國在台協會（American Institute in Taiwan, AIT），以代表新關係的台美方。引自邱延正，〈兩岸外交競逐與展望〉，王央城主編，《前瞻兩岸關係發展的趨勢》（桃園：國防大學戰略研究所出版，2007 年 12 月），頁 68。

[33] 陳一新，《斷交後的中美關係》（台北：五南公司，1995 年 4 月），頁 355。

[34] 《告台灣同胞書》其內容要點如下：一、解放軍從今天起停止對金門等島嶼的砲擊；二、應當透過中華人民共和國政府和台灣當局之間的商談，結束軍事對峙狀態；三、儘快實現通航、通郵、進行經濟交流、學術、文化、體育及工藝觀摩；四、早日實現祖國統一，在解決統一問題時尊重台灣現狀和各界意見；五、寄希望於台灣人民，也寄希望於台灣當局；六、台灣當局堅持一個中國的立場，反對台灣獨立，是我們共同的立場，合作的基礎。引自趙春山，〈中共對台政策〉，張五岳主編，《兩岸關係研究》（台北：新文京開發，2003 年 9 月），頁 47。

從此之後，象徵中共對台戰略從單一武力解決方式轉為「和戰兩手」政策。[35]另外，也提出「三通四流」[36]與「一國兩制」的主張；但同時卻宣示未承諾放棄使用武力解決台灣問題。[37]另希望通過兩岸雙方的商談來結束軍事對峙狀態，「以使雙方的任何一種範圍的交往接觸創造必要的前提和安全環境」。[38]在 1981 年 9 月 30 日，中共全國人大委員會委員長葉劍英提出「關於台灣回歸祖國實現和平統一的方針政策」，條列中包括國共兩黨談判、台灣社會現有制度不變、台灣可保留軍隊、高度自治等九條對台政策宣示（又稱「葉九條」）[39]。於 1983 年，鄧小平會見旅美學者楊力宇時再提及「中國大陸和台灣和平統一的設想」，內容除延續「葉九條」，並提出「一國兩制」之主張。[40]爾後，中共的對台政策方針大致根據上述之範圍，未見突破性發展。[41]

[35] 沈明室，〈從「胡六點」的延續與新意看台灣因應戰略〉，《戰略安全研析》，第 45 期，2009 年 1 月，頁 15。

[36] 「三通」是指通郵、通商、通航；「四流」是指經濟、文化、科技、體育交流。引自李承禹，〈兩岸關係的發展與困境〉，頁 60。

[37] 中共中央文獻研究室編，《一國兩制重要文獻選編》（北京：中央文獻出版社，1997 年），頁 1-4。

[38] 共黨問題研究叢書編輯委員會，《中共對台工作研析與文件彙編》（台北：法務部調查局，1994 年 2 月），頁 65。

[39] 1981 年 9 月 30 日葉劍英發表〈進一步闡明關於台灣回歸祖國實現和平統一的方針政策〉的九條對台政策方針，被稱為《葉九條》，內容的重點是建議舉行中國共產黨和中國國民黨兩黨對等談判統一，統一後台灣作為特別行政區，可保留軍隊，台灣現行政度不變，同外國的經濟文化關係不變，台灣人士可擔任全國性的領導職務。引自中共中央文獻研究室編，《一國兩制重要文獻選編》，頁 5-7。

[40] 中共官方將鄧小平談話整理為六點重點，故又被稱為《鄧六條》。引自蔡天新，〈建國以來大陸對台政策的歷史演變與兩岸關係發展〉，《成都理工大學學報（社會科學版）》，第 17 卷第 3 期，2009 年 9 月，頁 5。

[41] 丁樹範，〈中共對台政策對兩岸建立互信機制的影響〉，發表於「第一屆『國家安全與軍事戰略』國際學術研討會」（桃園：國防大學，2000 年 11 月），頁 70。

　　面對國際環境及中共對台政策之變化，前總統蔣經國在 1979 年 4 月提出對中共的「三不」[42]政策；又於 1981 年 3 月在中國國民黨第十二屆全國代表大會中，再提出「貫徹以三民主義統一中國」政治宣言，來取代過去「反共復國、反攻大陸」的大陸政策指導思想。[43]不再對中共使用「共匪」的污蔑性字眼，顯示台灣的大陸政策，已放棄以往訴諸於武力的方針。[44]1982 年台灣國防政策與軍事戰略思考便轉為「防衛固守、有效嚇阻」的軍事戰略；於 1984 年宣布停止對中國大陸實施砲擊，及開始減少金、馬駐軍，減緩兩岸緊張氣氛。

　　綜合前述分析，兩岸從軍事衝突對峙進入政治對峙時期，這一階段兩岸已很少發生直接武裝衝突，局勢已大為緩和，但兩岸前線陣地的軍事對峙局面仍在繼續。兩岸的主調改以政治重於軍事的力量的對抗，儘管主調已變，但是因為在政策上仍視對方為「叛亂政權」，形式上仍要以軍事手段來處理兩岸的問題，讓兩岸之間無法完全和平相處。[45]台灣對中共提出「三民主義統一中國」，採取「三不政策」來化解中共的對台統戰攻勢。後因 1986 年 5 月 3 日發生「華航貨機事件」，[46]首次開啟兩岸半官方性的接觸，雖然台灣政

---

[42] 文中強調，「我們到了台灣之後，共匪仍繼續不斷的做統戰工作。統戰不是由共匪新的政治作戰方法，而是它藉以打擊敵人的傳統方法。我們黨根據過去反共的經驗，採取『不妥協、不接觸、不談判』的立場，不惟是基於血的教訓，是我們不變的政策，更是我們反制敵人最有力的武器。」引自中國國民黨中央委員會大陸工作委員會，《反擊共匪統戰參考資料彙編》（台北：國民黨中央委員會大陸工作委員會，1987 年），頁 123。

[43] 張亞中、李英明，《中國大陸與兩岸關係概論》（台北：生智文化，2003 年），頁 212。

[44] 顧立民、趙忠傑合著，《大陸政策與兩岸關係》，頁 16。

[45] 邵宗海，〈台海安全體系建立之可行性探討〉，頁 23。

[46] 事件概要為我國華航公司一架波音 747 貨機，由王錫爵從新加坡飛往泰國曼谷途中轉飛中國大陸，並降落在廣州白雲機場。王錫爵表示願意定居大陸與親人團聚，其他機組人員則表示要回台灣。政府為取回飛機貨物與人

府對外仍宣告「三不政策」立場不變，但此一事件實質上已突破兩岸不接觸的僵局。[47]反觀中共進行經濟改革開放政策，需要一個和平穩定的周邊環境，極力推動對台「一國兩制」與「和平統一」的攻勢作為。

參、民間交流時期（1987-1999）

　　兩岸局勢持續緩和，1987 年 7 月 15 日台灣方面宣告「解嚴令」；同年 11 月 20 日開放赴大陸探親，使得兩岸在隔絕近 40 年後，開啟了和平交流之契機。[48]1990 年 9 月，為了要解決偷渡客遣返的問題，兩岸紅十字會在金門展開為期三天的會談，並簽署合作遣返偷渡客的協議，其中不僅沿用「華航事件」所建構的民間性質模式外，兩岸的紅十字會代表避開使用雙方正式名稱與職銜的爭議，促成兩岸間第一次正式簽署，關於刑事嫌疑犯或刑事犯等遣返司法互助的協議－「金門協議」。[49]同年 11 月，台灣成立「財團法人海峽

員，經由華航香港分公司與中國航空公司香港辦事處，於香港進行會談，並於同年 5 月 20 日達成協議，由華航派員在香港取回飛機、貨物與人員。引自顧立民、趙忠傑合著，《大陸政策與兩岸關係》，頁 17。

[47] 毛磊、范小方，《國共兩黨談判通史》（蘭州：蘭州大學出版社，1996 年），頁 684。

[48] 張亞中、李英明，《中國大陸與兩岸關係概論》，頁 250。

[49] 所謂的「金門協議」，係指海峽兩岸紅十字組織代表於 1990 年 9 月 11 日至 12 日，在金門進行兩日的工作商談，就雙方參與見證其主管部門執行海上遣返事宜，達成以下協議：一是遣返原則：應確保遣返作業符合人道精神與安全便利的原則；二是遣返對象：含有遣返有關規定進入對方地區的居民（但因捕魚作業遭遇緊急避風等不可抗力因素必須暫入對方地區者，不在此列）及刑事嫌疑犯或刑事犯等；三是遣返交接地點：雙方商定為馬尾←→馬祖，但依被遣返人員的原居地分佈情況及氣候、海象等因素，雙方得協議另擇廈門←→金門；四是遣返程序：首先是一方應將被遣返人員的

交流基金會」，[50]以做為與大陸溝通接觸管道，1991 年 2 月並通過《國家統一綱領》[51]將兩岸統一進程分為「近程、中程、遠程」三階段，循序開展兩岸交流協商。

1991 年 12 月，中共成立「海峽兩岸關係協會」作為回應。1993 年 4 月，兩岸兩會在新加坡舉行「辜汪會談」，簽署四項協議，[52]從此建立雙方制度化之溝通管道。迄 1995 年間，雙方根據協議舉行十次不同層級的協商，取得若干共識。1995 年 1 月 30 日農曆春節前，中共國家主席江澤民發表「為促進祖國統一大業的完成而奮鬥」的講話，提出對台八項主張（又稱「江八點」），[53]同年 4 月，李登輝

有關資料通知於對方，對方應於二十日內核查答復，並按商定時間、地點遣返交接，如核查對象有疑問者，亦應通知對方，以便複查。其次，遣返交接雙方均用紅十字專用船，並由民用船隻在約定地點引導，遣返船、引道船均懸掛白底紅十字旗（不掛其它旗幟，不使用其它的標誌）。最後，遣返交接時，應由雙方事先約定的代表二人，簽署交接見證書；五是其他：本協議書簽署後，雙方應儘速解決有關技術問題，以期在最短時間內付諸實施，如有未盡事宜，雙方得另行商定，本協議書由兩岸紅十字會的陳長文與韓長林於金門簽字後，雙方各存一份備查。引自任海傳，《兩岸信心建立措施之研究——以共同打擊犯罪為例》（台北：淡江大學國際事務與戰略研究所碩士論文，2002 年），頁 139。

50 「財團法人海峽交流基金會」，係以民間機構充當政府的「白手套」，突破現行兩岸政治障礙，進行具實質效益的事務性協商。引自李承禹，〈兩岸關係的發展與困境〉，頁 62。

51 《國統綱領》其要旨為：一、堅持一個中國，謀求中國的統一；二、堅持和平統一，反對使用武力；三、以尊重台灣地區人民的權益為統一的前提；四、和平統一有進程，分階段而無時間表。引自行政院大陸工作委員會編印，《大陸工作法規彙編》（台北：正中書局，1999 年 7 月四版），頁 1-3。

52 四項協議分為：一、兩岸公證書使用查證協議；二、兩岸掛號函件查詢、補償事宜協議；三、兩岸聯繫會談制度協議；四、辜汪會談共同協議。

53 「江八點」其要旨為： 一、堅持一個中國的原則，是實現和平統一的基礎和前提；堅決反對「台灣獨立」、「分裂分治」、「階段性兩個中國」的主張；二、對於台灣同外國發展民間性經濟文化關係，不持異議；三、進行海峽兩岸和平統一談判，並達成消除敵意的諒解，在一個中國的前提下，什麼問題都可以談，當然也包括台灣當局關心的各種問題；四、中國人不打中

總統在國統會上就「江八點」發表六點講話（又稱「李六條」），[54]在此期間兩岸交流相當的熱絡。

1995 年 6 月李登輝以訪問母校康乃爾大學（Cornell University）為由赴美，引發中共的不滿。兩岸協商遂中斷，中共方面並開始發動對台「文攻武嚇」，兩岸關係急遽惡化，進而引發 1995-1996 年所謂的「台海飛彈危機」（又稱第三次台海危機）。1996 年 3 月 8 日至 3 月 25 日期間，中共企圖影響台灣即將在 3 月 23 日舉行第一次總統直接選舉結果，對基隆與高雄港口外海進行試射飛彈的針對性軍事演習，引起美國、日本等國際社會強烈關注。3 月 8 日當天美國立刻宣佈獨立號（USS Independence, CV-62）航艦戰鬥群部署到台灣東北海域，並加派尼米茲號（USS Nimitz, CVN-68）航空母艦戰鬥群由波斯灣趕赴台灣海峽會合，以示對台灣海峽安全與穩定的嚴重關切。[55]另一方面，中共解放軍海軍潛艇部隊也緊急出海抗衡，雙方劍拔弩張。[56]這是美國自越戰結束以來在此地區最大規模的兵力集結，[57]也造成台海危機升高。這段期間兩岸的軍事情勢可

國人，但不承諾放棄武力；五、不以政治干擾兩岸經濟共同繁榮；贊成簽訂保護台商的民間性協議；六、中華文化是和平統一的一個重要基礎；七、尊重台胞生活方式和當家作主的願望；八、歡迎台灣當局領導人以適當身份前往大陸訪問，江澤民也願受邀訪台灣。引自賴炳良，《兩岸關係發展與變遷之研究-社會建構主義觀點》（桃園：國防大學戰略與國際事務研究所碩士論文，2010 年 2 月），頁 62-63。

[54] 「李六條」其要旨為：一、在兩岸分治的現實上追求中國統一；二、以中華文化為基礎，加強兩岸交流；三、增進兩岸經貿往來，發展互利互補關係；四、兩岸平等參與國際組織，雙方領導人藉此自然見面；五、兩岸均應堅持以和平方式解決一切爭端；六、兩岸共同維護港澳繁榮，促進港澳民主。引自張亞中、李英明，《中國大陸與兩岸關係概論》，頁 225-227。

[55] 陳一新，〈柯林頓政府台海危機決策制訂過程一個案研究〉，《遠景季刊》，第 1 卷第 1 期，2000 年 1 月，頁 97-100。

[56] 亓樂義，《捍衛行動：1996 台海飛彈危機風雲錄》（台北：黎明文化，2006 年），頁 23。

[57] Robert L. Suettinger, *Beyond Tiananmen: the Politics of U.S.-China Relations*

謂山雨欲來風滿樓，謠言消息不斷，有關兩岸的軍事佈署暨處置措施，整理如後：

表 3-2　1995-1996 年「台海飛彈危機」兩岸的軍事佈署暨處置措施

演習名稱	時間	地點	中共軍事演過程	台灣軍事處置
九五一任務演習	1995 年 7.21-28	台灣富貴角北方約 70 海浬彭佳嶼海域處。	7 月 21 日 1 時，於江西鉛山基地，發射 2 枚東風 15 導彈；7 月 22 日零時及 2 時，發射 2 枚東風 15 導彈；7 月 24 日 2 時跟 4 時，發射 2 枚東風 15 導彈。	調整空勤任務，大陸沿海偵巡退至海峽中線以東，避免擦槍走火；趕製 346 萬份心戰傳單空飄共軍演習區；修訂戰略構想。
東海火砲導彈試射演習	1995 年 8.15-25	沙埕以東及東引東北方約 28 海浬處。	8 月 15 日至 8 月 25 日，解放軍南京軍區出動艦艇 59 艘、飛機 192 架次，在東引北方約 28 海浬處，進行海上攻防演練。	提昇外島兵力編現比；建立戰術高頻傳真通信系統，提升戰情資訊傳輸能力；修訂固安作戰計畫。
九五神威演習	1995 年 9.15-10.20	山東青島以南海域	大陸解放軍陸海空部隊在青島南方海域地區舉行大型海空兵力展示，艦艇有 81 艘、飛機 610 架次，由江澤民親自校閱。	「外防突襲、內防突變」，對各營區實施滲透演習。
成功五號演習	1995 年 10.13-11.23	福建東山島	解放軍在福建省東山島舉行兩棲登陸作戰操演，出動兵力包括步兵第 91 師、艦船 63 艘、飛機 50 架。	運用心戰電台對大陸地區及海外大陸學人進行心戰廣播；三軍聯合兵棋推演；「精實十一號」演習。

1989-2000（Washington, D.C.: Brookings Institution Press, 2003），p.200.

表 3-2　1995-1996 年「台海飛彈危機」兩岸的軍事佈署暨處置措施（續一）

演習名稱	時間	地點	中共軍事演過程	台灣軍事處置
聯合九六	1996 年 3.8-15	基隆外海三貂角東方 20 海浬處；高雄港外海西方 30 海浬處。	3 月 8 日零時跟 1 時，從福建永安分別試射 2 枚東風 15 導彈，落在高雄外海西南 30 至 150 海浬；而同步時間前後不到 10 分鐘，3 月 8 日 1 時，從福建南平發射一枚東風 15 導彈，落在基隆外海 29 海浬處。	心戰及媒體反制；不輕啓戰端和防範不意的軍事衝突；啓動電戰。
	1996 年 3.12-20	東山島、南澳島外海。	中共解放軍海、空部隊在東海與南海展開第二次實彈軍事演習。	國防部掌握共軍演習意圖，下達克制命令「以靜制變」，並持續強化外島防空戰力。
	1996 年 3.18-25	福建平潭、福州、連江等海空域	中共解放軍海、陸、空部隊展開第三次登陸聯合作戰的軍事演習，演習地點平潭島離台灣的島嶼不足 10 海浬。	

資料來源：整理自亓樂義，《捍衛行動：1996 台海飛彈危機風雲錄》（台北：黎明文化，2006 年）。

　　1997 年，中共「十五大」召開，中共總書記江澤民提出緩和的對台政策宣示，兩岸重啓兩會協商，海基會董事長辜振甫並於 1998 年 10 月訪問大陸，舉行「辜汪會談」，尋求開創兩岸發展之新局。1999 年 7 月 9 日，李登輝總統在接受「德國之聲」（Deutsche Welle）訪問時，[58]提出「特殊的國與國關係」（Special State to State

---

[58] 「德國之聲」是世界第三大廣播公司，電台廣播頻道每日以多種語言向球播送。此次專訪由行政院新聞局長程建人陪同，並安排「德國之聲」總裁魏里希（Dieter Weirich）與亞洲部主任克納伯（Gunter Knabc）及記者西蒙嫚索（Simone de Manso Cabral）等人直接採訪李登輝前總統時表示，中華民國自 1991 年修憲以來，已將兩岸關係定位在「國家與國家，至少是特殊的國與國關係」，而非一合法政府、一判亂團體，或一中央政府、一地方政

Relationship）定位兩岸（中共定調為「兩國論」），中共認為台灣方面有意推動「一中一台」或有台獨傾向，兩岸關係再度陷入緊張。同年 8 月 1 日《解放軍報》社論以「戰爭並不遙遠」的威脅訊息，警告意味濃厚；[59]同年 8 月 11 日，中共中央軍委宣布「中共解放軍完全有足夠的實力武力解決台灣問題，只要中央一聲下令，人民解放軍將會出色完成任務」；[60]9 月 6 日，中共駐聯合國副代表沈國放對國際傳達「中共若以武力解決台灣問題，聯合國無權也不可能干涉」等跋扈的言論。從李登輝發表「兩國論」的事件，造成兩岸緊張態勢，持續升高到軍事衝突已難免之時，1999 年 9 月 21 日台灣發生南投集集大地震（又稱 921 大地震），人民傷亡慘重，台灣政府全力投入救災與復原工作；而中共在國際輿論下，對台的強硬態度大幅降低，[61]然雙方仍處於僵持之中。

　　從上述事件顯示兩岸和平共處非常困難，在於兩岸問題的敏感性，稍有認知差異，都可能引發嚴重的後續效應。此時期，兩岸元首之間透過密使協商，[62]後來 1993 年在新加坡舉行的「辜汪會談」

府的「一個中國」內部關係。中共對此數度嚴厲批評，汪道涵訪問台灣的計畫隨之取消，還傳聞中共將攻打烏坵島。引自包淳亮，〈兩岸政治矛盾與未來〉，王央城主編，《前瞻兩岸關係發展的趨勢》（桃園：國防大學戰略研究所，2007 年 12 月），頁 32。

[59] 社論，〈世界並不太平，戰爭並不遙遠〉，《解放軍報》，1999 年 8 月 1 日。

[60] 〈中國解決台灣問題決心不會被現代化武器嚇阻〉，《解放軍報》，1999 年 8 月 18 日。

[61] 李承禹，〈兩岸關係的發展與困境〉，頁 66。

[62] 台灣總統府辦公室主任蘇志誠在 1990 年開始與中共的代表楊斯德、許鳴真、汪道涵、曾慶紅等人建立兩岸秘密溝通管道。雙方接觸高達三十幾次，討論的議題相當廣泛，包括三通、雙方簽訂和平協議、國共兩黨談判、辜汪會談、台灣總統直選、兩岸共同打擊犯罪、兩岸合作開發資源等等。由於談到兩岸應該建立高層對話的機制，蘇志誠與汪道涵於 1992 年 6 月在香港會面時，敲定海峽交流基金會（海基會）董事長辜振甫與海峽兩岸關係協會（海協會）會長汪道涵將舉行會談（辜汪會談）。請參閱：蔡慧貞，〈監院調查：兩岸密使往還　歷時三年〉，《中國時報》，2001 年 1 月 22 日，版

就有四項雙方共同簽訂協定，而 1998 年在上海的「辜汪會談」也
有四項具體的結論。雖然這些協議不足以全盤解決兩岸之間許多的
困境，但是因為有接觸、協商、並針對一些重要問題進行談判，進
而為兩岸之間建立起協商機制，對於對峙的兩岸而言有其敵意淡化
的功能。在此時期，儘管兩岸互信仍然不足，但總的來說，兩岸自
此進入官方隔海放話，但民間往來熱絡交流，形成這段期間雙方關
係特殊景況。

肆、停止接觸時期（2000-2007）

　　儘管兩岸官方隔海放話，兩岸也沒有因而關係緊張到重回當時
軍事對峙時期，但是 1999 年 7 月李登輝發表「兩國論」的事件，
的確使得原本基礎已不夠牢固的兩岸關係又再一次的被撕裂，兩岸
關係自此開始變壞。[63]直到 2000 年 3 月，民進黨贏得總統大選，
並造成第一次「政黨輪替」。從 1999 年 11 月，當時還在野的民進
黨對於兩岸政策首次提出其《中國政策白皮書》，[64]從其表述的內

1；何振忠，〈蘇志誠：接觸三十多次，精彩的在 92 年以後〉，《聯合報》，
　2000 年 7 月 21 日，版 3；黃越宏、尹乃菁，〈鄭淑敏：扮李江熱線窗口　直
　到李卸任前〉，《中國時報》，2000 年 7 月 20 日，版 2；林正義，〈兩岸新局
　勢與「台灣關係法」的新解讀〉，《戰略安全研究》，第 48 期，2009 年 4 月，
　頁 6。

[63] 中共中央台辦國務院台辦發言人於 1999 年 7 月 11 日針對李登輝的「特殊
　兩國論」談話發表下列談話：「李登輝公然將兩岸關係歪曲為『國與國的關
　係』，再一次暴露了他一貫蓄意分裂中國的領土與主權，妄圖把台灣從中國
　分割出去的政治本質，與『台獨』分裂勢力的主張相同」。引自《人民日報》，
　1999 年 7 月 12 日，版 4。

[64] 民進黨的《中國政策白皮書》中提出兩岸簽訂「和平協議」的原則：一、
　依據聯合國憲章和平解決爭端，不以武力互相威脅；二、雙方現存疆界不
　可侵犯，互相保證完全尊重對方的領土完整；三、任何一方不得在國際上

容，不難看出對於兩岸的定位架構，乃建立在「國與國」之間的關係。反觀中共在 2000 年 2 月 21 日台灣總統大選前，發表《一個中國的原則與台灣問題》白皮書，其中對台動武時機提出所謂的「三個如果」。[65]就其內容而言中共將會採取一切可能的措施，包括「使用武力」來維護其主權和領土的完整。同年 3 月，中共國務院總理朱鎔基在全國人大記者會上，更嚴厲警告說：「中國人民一定會以鮮血和生命捍衛中國統一大業。」[66]從發表時機與動機而言，實際上是在針對台灣政府及人民做出警告及恫嚇。

　　新上任的陳水扁總統在其就職演說中，曾經力陳所謂「四不一沒有」[67]的承諾，但是基於他植根很深的「台獨」理念，遂在 2002 年 8 月 3 日提出了台灣與對岸中國是「一邊一國」的宣示。[68]這個

代表他方，或以自己的名義採取行動；四、雙方交換常駐代表團。引自陳水扁總統競選指揮中心國家藍圖委員會，《新世紀、新出路──陳水扁國家藍圖 1：國家安全》（台北：陳水扁總統競選指揮中心國家藍圖委員會，1999 年），頁 23-24。

[65] 「三個如果」：一、如果出現台灣以任何名義從中國分割出去的重大事變；二、如果出現外國侵佔台灣；三、如果台灣當局無限期拒絕通過談判和平解決兩岸統一問題。引自夏天生，《從信心建立措施觀點論述兩岸軍事互信機制之建立》（高雄：中山大學大陸研究所碩士在職專班論文，2007 年 7 月），頁 141。

[66] 吳建德，〈國共二軌平台與未來兩岸關係發展〉，《空軍學術雙月刊》，第 610 期，2009 年 6 月，頁 26。

[67] 陳總統認為：「只要中共無意對台動武，本人保證在任期之內，不會宣佈獨立，不會更改國號，不會推動兩國論入憲，不會推動改變現狀的統獨公投，也沒有廢除國統綱領與國統會的問題。」引自夏天生，《從信心建立措施觀點論述兩岸軍事互信機制之建立》，頁 132。

[68] 2002 年 8 月 3 日，「世界台灣同鄉聯誼會」於日本東京舉行第 29 屆年會，陳水扁總統透過視訊直播方式實施演講時表示，「台灣是一個主權獨立的國家，台灣跟對岸中國『一邊一國』要分清楚。只有 2300 萬偉大的台灣人民才有權利對台灣的前途、命運和現狀作決定；如果我們有需要作決定時，就是以公民投票來決定。」引自〈一邊一國論〉，《聯合新聞網》，〈http://issue.udn.com/FOCUSNEWS/TWOSIDES/index.htm〉，檢索日期：2011/7/24。

說法儘管事後的解釋與兩國論無關，也不涉及到台灣在法律地位上的變更，[69]不過中共反應相當激烈，不但直接點名陳水扁總統，而且還是李登輝總統之後，對台灣領導人再度定性為「台獨」。[70]

2004 年 3 月 20 日，陳總統再度當選第 11 任總統。同年 5 月 20 日就職演說中強調未來四年兩岸原則不變，[71]由於在總統選舉期間，陳水扁總統曾經企圖透過公投法，進行「正名」、「制憲」等議題；整個兩岸局勢，充斥高度不信任感。2005 年 3 月 14 日，中共全國人大會議通過《反分裂國家法》；4 月 5 日陳水扁總統於府內召開會議，針對中共訂定《反分裂國家法》與在野政黨的登陸效應提出 7 點共識；[72]又於 8 月 6 日，提出「一個原則、三個堅持、五個反對」兩岸政策指導。[73]

---

[69] 有關這段分析，可參閱邵宗海〈陳水扁「一邊一國」主張分析與對兩岸關係的影響〉，發表於「亞太情勢發展學術研討會」（台北：淡江大學國際關係學院美國研究所主辦，2002 年 11 月 23-24 日），頁 52。

[70] 中共國務院台灣事務辦公室針對陳水扁「一邊一國」主張回應的聲明全文，不但點名陳水扁，而且還定性為台獨，請參閱《中國時報》，2002 年 8 月 6 日，A1。

[71] 中央通訊社，《2006 世界年鑑》（台北：中央通訊社，2005 年 12 月），頁 933。

[72] 「7 點共識」：一、中華民國是主權獨立的國家，國家主權屬於 2300 萬人民；二、堅決反對中國所謂「反分裂國家法」的立法及意圖以「不民主」與「非和平」手段解決台海爭議；三、有關兩岸事務，涉及國家主權、政府公權力部分，任何政黨、團體、個人均無權代表台灣人民，取代政府公權力；四、政府秉持「和解不退縮、堅定不對立」原則，處理兩岸議題，改善兩岸關係；五、陳總統願邀朝野政黨領袖舉辦會議，以免一連串大陸熱，傷害台灣尊嚴與利益；六、政府全力做好「深耕台灣，佈局全球」、「積極開放，有效管理」的兩岸經貿政策，確保台灣經濟命脈；七、北京當局如果想要拉近兩岸人民距離，不應再不民主制度，對台灣施以小惠，應該認真思考如何去除威權專制。引自中央通訊社，《2006 世界年鑑》，頁 936。

[73] 「一個原則」：在「民主、對等、和平」的原則下，與中國對話協商。但在處理兩岸事務，必須尊重台灣人民民主的選擇與自由意願。同時，任何台海的爭端只能以和平的方式解決，不得使用武力。「三個堅持」：第一，台

整體而言，因陳水扁總統在兩岸政策採取有距離、懷疑、保留的立場，再加上中共在外交上封殺台灣國際空間，及在軍事上不斷增加國防預算，持續軍事現代化和強化對台灣的飛彈部署與針對台灣的聯合軍事演習，[74]企圖以軍事恫嚇，達成「不戰而屈人之兵」的目的。此時期兩岸民間交流仍持續熱絡，已經發展出極為密切的關係。兩岸官方卻缺乏溝通與共識，形成政治冷、經貿、文化、社會熱，政府與民間分離景況。[75]

伍、重起交流時期（2008-至今）

2008 年的二次政黨輪替，馬英九政府上任後，改善了兩岸關係。更於同年 10 月 21 日在國防大學「國軍九十七年度重要幹部研習會」中，對國軍將領說「未來四年兩岸之間不會有戰爭」。[76]相

灣堅持民主改革的理想不會改變；第二，堅持台灣主體意識的主流陸路線不會改變；第三，堅持讓台灣成為一個正常、完整、進步、美麗而偉大的國家。「五個反對」：第一，堅決反對企圖併吞台灣，將台灣成為中國一部份的「一個中國原則」；第二，堅決反對將台灣香港化、澳門化，將台灣變成香港與澳門第二的「一國兩制」；第三，堅決反對以「一個中國、一國兩制」為內涵所謂的「九二共識」；第四，堅決反對任何分割國民主權、剝奪台灣人民自由選擇權利，而以「統一」為前提或唯一選項的「兩岸一中」或「憲法一中」的主張；第五，堅決反對中國要以「非和平方式」解決台海問題的反分裂國家法。引自中央通訊社，《2006 世界年鑑》，頁 936。

[74] 如中俄「和平使命-2005」聯合軍事演習，就選定山東半島作為演習區域，已證明此次軍演逐漸聚焦於未來台海戰場。引自陳子平，〈中俄「和平使命-2005」聯合軍事演習之戰略意涵〉，《戰略安全研析》，第 5 期，2005 年 9 月，頁 24。

[75] 丁樹範，〈2006 年的兩岸關係及中國對台工作〉，《戰略安全研析》，第 23 期，2007 年 4 月，頁 11。

[76] 張中勇，〈兩岸海上搜救合作與軍事安全互信〉，《戰略安全研析》，第 46 期，2009 年 2 月，頁 20。

對北京也釋出了善意，胡錦濤提出「胡六點」談話，鼓勵兩岸可以適時就軍事問題進行接觸交流。正式回應馬英九總統當選後多次呼籲主張外交休兵，維持現狀「不統、不獨、不武」，在「九二共識」的基礎上，儘早恢復協商。2009 年 3 月出版的《中華民國九十八年四年期國防總檢討》（Quadrennial Defense Review, QDR）中，宣布將在「固若磐石（Hard ROC）」的國防政政策指導下，採取「防衛固守、有效嚇阻」的軍事戰略構想，[77]建立「嚇不了、咬不住、吞不下、打不碎」的國防力量，[78]以貫徹其選舉政見。

　　從 2008 年迄今，兩岸關係趨於和緩，兩會重啟會談。然根據美國防部發布《2011 中國軍事與安全發展》（Military and Security Developments Involving the People's Republic of China 2011）當中指出，中共持續進行軍事現代化進程，期於 2020 年前具備對台大規模作戰及反擊外軍介入台海戰事的「區域阻絕／反介入」（Anti – Access/ Area Denial, A2/AD）阻止或反擊協力勢力（包含美國）干預的能力；[79]並指出，到 2010 年底，中共解放軍已在台灣對面部署了 1000 至 1200 枚短程彈導飛彈（較 2010 年版的數據多出 50 枚）[80]，

---

[77] 林正義，〈兩岸新局勢與「台灣關係法」的新解讀〉，頁 8。

[78] 國防部「四年期國防總檢討」編纂委員會，《中華民國九十八年四年期國防總檢討》（台北：中華民國國防部，2009 年 3 月），頁 40-41。

[79] 為了威懾美日可能介入台海衝突，中共高科技武器的針對性部署如「東海10 型」長程對地攻擊巡弋飛彈，中共在台海沿岸就部署超過 200 枚，對台戰略意圖明確；另外，受到美國關注的「東風 21D 型」飛彈，是中共研發阻止美國航母戰鬥群進入台海的重要「反介入」武器；還有射程超過 1 萬公里的「東風 31A 型」飛彈，更是中共直接威脅美國本土，藉以嚇阻美國的戰略性武器。引自沈明室，〈掌握兩岸情勢發展，強化抗敵意志〉，《國防雜誌》，第 25 卷第 2 期，2010 年 4 月，頁 7。

[80] Office of the Secretary of Defense, *Military and Security Developments Involving the People's Republic of China 2010*（Washington, DC: Office of the Secretary of Defense , 2010），pp.4-7。

提高其對台灣軍事部署的致命打擊能力。顯示兩岸關係的趨緩，並未降低中共對台的軍力部署，中共對台威脅仍未稍減。[81]

第二節　中共對兩岸建立軍事互信機制的認知

　　從毛澤東時期的「血洗台灣」、「解放台灣」，到鄧小平的「一國兩制」[82]，接續第三代領導人江澤民的「江八點」，再到中共「十六大」的「新三句」[83]與「三個可以談」[84]，及第四代領導人胡錦濤的「胡四點」與「十七大」會議中倡議兩岸政黨談判，協商結束敵對狀態，達成《和平協議》；顯示中共「統一」台灣的政策基本精神不變，但手段則隨著台灣及國際情勢的變化而靈活因應。[85]本節從中共各時期領導人的立場，探討對兩岸軍事互信機制戰略意涵的認知。

---

[81] Office of the Secretary of Defense, *Military and Security Developments Involving the People's Republic of China 2011*,（Washington, DC: Office of the Secretary of Defense , 2011），p.2;p.27。

[82] 「一國兩制」的構想是「和平共處」原則在國內問題上的運用，希望台灣在「一國兩制」的條件下，往社會主義的方向轉化。引自張五岳，《兩岸關係研究》（台北：新文京出版社，2003 年 9 月），頁 46。

[83] 「新三句」：即世界上只有一個中國，大陸和台灣同屬一個中國，中國的主權和領土不容分割。引自軍事情報局，《2002 年大陸情勢總觀察》（台北：國防部軍事情報局，2003 年 1 月），頁 14。

[84] 「三個可以談」：包括正式結束兩岸敵對狀態、符合台灣身份的國際文化社會活動空間、台灣政治地位問題。引自軍事情報局，《2002 年大陸情勢總觀察》，頁 14。

[85] 陳勁甫，〈兩岸和平互信機制之探討〉，發表於「中華孫子兵法研究學會『全勝論壇——迎接卓越與關鍵時刻——從孫子全勝思維展望兩岸前途發展』學

壹、中共各時期領導人的立場

　　中共早期對軍事互信機制，持負面看法居多。再則，在蘇俄與美國兩強威脅下，使中共認為軍事透明化會曝露自己軍事裝備與科技落後而易遭受攻擊。[86]直到 20 世紀 80 年代，中共基於預防戰爭及從事經濟建設而需要和平的國際環境等重要因素；且目睹軍事互信機制在歐洲地區被廣為運用以增進安全，對其開始持肯定態度。[87]中共外長錢其琛在 1995 年 8 月在第二屆 ARF 年會議中曾使用「建立信任措施」概念。同年 11 月，中共發表《中國的軍備控制與裁軍》白皮書，亦提到中共「積極推動建立雙邊信任措施」，同時指出，國家間建立信任是維護安全的有效途徑。[88]這是中共官方文件中，最早出現「建立信任措施」的概念。此後，「建立信任措施」開始廣泛應用於官方文件及言論中。以下就毛澤東與鄧小平、江澤民及胡錦濤等三個時期演進分述之。

術研討會」（桃園：元智大學暨中華孫子兵法研究學會主辦，2008 年 9 月 20 日），頁 26。

[86] Susan L. Shirk, "Chinese Views on Asia-Pacific Regional Security Cooperation," *NBL-Analysis,* Vol.5, No.5, 1994, p.11.

[87] Xia Liping, "The Evolution of Chinese View toward CBMS," in Michael Krepon ed., *Chinese Perspectives on Confidence-Building Measures* （Washington, D.C.: The Henry L. Stimson Center, 1997）, pp.15-16.

[88] 藤建群，〈中國建立信任措施的實踐展望〉，《國際問題研究》，第 3 期，2008 年，頁 13-14。

一、毛澤東、鄧小平執政時期

　　第一代領導人毛澤東 1949 年在中國大陸建立政權後，就曾指出「台灣問題很複雜，又有國內問題，又有國際問題，就美國來說，這是一個國際問題。這決定我們在和平與武力解決台灣問題的兩手辦法中，用武力解決的國際阻力更大了，更只能用和平道路解決，而不能用武力解決。」[89]和談只是統戰運用的策略，強調以武力解放台灣，但因台灣與美國已在 1954 年簽署《中美共同防禦條約》，在軍事能力上無法有效進犯而使策略無法奏效。但北京更不願意與台灣討論軍事互信，因為中共認為摧毀台灣的信心才符合其利益，又怎會去幫台灣建立信心。[90]

　　第二代領導人鄧小平基於過去武力威脅無法奏效，又面臨大陸地區龐大的經濟壓力，必須優先採取經濟開放政策，並且穩定經濟的發展。[91]所以在 1979 年對台灣提出「和平統一、一國兩制」的對台方針，聲明兩岸談判必須在「一個中國」的原則上，以「一國兩制」為基礎架構、並且放棄獨立的主張，就可以進行和平統一的談判。鄧小平認為，大陸對台灣的立場就是絕對不能有「完全自決」，但是內部及地方政府的政策則屬於台灣人民的權限；[92]除非台灣片面宣布獨立或外國介入台灣問題，否則不會對台動武。[93]在

[89] 康鳳，〈中國大陸內部經社壓力下的兩岸關係展望〉，《和平論壇》，〈http://www.peaceforum.org.tw〉，檢索日期：2011/8/8。

[90] 卜睿哲，《台灣的未來》（台北：遠流，2010 年），頁 132。

[91] Denny Roy, "Restructuring Foreign and Defense Policy: the People's Republic of China", in Anthony McGrew & Christopher Brook eds., *Asia-Pacific in the New World Order*（New York: Rutledge, 2010），p.140.

[92] 鄧小平，《鄧小平文選》（上海：人民，1993 年），頁 30。

[93] 童振源，〈中國對台政策：演變、特徵與變數〉，丁樹範主編，《胡錦濤時代的挑戰》（台北：新新聞，2002），頁 312-314。

這個時期，兩岸除軍事衝突之外，逐漸轉向外交國際場域上的競逐，兩岸彼此阻絕與對立。

二、江澤民執政時期

　　第三代領導人江澤民在 1995 年 1 月發表「江八點」的重要談話中，首次提出可就正式結束敵對狀態進行談判，強調藉由政治與經濟分離的方式，對台灣人民進行統戰。[94]2002 年 11 月 9 日在「十六大」報告中，再次呼籲以一個中國前提下，可以談正式結束兩岸敵對關係。「江八點」其實就是江澤民時期中共對台政策的總綱，除一方面彰顯中共當局在處理對台事務漸趨務實手段，另一方面也藉機對台灣及國際發出警告，表示中共無法容忍台獨的行為。

　　基此，中共對於兩岸建構軍事信任措施逐漸朝向鼓勵態度，因兩岸具有高度不信任感，再加上中共對兩岸建立軍事互信機制基本條件是在「一個中國」的原則下展開協商與談判，故對兩岸建立軍事互信機制，始終持消極態度。中共軍事科學院的共軍幹部更認為，兩岸的軍力是不平衡的，台灣沒有資格和中共談建立「軍事信任措施」。因此，歐洲所發展出來的「軍事信任措施」模式不適用於兩岸之間。[95]隨後在 1999 年 4 月 6 日海協會會長汪道涵在接受《亞洲週刊》訪問時，也提出：「在一定的條件下，兩岸可以軍事交流及

---

[94] 葉怡君，〈中國對台政策與沿革〉，趙建民主編，《大陸研究與兩岸關係》（台北：晶典文化，2005 年 9 月），頁 360。

[95] 黃介正等，《積極推動兩岸「軍事信任措施可行方案之研究」委託研究報告》（台北：國防部，2002 年 12 月），頁 114。

互訪，……，兩岸是國防的友軍，既然是友軍為什麼不能互訪？」[96]這也為兩岸軍事交流與軍事互信機制透露後續發展的訊息。

三、胡錦濤執政後

第四代領導人胡錦濤上任後，囿於台灣政壇上出現了重大的變化，自我主體意識已相較於過去增加。相對中共對台政策也進行調整，並開始對軍事互信機制進行公開性的宣示，採取原則性的談話。[97]2004 年 5 月 17 日，中共高層授權中台辦、國台辦透過新華社發表的對台的《五一七聲明》中提出，「在一中原則下，恢復兩岸對話與談判、平等協商、正式結束敵對狀態、建立軍事互信機制，共同構造兩岸關係和平穩定發展的框架。」[98]這是胡錦濤上任後，首度對台政策提出具體的指導原則宣示，亦為中共官方首次對兩岸軍事互信機制提出看法。相較於過去的保守避而不談，顯示中共逐漸展現更靈活、務實的思維來處理兩岸關係。

---

[96] 邱立本、江迅，〈兩岸和平的最新機遇〉，《亞洲週刊》，第 13 卷第 16 期，1999 年 4 月 25 日，頁 18-20。

[97] 1991 年後，兩岸政治出現了分流發展的情況。在台灣廢止了動員戡亂法，等於是片面宣佈終止內戰。台灣並於 1996 年舉行全民直選總統，復於 2000 年首度政黨輪替，政權和平轉移。因此，以往大陸與台灣之政治爭議與主權關聯性已因台灣本身之民主發展產生了實質變化，舊時代的「主權主張」亦不再符合現今新的兩岸政治客觀情勢，台灣已經擺脫冷戰時期內戰的陰影，實質轉變成為一個新興民主法治國家。引自陳漢華，〈兩岸信心建立措施及美國角色之評估〉，2003 年，〈http://www. peaceforum. org. tw/ onweb. jsp?webno=3333333502&webitem_no=635R〉，檢索日期：2011/8/8。

[98] 張皓熙，〈從「江八點」到「五一七聲明」論中共對台政策之演變〉，《中共研究》，第 39 卷第 1 期，2005 年 1 月，頁 124。

　　然而中共雖為兩岸的和平談判創造新的機會,但也擔心民進黨政府在連任後將有恃無恐,走上更激進的法理台獨。2005 年 3 月 4 日,胡錦濤就兩岸關係發展提出「四點意見」,其中將「正式結束兩岸敵對狀態和建立軍事互信」列為第一點,顯示中共高層對兩岸形勢仍有高度不確定性,中旬再推出《反分裂國家法》作為預防。一個月後,中共邀請連戰訪問大陸,雙方共同發布「胡連公報」五點共識,將「建立軍事互信機制」列為第二點。[99]

　　2008 年後台灣二次政黨輪替,兩岸關係改善,中共改變過去對陳水扁總統冷淡態度,並釋出善意。[100]胡錦濤在 2008 年 12 月 31 日《告台灣同胞書》30 週年紀念會上,鼓勵兩岸積極推動關於「軍事安全互信機制」的探討,這項談話也成為現行中共對台政策的重要指導方針。[101]隨後 2009 年 3 月 11 日,中共國台辦主任王毅建議,兩岸可先由專家學者就軍事安全互信機制展開學術交流,亦可從兩岸退役軍人交流開始,啟動兩岸軍事問題的接觸;同年 5 月 26 日,胡錦濤接見國民黨主席吳伯雄時表示,兩岸可以就國家尚未統一的特殊情況下的政治關係問題、以及建立兩岸軍事安全互信機制問題,進行務實探討。[102]11 月 13 日到 14 日在台北舉行的「兩岸一甲子學術研討會」,中共中央指派前中央黨校副校長鄭瑞堅領隊,率團訪台進行「第二軌道」的學術交流探討。

　　及於 2010 年 7 月中旬由中國社會科學院台灣研究所邀請「兩岸一甲子學術研討會」軍事組成員赴北京開會討論相關軍事議題。名為進行學術探討,實則為試探台灣對進入政治議題談判的

[99] 〈兩岸軍事互信由民間走向台前〉,《中國時報》,2009 年 9 月 23 日,版 13。

[100] 丁樹範,〈中國的兩岸軍事互信政策:堅持一個中國原則和最終統一〉,《亞太安全研究》,第 52 期,2011 年 6 月,頁 86。

[101] 楊念祖,〈關於推動台海兩岸軍事安全互信的認知問題〉,《亞太和平月刊》,第 1 卷第 3 期,2009 年,頁 5-7。

[102] 這是中共領導人胡錦濤,首次呼籲兩岸進入政治議題的探討。

水溫。[103]尤其中共 2011 年 3 月 31 日發行的《2010 年中國的國防》，在此書中軍事互信被單獨列舉，並列為國際安全項目，顯示中共對於此議題高度重視。有關中共當局，近幾年針對兩岸有關，建立軍事互信機制、緩和兩岸關係發展與結束敵對狀態、探討和平協議簽訂的談話，詳如表 3-3。

表 3-3　中共對當前兩岸軍事互信機制的立場論述

時間	內容
1979.12.31	中共「人大」常委會發表「告臺灣同胞書」，正式提出「中華人民共和國政府與臺灣當局之間商談結束兩岸敵對狀態」。
1995.01.30	江澤民〈為促進祖國統一大業的完成而繼續奮鬥〉講話（江八點）。
2004.05.17	中台辦、國台辦授權發表「五一七聲名」中，首此提出：建立軍事互信機制，共同創造兩岸關係和平穩定發展的框架。（此為胡錦濤掌權後，首度宣示對台政策的具體指導原則）。
2005.03.04	胡錦濤關於新形勢下兩岸關係的「四點意見」，指出：……只要台灣當局承認「九二共識」，兩岸對話和談判即可恢復，而且什麼問題都可以談。不僅可以談我們已經提出的正式結束兩岸敵對狀態和建立軍事互信……。
2008.12.31	中共國家主席胡錦濤在紀念《告臺灣同胞書》發表 30 週年座談會上，提出「為了有利於穩定台海局勢，減輕軍事安全顧慮，兩岸可以適時就軍事問題進行接觸交流，探討建立軍事安全互信機制的問題」。

---

[103] 學者丁樹範認為，中共擬利用此會議正式把政治和軍事議題帶入台灣，使台灣正視北京的要求。引自丁樹範，〈中國對兩岸軍事互信的研究與未來作法〉，發表於「台海安全互信前瞻研討會」（台北：亞太區域研究專題中心，2010 年 6 月 29 日），頁 2。

表 3-3　中共對當前兩岸軍事互信機制的立場論述（續一）

時間	內容
2009.05.26	「胡錦濤與國民黨主席吳伯雄會面」六點意見：……兩岸可以就國家尚未統一的特殊情況下的政治關係問題、建立兩岸軍事安全互信機制問題進行務實探討。兩岸協商總體上還是要先易後難、先經後政、把握節奏、循序漸進……。
2011.03.31	《2010 年中國的國防》，首次將兩岸「建立軍事安全互信機制問題」列入中共軍方正式文件中，在此書中軍事互信被單獨列舉，並列為國際安全項目。
2011.10.20	在第七次「江陳會談」期間，國台辦主任王毅強調「先經後政」的談判思路，認為有助於解決複雜敏感問題累積共識。

資料來源：筆者整理自下列資料。

1.黃永松，〈對兩岸建立軍事互信之蠡見〉，《「續與變：2008~2010 兩岸關係」學術研討會論文集》（台北：台北大學，2010 年 10 月 2 日），頁 167-181；

2.洪陸訓，〈兩岸建立軍事信任措施可行性之討探〉，《共黨問題研究》，第 28 期第 7 卷，2002 年 7 月，頁 29-31。

　　從上表可以發現，中共對兩岸軍事互信機制的立場及演變從一開始的淺嚐即止到後來的具體規劃「路線圖」與正面回應等，從此演進過程不難發現從江澤民時代到胡錦濤，都堅持「一個中國」的原則是兩岸建立軍事互信機制的前提；但胡錦濤掌權後，開始對台灣建立兩岸軍事互信機制的呼籲有了較明確的回應。另中共對台灣政策也由「江八點」所提的出「統一的性質從一步到位」調整為「兩步走」的實踐方式，[104]再到透過「文化中國—經濟中國—政治中國」漸近式過程，[105]可以先談「一個中國」原則下正式結束兩岸敵對狀態，待

---

[104] 「兩步走」的策略是第一步消除誤解，去除敵意，建立互信；第二步才是建立架構，逐步統一。引自楊開煌，〈兩國論後中共文攻武嚇之分析——以部分地方媒體武力統一論為例〉，《遠景季刊》，第 1 卷第 1 期，1999 年 12 月，頁 63。

[105] 章念馳，〈台灣問題與中國的前途和命運〉，郭偉峰主編，《胡錦濤與兩岸關

兩岸之文化認同、經濟互賴程度更加深化，兩岸和解談判，完成中國統一。顯示出中共對自己的自信，對台政策更趨彈性與靈活，也符合其先建立基調，取得共識再逐步進入研討的一貫政策路線。

貳、中共對兩岸軍事互信機制戰略意涵的認知

中共在處理台灣問題的態度上，隨著領導人不同而有所差異，但在追求兩岸統一的終極目標實質上並沒有改變，僅在手段策略上有著不同的變化。從過去鄧小平、江澤民執政時期，雖曾有與鄰國簽署軍事互信機制的經驗，但對台灣卻未曾提出相關論述，其主因為中共認為這是國與國間（Among States）所簽署的協議，屬主權國家之間的行為，因此避談相關議題。直到胡錦濤上台之後，體認兩岸主客觀因素已產生變化，才改變了中共過去一貫避談的立場；尤其在 2008 年 5 月馬英九政府上台，中共態度轉為積極，多次公開倡議兩岸應盡速進行軍事互信機制的探討。從兩岸軍事互信機制的建構，對中共具有的重要戰略意涵分析如下：

一、避免軍事衝突，營造穩定的經濟發展環境

長期以來，兩岸存在軍事對峙狀態。對中共而言，如不能維持台海長期的和平與穩定，將威脅中國大陸現代化發展所需要的相對安全環境。[106]自鄧小平在 1979 年起實施改革開放後，雖然仍堅持

係新思維》（香港：中國評論出版社，2005 年 11 月），頁 293。

[106] 李毓峰，〈中共推動兩岸軍事安全互信機制之評析〉，《全球政治評論》，第 34 期，2011 年，頁 87。

社會主義，但事實上，以中共所採取經濟的作為來看，逐漸朝向資本主義發展。因此，中共的社會經濟發展逐漸蓬勃，在 20 世紀 90 年代的全球化的推波助瀾，更加速累積中共的經濟實力與綜合國力，提升了民族的自信心。中共領導人也開始認為建立軍事互信機制，是維持有利於經濟發展和平周邊環境的機制。[107]可從中共近年來所推動的「睦鄰政策」中，積極與鄰國簽訂軍事互信、並促成「上海合作組織」（Shanghai Cooperation Organization, SCO）、加入 ARF 等，其主要動機是藉雙邊或多邊的合作，來穩定區域的安全。此時期的中共中心任務就是一心一意謀發展，決不希望有其他的干擾，以建立軍事互信機制來消除戰爭為主要的目的。[108]透過建構兩岸軍事安全互信機制的安排，可避免軍事衝突對經濟發展造成的負面影響，進一步有助於營造穩定的投資環境，利於經濟的成長與發展。

二、消弭「中國威脅論」，展現大國的形象

近年來，在中共經濟實力快速的成長下，對解放軍加速現代化的進程有很大的影響。從 2011 年《中華民國一百年國防報告書》可發現中共國防預算近 20 餘年來，每年平均維持 2 位數百分比成長（中共 2000 年至 2011 年國防預算統計，如表 3-4），並且大幅擴充軍備，讓亞太地區的國家紛紛要求中共提高國防的透明度來表明意

[107] Kenneth W. Allen, "Military Confidence-Building Measures Across the Taiwan Strait," in Ranjeet K. Singh ed., *Investigating Confidence-Building Measures in the Asia-Pacific Region* （Washington D.C.: The Henry L. Stimson Center,1999）,p.111.

[108] 楊開煌，〈中共「軍事安全互信機制」之分析〉，王高成主編，《兩岸新形勢下的國家安全戰略》（台北：秀威資訊科技，2009 年），頁 99-100。

圖。「中國威脅論」（China Military Threat Theory）[109]的質疑也逐漸發酵，各國將國家經濟成長的趨緩歸咎於中共的出口競爭。[110]雖然中共對周邊國家採取「睦鄰政策」，但在領土主權的部分仍存在爭議，如南海諸島、釣魚台海域、以及陸地鄰接的邊界等問題。[111]中共如與台灣建構兩岸軍事安全互信機制，將有助於提升中共的國際觀感，有效消弭「中國威脅論」的蔓延。[112]其次，有利於維持台海地區的穩定，有助於中共在難得的歷史發展機遇期，展現大國的形象。[113]

表 3-4　中共 2000 年至 2011 年國防預算統計

年份	國防預算總額	國防預算增長%
2000	1,207.54	12.15
2001	1,442.04	19.42
2002	1,707.78	18.43
2003	1,907.87	11.70

---

[109] 「中國威脅論」的概念，大約在 1992 年開始。首先是由美國費城「外交政策研究院」亞洲部主任孟若（Ross H. Munro）在《政策評論》（Policy Review）季刊發表文章指出：「中共近年來積極自俄羅斯獲得先進武器，將顯著提高北京干預遠超過中國大陸領土以外地區的軍事能力；中共趁前蘇俄的崩解，及美國自菲律賓蘇比克灣與克拉克基地撤出，為加強其亞太地區地位的最好機會。」隔年，美國《時代周刊》亦以專題報導方式，評論中共建立遠洋海軍，旨在將其勢力伸展至南海海域，並興起主導東亞地區的野心。引自吳衛，〈中共近年來對外軍事交流發展初探〉，《陸軍月刊》，第 41 卷第 481 期，2005 年 9 月，頁 45。

[110] 徐萍、趙清海，〈周邊安全環境透析〉，《國際問題研究》，第 2 期，2007 年，頁 29。

[111] David S. G. Goodman, Martin Lockett & Gerald Segal, *The China Challenge*（London: Routledge & Kegan Paul Ltd., 1986），pp.6-9.

[112] 王崑義，〈兩岸和平協議：理論、問題與思考〉，《全球政治評論》，第 26 期，2009 年，頁 64-65。

[113] 沈明室、郭添漢，〈中共「嫦娥工程」發展的戰略意涵〉，發表於陸軍官校建國百年暨 87 週年校慶中共崛起與亞太安全」研討會（高雄：陸軍官校，2011 年 5 月 13 日），頁 PO-243。

表 3-4　中共 2000 年至 2011 年國防預算統計（續一）

年份	國防預算總額	國防預算增長%
2004	2,172.79	13.89
2005	2,474.28	13.88
2006	2,979.31	20.40
2007	3,509.21	17.80
2008	4,178.76	17.50
2009	4,951.10	18.50
2010	5,335.00	7.75
2011	6,011.00	12.70

1.單位：億元人民幣

2.資料來源：中華民國國防部，《中華民國一百年國防報告書》（台北：中華民國國防部，2011 年），頁 51。

三、確保經濟與能源利益、改變海洋戰略

中共經濟 30 年來的快速成長，在 2011 年 3 月外匯存底超過 3 兆美元，躍居全球第二大經濟體及最大的逆差來源國。而中共經濟重心集中在沿海地區，該地區的經濟占中共生產總值的 56.3%，極易形成攻擊的目標，如果沿海地區的經濟被摧毀，整個現代化進程將遭受到嚴重的損害；[114]另外，中共自從成為世界製造中心之後，即大幅發展海運，畢竟其 90%的貿易及原物料供應接經由海運而來。中共現已是全球最大海運國之一，擁有世界第四大的商業船隊及第三大造船工業、最繁忙的貨櫃港，全球十大港口就占了五

[114] Xue-tong Yan, "In Search of Security after the Cold War: China's Security Concerns," *World Affairs*, Vol.4, No.1, 1997,p.52.

個。[115]所以，中共除了繼續發展其「珍珠鍊」（String of Pearls）戰略外，[116]必須建設海軍和空軍以威懾可能的外敵，不讓衝突擴展到境內；[117]因此將海洋戰略逐漸從過去的「近海防禦」轉變為「遠洋作戰」的策略，以加大戰略縱深，保護經濟命脈，包括沿海城市、以及重要航道等。[118]

2008 年 12 月 26 日，中共派遣三艘軍艦遠赴亞丁灣打擊索馬利亞海盜任務，是 15 世紀以來首次派遣軍艦赴海外執行作戰任務，[119]引起國際輿論所關注的焦點；[120]2010 年 4 月，解放軍海軍東海艦隊沖之鳥島遠航演訓；[121]2011 年 2 月，解放軍海軍部署一

---

[115] David Lai 著，黃引珊譯，〈中共對海洋的企圖〉，《國防譯粹》，第 37 卷第 1 期，2010 年，頁 4-6。

[116] 以珍珠鍊之詞來形容中共浮現的海洋戰略，首見於米爾頓（Booz Allen Hamilton）在 2005 年提交美國國防部（Department of Defense）淨評估辦公室（Office of Net Assessment）的一份報告，指出中共的海洋策略之一是建立一個鍊條從中國的海岸延伸經過南海、麻六甲海峽、印度洋、到阿拉伯海（the Arabian Sea）及波斯灣（the Persian Gulf）。鍊上的珍珠包括海南島的強化軍事設施、西沙群島的永興島加長飛機跑道、在緬甸興建深水港及在大可可島（Great Coco）建海軍基地及情報蒐集電子設施、孟加拉的吉大港（Chittagong）興建貨櫃海運設施及援助巴基斯坦瓜達爾港（Gwadar）興建海軍基地。引自 Y. J. Sithara & N. Fernando, "China's Maritime Relations with South Asia: Form Confrontation to Cooperation part one," *Strategic Analysis paper*, November, 24 2010, p. 3.

[117] Mackubin Thomas Owens, "A Balanced Force Structure to Achieve a Liberal World Order," *Orbits*, Vol.50, No.2, Spring 2006, pp. 309-312.

[118] 沈明室、郭添漢，〈中共軍事武力在南海領土主權運用的分析〉，《戰略與評估》，第 2 卷第 3 期，2011 年秋季，頁 55。

[119] "China Navy off to Hunt African Pirates," *Bangkok Post*, Dec. 26, 2008, p.2.

[120] Maureen Fan, "China Navy Plans to Enter Fight Against Pirates," *Washington Post*, Dec. 18, 2008, p.2.

[121] 中共海軍東海艦隊一支由 2 艘現代級飛彈驅逐艦、3 艘巡防艦、2 艘 Kilo 級潛艦和 1 艘補給艦等 10 艘軍艦所組成的艦隊，於 2010 年 4 月 10 日通過琉球群島西南方約 140 公里海域，11 日在琉球南方海上進行補給，13 日左右駛抵沖之鳥島周邊海域，在日本主張的專屬經濟水域內繞島一周，並進

艘 054A「江凱－II」級護衛艦（巡防艦），作為支援撤離利比亞
的僑民的行動。[122]另在《2010 年中國國防白皮書》中，[123]特別又
將維護國家海洋權益加入，顯示出發展海洋戰略的重要性。[124]如
與台灣建構軍事互信機制後，將可經常借道進出西太平洋島鏈，
並藉由「宣示性措施」與「溝通性措施」來向台灣說明意圖，在
第一與第二島鏈間進行軍事部署與演習，以擴張戰略縱深、維護
海洋利益。

四、要求排除國際勢力、實現和平統一的目標

　　中共希望兩岸之間的任何的議題處理，都不要有任何國際勢力
干擾和介入，特別是美國。[125]美國對台灣的軍售，中共認為是嚴重
干預內政的萬惡之首，一旦兩岸建立軍事互信機制後，台灣安全無

行相關海上演訓活動。前述消息，看似簡單，但從其艦隊編組不難看出已
具有航艦戰鬥群之編隊（按美軍航艦戰鬥群編組，包含 1 艘航空母艦、2
艘飛彈驅逐艦、1 艘驅逐艦、1 艘護衛艦、1 至 2 艘攻擊型潛艦、1 艘補給
艦及一定數量的艦載機），未來在其航空母艦成軍後就可遂行戰備任務。美
國軍事專家分析指出，中共海軍新戰略是提高遠洋能力、加強艦隊多元化
的機能，而此次艦隊的行動是在探視日本的反應。
[122] Office of the Secretary of Defense, *Military and Security Developments Involving the People's Republic of China 2011*,p.57。
[123] 中華人民共和國國務院新聞辦公室，《2010 年中國的國防》（北京：國務院新聞辦公室，2011 年 3 月），頁 4。
[124] 沈明室、郭添漢〈中共軍事武力在領土主權問題運用的角色：以南海為例〉，發表於「第四屆『國關理論與全球發展』國際研討會」（台北：中華民國國際關係學會、淡江大學國際研究學院，2011 年 6 月 9 日），頁 3。
[125] 丁樹範，〈中共對台政策對兩岸建立互信機制的影響〉，陳德門主編，《國防大學第一屆國家安全與軍事戰略學術研討會論文》（桃園：國防大學，2000年 11 月 30 日），頁 77。

慮之下，就不必要再向美國購買武器。[126]例如中共國台辦主任王毅
2009 年夏天在訪美行程中，就曾表示如果兩岸建立軍事互信機
制，美國應拒絕出售台灣 F-16C/D 型戰機。[127]從過去經驗，每次美
國對台軍售後，中共僅能透過外交場合公開譴責或片面中斷中美軍
事交流等方式進行抗議，無法形成決定性影響。[128]中共冀圖以建立
兩岸軍事互信機制和簽署和平協定，來削弱美國在兩岸之間產生的
平衡力量，使美國對軍售台灣的顧慮增加，從而減少與排除國際因
素對其解決台灣問題的干擾和介入。[129]

在兩岸關係逐漸改善、再加上中共整體國力上升帶動的國際影
響力，將使中共在對美國進行干預台海事務或是對台軍售的態度，
變得更為強硬。當台海局勢趨向和平穩定，美國在台海之間可施力
的空間將會被限縮；亦將有助於中共透過國際影響力，向美國施壓
終止《台灣關係法》，並履行《八一七公報》承諾的力度。[130]如此，
可透過兩岸軍事互信機制的安排，並有利於中共達成此目標。

---

[126] David M. Lampton and Kenneth Lieberthal,"Heading off the Next War,"
Washington Post, April 12, 2004, p.19.

[127] 曾復生，〈台海兩岸建構軍事互信機制的關鍵要素〉，《國政基金會國政研究
報告》，2010 年 3 月 15 日，〈http://www.npf.org.tw/post/2/7182〉，檢索日期：
2011/9/19。

[128] 例如 2010 年 1 月，美國歐巴馬政府宣佈計畫向台灣出售價值 64 億美元的
防禦性武器和裝備。就違反了中共的核心立益，就在美政府批准對台軍售
的隔天中共解放軍就終止與美國的軍事關係。儘管在接下來為期 9 個月的
暫停交流期間，華盛頓與北維持著工作階層的交流，但兩國之間的日常軍
事交流，直到 2010 年第四季才得以恢復。引自 Office of the Secretary of
Defense, *Military and Security Developments Involving the People's Republic
of China 2011*,p.1。

[129] 李毓峰，〈中共推動兩岸軍事安全互信機制之評析〉，頁 88。

[130] 美國在「八一七公報」中聲明：美國不尋求執行一項長期向台灣出售武器
的政策，向台灣出售的武器在性能和數量上將不超過中美建交後近幾年供
應的水準，準備逐步減少它對台灣的武器出售，並經過一段時間導致最後
的解決。

第三節　台灣對兩岸建立軍事互信機制的認知

　　自從 1949 年國民政府播遷來台，始終未放棄反攻大陸的信念，因此，衍生出「確保台澎金馬、伺機反攻大陸」的國家最高戰略指導，未曾認真思考兩岸間，建立相關軍事互信機制的動機。直到 1996 年 3 月，發生台海飛彈危機之後，兩岸之間由於嚴重缺乏互信機制，極有可能因為突發事件產生誤解而發生武裝衝突甚至戰事發生。類似的關注也成為台灣「戰略社群」（Strategic Community）研究最主要的議題，[131] 也讓政府部門開始著手研究與中共建立軍事互信機制的可能性，以降低兩岸爆發軍事衝突的風險。本節從台灣各時期領導人的立場，探討對兩岸軍事互信機制戰略意涵的認知。

壹、台灣各時期領導人的立場

　　台灣在兩岸建立軍事互信機制方面，顯得起步較早也較積極。在政府方面，早在 20 世紀 90 年代初期，台灣即已開始思考建立兩岸軍事互信機制，如時任陸委會副主委馬英九於 1992 年 5 月 11 日就表示，兩岸簽訂「互不侵犯協定」結束敵對狀態，[132] 以下就李登輝、陳水扁、及馬英九總統等三個時期演進分述。

---

[131] 林正義，〈國際經驗與台海信心建立措施〉，陳德門主編，《國防大學第一屆國家安全與軍事戰略學術研討會論文》（桃園：國防大學，2000 年 11 月 30日），頁 51。

[132] 鍾雲蘭，〈簽署協定，兩岸進入中程階段的指標〉，《聯合報》，1992 年 5 月11 日，版 3。

一、李登輝總統執政時期

依據 1991 年「國統綱領」的規劃，於近程交流互惠階段，「兩岸應結束敵對狀態，並在一個中國的原則下，以和平方式解決一切爭端」。其後在 1996 年 3 月台海危機後，台灣方面開始將軍事互信機制納入國家安全研究的重要課題。同年 12 月，在舉行的國家發展會議中，倡議兩岸設置「熱線」並且互派代表。1998 年 4 月 17 日，時任行政院長蕭萬長先生亦曾經於立法院答覆立委質詢時，公開贊成與中共建立軍事互信機制，此為首次我國官方針對兩岸軍事互信機制的表態。[133]

1999 年 4 月 8 日，李登輝總統也在國統會中，提出關於加強兩岸交流、軍事交流與建立兩岸軍事互信機制之建議與構想的政策聲明。[134]此期間為台灣方面初步對兩岸軍事互信機制形成概念，學術機構亦同時進行許多相關的研究與探討，甚至擬訂具體執行的近、中、遠程方案。但國防部長蔣仲苓卻表示，探討兩岸進行軍事互信機制仍然言之過早。李登輝政府時期對於兩岸軍事互信機制的主張。（如表 3-5）

---

[133] 蔡明彥，〈臺灣對兩岸軍事互信的研究與未來作法〉，《亞太研究論壇》，第 52 期，2011 年 6，頁 113。
[134] 趙傑夫，《跨越歷史的鴻溝──兩岸交流十年的回顧與前瞻頁》（台北：陸委會，1997 年 10 月），頁 331-332。

表 3-5　李登輝政府時期對於兩岸軍事互信機制的主張

時間	主張
1991.02.23	國家統一委員會於第三次會議中通過「國家統一綱領」，研擬了國家統一三階段：一、近程－交流互惠階段；二、中程－互信合作階段；三、遠程－協商統一階段。明確於近程階段提出「兩岸應摒除敵對狀態」，和平解決爭端，進入互信合作階段。
1998.04.17	行政院長蕭萬長在立法院答覆立委質詢表示，贊成兩岸交換軍事演習訊息，進一步建立軍事互信機制，促使雙方軍事透明化，以避免誤判而引發戰爭。
1998.06.17	李登輝總統在接受美國《時代雜誌》（TIME）專訪時，首度公開建議，在兩岸軍事方面，雙方應該建立某種機制，以便能在產生誤解前相互通知。
1998.07.15	國防部長蔣仲苓認為，建立軍事相互預警制度，不是我方一廂情願便可以做的事情，惟須「國統綱領」進程進入中程階段之後才有可能。
1998.12.14	陸委會主委張京育在年終記者會中，呼籲對岸認真考慮台灣所提出的合作倡議，包括建立兩岸軍事互信機制在內，具體的內容包括國防預算透明化、終止兩岸軍事對峙狀態、互不以對方為軍演目標等。
2000 年	國防部發表「國防報告書」，在第二篇第二章的「現階段國防政策」中，主張「促進軍事交流互信，建構國家安全環境」。亦即「將視大陸態度，循序漸進的逐步推動兩岸間制度化的軍事互信機制，近程嘗試促進兩岸軍事透明化，以降低彼此緊張情勢；中、長程建立兩岸軍事互信機制，以追求台海永久和平」。

資料來源：筆者自行整理。

從上表不難發現 1990 年後，兩岸關係開始向前邁進一大步，這是台灣在與中共進行 40 多年的軍事對峙後，使過去單向、非法的交流走向雙向、法制化。1992 年的「辜汪會談」，更是開啟了兩

岸政治協商大門。惟在李前總統的「務實外交」政策，美國同意其
赴康乃爾大學演講及後續「兩國論」等事件影響下，不僅導致 1996
年的台海飛彈危機，更是讓得來不易的政治協商有如曇花一現。台
海危機的震撼，也讓台灣開始著手研究與中共建立軍事互信機制的
可能性。

二、陳水扁總統執政時期

　　在 1999 年，陳水扁競選總統時強調，「中共未必有意願與我國
參與信心建立措施；而且，其他國家的發展模式，亦不全然整套適
用於台海情勢」。因此，主張在現有兩岸關係的基礎上，以「主動
式的信心建立措施」，增強兩岸的互信基礎，用以降低台海緊張情
勢，為亞太地區營造和平、安全、穩定的國際環境。[135]2000 年的
政黨輪替，陳水扁總統為緩和中共對民進黨執政的台獨傾向疑慮，
除公開呼籲兩岸建構軍事互信機制議題外，更進一步於同年 12 月
15 日接見美方學者時表示：「為了避免隔閡導致對軍事資訊不必要
的誤解與誤判，兩岸有必要建立軍事互信機制。」2004 年 2 月 3
日主持中外記者會時，提出「和平穩定互動架構協定」的構想，並
對兩岸簽署和平穩定互動架構的內容中，對防止軍事衝突的議題，
作進一步的闡述；[136]將具體規劃措施載於 91 及 93 年的《國防報告

---

[135] 國家藍圖委員會編，《陳水扁國家藍圖（1）－國家安全》（台北：陳水扁總
統競選指揮中心，國家藍圖委員會，1999 年），頁 63-64 。
[136] 他總共提了七項具體建議：一、非軍事區之劃定（如：撤除實際作戰人員、
設備及飛彈部署），提供時間及空間上的緩衝；二、避免軍事衝突的具體措
施（如：軍用航空器及船舶活動範圍及遭遇時應遵循的法則）；三、軍事及
經濟封鎖的禁止；四、漁民及其他非公務目的之海上活動的處理法則，以
避免因海上糾紛引發軍事衝突；五、軍事演習之範圍及應遵循的法則；六、

書》中，列入建立兩岸軍事互信機制的意向，詳細寫明軍事互信機制應有作法與發展階段（如表3-6）。[137]

表 3-6　《民國九十三年國防報告書》對於推動兩岸軍事互信機制的規劃

階段	重點	內容
近程	互通善意存異求同	1.推動兩岸國防人員互訪、觀摩、合作研究與交換意見；推動兩岸國防人員合作研究與交換意見；2.藉由民間推動軍事學術交流；3.透過國際或區域「第二軌道」機制擴大溝通；4.繼續釋善意並爭取區國際與論支持。
中程	建立規範穩固互信	1.台海中線東西特定距離內劃設「軍機禁、限航區」或是「非軍事區、軍事緩衝區」；2.台海兩岸協議部分區域「非軍事化」；3.台海兩岸共同簽署「台海中線東西區域軍事信任協定」，規範臺海共同行為準則；4.台海兩岸共同簽署「軍機空中遭遇行為準則」及「軍艦海上遭遇行為準則」，防止非蓄意性軍事意外衝突；5.台海兩岸共同簽署「防止危險軍事活動協定」，相互避免軍機、船艦意外越區、跨界或是擦槍走火；6.台海兩岸共同簽署「海上人道救援協定」，推動台海及南海海上人道救援活動；7.協商合作打擊海上國際犯罪，建構海事安全溝通管道的合作機制；8.撤除針對性武器系統的部署，雙方協議共同邀請中立之第三方擔任互信機制措施的公證或是驗證角色。
遠程	終止敵對確保和平	1.配合雙方政府和平協議簽訂，商討結束台海兩岸軍事敵對狀態；發展台海兩岸安全合作關係，確保台海區域和平穩定發展。

資料來源：筆者整理自國防部，《中華民國九十三年國防報告書》（台北：國防部編印，2004年），頁70-73。

軍事人員以適當方式進行交流；七、設立由中立客觀人士所組成之監督委員會。引自邵宗海，〈台海安全體系建立之可行性探討〉，頁43。
[137] 參見《中華民國九十一年國防報告書》（台北：國防部，2002年），頁278-281；《中華民國九十三年國防報告書》（台北：國防部，20024年），頁70-73。

　　直到陳水扁總統於 2004 年當選連任後，於同年 11 月 10 日國家安全會議中，陳水扁總統提出十點裁示，其中建議兩岸參照 1972 年美、蘇《海上事件協定》，與 1998 年美中《軍事海上諮商協定》，建立台海軍事安全諮商機制，逐步形成《海上行為準則》。[138]雖然陳水扁政府一直呼籲兩岸應該儘早建立兩岸軍事互信機制，可惜中共因為懷疑陳水扁總統的台獨傾向，一直抱持「聽其言、觀其行」的觀望、保留的態度，對於台灣呼籲兩岸建立軍事互信機制未予具體的回應，僅是台灣單方面的想法。[139]

　　中共有鑒於無法與執政黨達成「一個中國」原則的共識，轉而於 2005 年 4 月至 5 月，當時國民黨主席連戰及親民黨主席宋楚瑜相繼出訪中國大陸，[140]與中共領導人胡錦濤會面後，各自達成「五項促進」與「六點共識」結論，[141]其中包括「促進正式結束兩岸敵對狀態，達成和平協議，建構兩岸關係和平穩定發展架構，包括雙方均表達同意建立軍事互信機制的看法。[142]（如表 3-7）

---

[138] 中央通訊社，《2006 世界年鑑》（台北：中央通訊社，2005 年 12 月），頁 933。

[139] 張旭成，〈從歐安會議及亞太區域安全協商機製探討兩岸建立軍事互信機制之可能性〉，陳德門主編，《國防大學第一屆國家安全與軍事戰略學術研討會論文》（桃園：國防大學，2000 年 11 月 30 日），頁 37-50，頁 47。

[140] Ralph A. Cossa, "Taiwan Strait Crisis Management: The Role of Confidence Building Measures," paper presented at the Confidence Building Measures –Successful Cases and Implications for the Taiwan Strait, Taipei, 2008 , p.285.

[141] 連戰與胡錦濤在其「五項促進」的第二點，宋楚瑜與胡錦濤在其「六點共識」的第三點均提到兩岸建立軍事互信機制的觀點。引自行政院陸委會「兩岸大事記」，〈http://www.mac.gov.tw〉，檢索日期：2011/8/12。

[142] 參閱〈財團法人台灣促進和平文教基金會〉，〈http://www.peac. org.tw/crossstrait/importance/o20050609_03.htm〉，檢索日期：2011/8/16。

表 3-7　連胡會暨宋胡會達成共識比較

區分	連胡會	宋胡會
時間	2005/4/29	2005/05/12
獲得共識項目	五項	六項
終止敵對狀態	促進終止敵對狀態,推動達成和平協議,建立軍事互信機制等	推動結束兩岸敵對狀態,未來達成和平協議,建立軍事互信機制等
經貿交流	建立兩岸經濟合作機制,促進兩岸經濟全面交流	加強經貿交流,建立穩定的兩岸經貿合作機制
國際空間	促進協商台灣民眾關心的參與國際活動的問題	促進協商台灣民眾關心的參與國際活動的問題
溝通平台	建立黨對黨的定期溝通平台	推動建立「兩岸民間菁英論壇」及合適服務機制

資料來源:筆者整理自〈財團法人台灣促進和平文教基金會〉,〈http://www.peac.
org.tw/crossstrait/importance/o20050609_03.htm〉,檢索日期:2011/
8/16。

　　雖然在陳水扁政府第二任總統任期中,對兩岸進行軍事互信機制議題探討台灣朝野少數能夠獲得共識的議題,但中共仍不願與執政的民進黨政府進行進一步有關軍事互信機制議題的對話與溝通,也使得陳水扁總統任內所提出「和平穩定互動架構」的協議,僅停留在各自倡議的階段,[143]陳水扁政府時期與各級官員對於兩岸軍事互信機制的主張彙整如下表:

---

[143] 王崑義,〈兩岸和平協議:理論、問題與思考〉,頁 64-65。

表 3-8　陳水扁政府時期對於兩岸軍事互信機制的主張

時間	主張
2000.12.15	陳水扁總統，接見可能出任美國國防部副助理部長 Torkel Patterson 時指出，為避免因為彼此的隔閡，導致對於軍事訊息不必要的誤解與誤判，兩岸必須建立軍事互信機制，只要可以走出第一步，就是一件好事。
2001.04.10	陳水扁總統，接見美國參議院銀行委員會時表示：美中軍機擦撞處理過程中，顯見雙方的信心建立措施，猶未能避免此一事件的發生，呼籲如何在美方的協助下，建立台海信心建立措施，穩定台灣海峽的安全。
2002.07.23	國防部公佈 91 年國防報告書，首度將兩岸互信機制列入專章，並比照國統綱領規劃近、中、遠三階段實行，包括：劃定兩岸非軍事區、建立兩岸領導人熱線對話，中低階軍事人員交流互訪，建立高層人員安全對話機制、定期舉行軍事協商會議、海軍艦艇互訪等突破性作為，最終目的是結束兩岸軍事敵對狀態，簽訂兩岸和平協議。
2004.02.03	陳水扁總統，提出「和平穩定互動架構協定」構想，主張未來雙方互派代表常駐北京和台北，劃定非軍事區；同時強調願意主動邀請中國指派代表一起磋商兩岸推動協商的方式，並依循「一個原則、四大議題」進行正式談判。
2004.11.10	國安高層會議 10 點表示：為避免誤判或擦槍走火，建議兩岸應該共同商討劃定軍事緩衝區。鑒於國際上軍事對峙地區如南北韓、印巴之間有溝通機制，我們建議兩岸可以參照 1972 年美蘇《海上事件協定》以及 1998 年美中《軍事海上諮商協定》的作法，建立台海軍事安全諮商機制，逐漸形成《海峽行為準則》。
2004.12.15	國防白皮書：進一步闡釋兩岸共同協商「海峽行為準則」和推動「兩岸軍事互信機制」，以達成預防戰爭目標。區分近、中、遠程三個階段建立「兩岸軍事互信機制」。

表 3-8　陳水扁政府時期對於兩岸軍事互信機制的主張（續一）

時間	主張
2006.05.18	陳水扁總統主持國安會議，聽取《2006 國家安全報告》後裁示，堅持台海爭端只能透過和平對話解決，在主權、民主、和平、對等四大原則之下，展開與對岸的對話、協商，積極建立兩岸穩定的和平互動架構。
2007.03.13	陳水扁總統接見美國戰略暨國際研究中心（CSIS）會長兼執行長韓利（John Hamre）時表示，應由美中、與台共管台海的和平、安全與穩定，確保整個亞太地區的繁榮與進步不受任何的威脅與損害。

資料來源：筆者整理自政治大學社會科學研究學院國防事務研究中心，
〈http://www.rcnda.nccu.edu.tw/intercontext.htm〉，檢索日期：2011
年 3 月 10 日。

　　綜合上述，中共官方在 2008 年 3 月 22 日台灣大選前，為避免台灣更有恃無恐地追求法理獨立，不願與陳水扁政府協商建構互信機制事宜。[144]且對陳水扁總統的一連串政策，倒沒有表現驚訝的態度，反而以一貫冷處理的態度面對。兩岸在這個時期的政治環境，除了對峙加劇外，尚無任何可進一步改善的誘因存在。然而，在軍事互信機制發展上，在陳前總統任內卻是著力最深的國防政策，因而引起各界的討論。

---

[144] Bonnie S. Glaser, "Establishing Cross-Strait Military Confidence Building Measures", pp.276-277.

三、馬英九總統執政後

2008 年的台灣二次政黨輪替，馬英九當選總統後，曾在多次不同場合呼籲兩岸應建立軍事互信機制。例如在 2008 年 10 月 18 日接受印度《印度暨全球事務》(*India and Global Affairs*) 季刊訪問時首度提出：「台灣與大陸建立軍事互信機制或和平協定沒有時間表，這些問題的協商與解決皆非短期內可達成，但我願意在任期內儘量完成。」[145]同年 12 月 12 日馬總統在《華盛頓時報》(*The Washington Times*) 發表一篇「和平計畫、中國與台灣」〈Peace Plan, China and Taiwan〉的專文，呼籲中共當局應認真考慮撤除對台的飛彈，同時希望推動兩岸軍事互信機制。另外，也強調，為了奠定持久的兩岸和平，台灣將努力與中共建立軍事互信機制，並創造有利於簽署和平協定的條件。[146]

但在中共正式回應表態後，台灣方面反而對兩岸建立軍事互信機制態度逐漸趨於退縮。尤其從 2009 年 4 月 22 日，馬英九總統接受美國「戰略暨國際研究中心」(Center for Strategic and International Studies, CSIS) 視訊座談時表示，現行對於政治談判的時機尚未成熟，有關軍事互信機制亦屬於政治談判的延伸，須先深化兩岸經貿的交流來累積合作的信心後，才會進一步進行政治談判，對於軍事互信機制議題的探討則暫時擱置。同年 5 月，馬英九總統在就職一周年的記者會上，更具體的強調兩岸間若要進行和平協議或軍事互信機制措施的談判，中共必須要先撤除飛彈。

---

[145] 〈就職兩周年，馬：任內絕對不進行統一談判〉，《中國時報》，2010 年 5 月 21 日，版 2。

[146] Ying-Jeou Ma, "Peace Plan, China and Taiwan," *The Washington Times,* December 12, 2008.

在此之後，台灣方面對於探討建構兩岸軍事互信機制的立場，逐漸轉向有前提條件來進行談判，並且不預設談判的時程。2010年3月，行政院長吳敦義在立法院答覆立委時提出，兩岸若要建立軍事互信。首先，台灣的國防力量須維持在精實、足以自我防衛台澎金馬的安全；其次，一定要在循序漸進下展開；同年4月6日馬英九總統與哈佛大學費正清研究中心進行視訊會議時指出，兩岸統一條件還未成熟，維持現狀是主流民意；大陸必須撤除對台飛彈，否則台灣不會與大陸和平協議談判採取下一步行動。[147]

由此可看出馬政府雖在兩岸經貿議題上積極開放，但對於進行探討軍事互信機制議題的態度，從其競選時之國防政策揭櫫要展開軍事交流、協商兩岸建立軍事互信機制，為連胡會協議的延續，直到當選後，仍秉持此一承諾。然自2009年4月起，即改口稱此事敏感，宜先經濟後政治，要求中共先撤除部署對台飛彈以示誠意等，對兩岸建立軍事互信機制議題態度轉趨保守。以下就馬英九總統，面對國際或國內媒體專訪，與其政府官員對兩岸軍事互信機制的觀點彙整如下表：

---

[147] 針對各界關切兩岸是否要進行有關「信心建立措施」（Confidence Building Measures, CBMs）的洽商，馬總統指出，ECFA本身也是一種「信心建立措施」，若雙方未能建立互信，不可能完成如此複雜而長期的合作關係。引自劉曉霞，〈馬英九：ECFA是一種信心建立措施〉，《鉅亨網》，2010年10月28日，〈http://tw.money.yahoo.com/news_article/adbf/d_a_101028_2_2aakb〉，檢索日期：2010/12/27。

表 3-9　馬英九政府時期對發展軍事互信機制觀點

時間	場合或媒體	主張
2008.06.03	立法院業務報告	國防部長陳肇敏表示，國防部已經制定關於建立兩岸軍事互信機制的政策綱領，並且陸續修訂當中。將區分近、中、遠程三個階段逐步實施：近程目標，實現兩岸非官方交流，優先解決事務性問題；中程目標，推動官方接觸，建立溝通機制，降低敵意，防止因意外或過失引發之軍事衝突；遠程目標，協商兩岸結束敵對狀態，簽署兩岸和平協議，確保台灣海峽永久和平。並且於次日，在立法院答覆時表示，兩岸建立軍事互信機制有其必要性，如何減少雙方誤解與戰事發生的可能性，是台海兩岸共同努力的目標。
2008.10.18	《印度暨全球事務季刊》	馬英九總統首度提出：「台灣與大陸建立軍事互信機制或和平協定沒有時間表，這些問題的協商與解決皆非短期內可達成，但我願意在任期內儘量完成。
2008.12.03	台灣外籍記者聯誼會會員公開座談以及接受中央廣播電臺專訪	馬英九總統表示：胡錦濤在十七大提出兩岸和平協議的想法，認為在「一中原則」下可以這樣做，顯示出對岸也想要這個協議。因此，兩岸應主動做出動作結束敵對，也需要建立信心機制，特別是軍事互信機制，讓雙方有更多安全感。
2008.12.12	《華盛頓時報》	馬總統呼籲中共當局應認真考慮撤除對台的飛彈，同時希望推動兩岸軍事互信機制。並強調，為了奠定持久的兩岸和平，台灣將努力與中共建立軍事互信機制，並創造有利於簽署和平協定的條件。

表 3-9　馬英九政府時期對發展軍事互信機制觀點（續一）

時間	場合或媒體	主張
2009.03.16	《四年期國防總檢討》	國防部對「建立兩岸軍事互信機制」指出現階段依國家總體政策指導，配合兩岸協商進程與議題，進行相關規劃。後續待國內外及兩岸環境成熟後，以「穩健、務實、循序漸進」方式，區分近、中、遠程三階段，逐步建立兩岸軍事互信機制，以預防台海衝突，降低戰爭發生機率。[148]
2009.04.22	「國際戰略研究中心」	馬英九總統認為，建立互信機制，尤其在軍事領域，這些問題是相當困難和敏感的。目前，我們主要解決的是經濟問題，這些問題不僅緊迫，而且與民生息息相關。台灣同中國大陸建立軍事互信機制目前為時還早，台灣希望同中國大陸優先處理經濟議題。
2009.05.10	《亞洲新聞台》（Channel News Asia, CNA）	馬英九總統首度鬆口表示：兩岸在他任期的未來三年還是「先經濟、後政治」，「如果 2012 年能連任，政治議題有迫切需要協商的話，我不排除觸及」。至於兩岸是否建立軍事互信機制，未來協商不會排除。
2009.05.20	國際記者會	馬英九總統表示：兩岸關係的未來，我國方面應該由臺灣全體人民決定，甚或是由下一代決定，他不認為這個問題這一代可以做決定；如果未來要和中共進行和平協談判，或是軍事互信機制措施，中國大陸必須要先撤除對台飛彈；但他持續把重點放在經濟議題上。
2009.10.10	國慶演說	馬英九總統表示：兩岸關係的和平發展，仍需雙方抱持信心，「正視現實、循序漸進、才能擴大互信、求同化異」。倘若兩岸建立軍事互信機制，雙方將可透過雙邊聯繫機制，掌握彼此軍隊調動與部署情況，其中涉及到高度敏感的國家安全和主權議題，以及台美軍事合作和美「中」軍事互動關係的質量與變化。

---

[148] 國防部，《中華民國九十八年四年期國防總檢討》，頁 23、43。

表 3-9　馬英九政府時期對發展軍事互信機制觀點（續二）

時間	場合或媒體	主張
2009.10.22	《98 年國防報告書》	政府多次呼籲大陸撤除對台飛彈部署，提出兩岸協商「建立軍事互信機制」之主張，以緩解台海軍事壓力，避免可能的軍事意外或武裝衝突。然而，台海之間的「軍事互信」因大陸目前仍未調整對台軍事部署，亦未改變《反分裂國家法》採取「非和平方式」處理兩岸問題條文，故未能進一步推展至溝通性（建立熱線）、規範性（如訂定「海峽準則」、雙方機艦遭遇行為協定等）或限制性措施（如限制特定兵力之部署與軍事活動、裁減兵力等），使得兩岸間發生軍事意外與衝突的風險依舊存在。初期，經由多元交流增進兩岸軍事互信上的瞭解、互通善意、傳達立場與看法，以便累積信任與善意的基礎。隨著雙方互信的增加，在「互利合作」的基礎上，針對共同關切的議題進行協商與對話，逐步建立制度化機制，達到終止敵對，確保和平與永續我國家生存發展為首要目標。
2011.07.01	《壹百年國防報告書》	現階段依國家總體政策規劃，國軍本於「國家需要、民意支持、國會監督」及「以台灣為主，對人民有利」最高指導原則，依循「先經後政、先急後緩、先易後難」之步驟，有序地推動兩岸制度化協商，以溝通促進了解、促進兩岸互信。
2011.10.17	「黃金十年國家願景」記者會	馬英九總統表示：在民意高度支持、國家確實需要、國會監督等三項前提下，政府會思考兩岸在循序漸進情況下「能夠審慎的來斟酌在未來 10 年當中，是不會洽簽兩岸和平協議」。
2011.11.11	《今日美國報》（USA Today）	馬英九總統表示：我們不排除能與中國協商並簽署和平協議之可能性，我們不清楚要花多少時間，我們必須逐步改善兩岸關係。

資料來源：筆者整理自下列資料。

1.張淑中,〈兩岸安全關係與經營戰略〉,《「2010 臺海安全經營與兩岸關係」學術研討會論文集》(台北:大同大學戰略暨產業研究中心,2010 年 12 月 10 日),頁 39;

2.黃永松,〈對兩岸建立軍事互信之蠡見〉,《「續與變:2008~2010 兩岸關係」學術研討會論文集》(台北:臺北大學,2010 年 10 月 2 日),頁 173-174;國防部,《中華民國九十八年四年期國防總檢討》(台北:國防部編印,2009 年),頁 23、43;

3.國防部,《中華民國九十八年國防報告書》(台北:國防部編印,2009 年),頁 182-183;

4.國防部,《中華民國壹百年國防報告書》(台北:國防部編印,2011 年),頁 84。

由上述的分析可知,兩岸在建構軍事互信機制的議題方面,長久以來受制於兩岸之間的政治現實,儘管雙方各自有所政策宣示與片面作為,但未出現實際的交集。

貳、台灣對兩岸軍事互信機制戰略意涵的認知

自 1996 年的台海危機後至今,台灣對軍事互信機制的立場演進,均保持一貫。陳水扁政府執政期間雖獲得中共首度回應,但礙於政治現實與對民進黨執政的不信任,並未採取進一步的作為。[149] 馬政府執政後的兩岸關係,儘管在「九二共識」下展開,其所開放的經貿交流與政治對話已超越過往,但隨著兩岸交流逐漸擴大,涉及政治議題談判的可能性也相對增加;馬政府雖在探討軍事互信機制的立場保持開放,但在態度上卻轉趨於保守。雖然目前馬政府優

---

[149] 陳水扁總統公開聲明不願接受「一個中國」原則與推動「防禦性公投」的舉動,讓中共認為是在深化「一邊一國」與「法理台獨」的舉動。

先以經濟利益為兩岸交往談判主軸，但軍事互信機制對台灣存有重要的戰略意涵。

一、避免誤解、誤判造成軍事衝突

台灣屬海島國家，且又無天然資源，經濟來源主要仰賴貿易，而 99.46% 的貿易仰賴海運、97.87% 的初級能源為進口，在戰略上如被封鎖，除國內經濟將面臨崩解，海、空軍也面臨停擺的命運。[150] 為確保在主權區域範圍內所進行各項經濟活動，必須確保該區域的安全。台海地區縱深短淺、軍事預警時間短，航道商用及軍用機、船艦進出頻繁，若再加上兩岸在區域內的各項軍事演訓，極有可能在信任不足的情況下，因為誤解、誤判而發生衝突。為確保台海航道安全，兩岸靠既有的「海峽中線」默契，在軍事衝突預防上仍嫌不足，必須建構特定溝通管道如軍事熱線，來進行緊急聯絡與意圖澄清，才能避免釀成雙方的軍事衝突。

二、維持台海戰力的平衡、爭取政治談判的籌碼

在兩岸關係逐漸改善下，台灣一方面在經貿上對中國大陸的市場依賴逐漸加深、但一方面又不得不在敵情顧慮下，持續採購軍備進行戰備整備，與中共在軍事上抗衡，其實對現階段兩岸關係的發展是存在矛盾與衝突。但台灣與中共處於敵大我小、總體戰力懸殊

---

[150] 〈鍾堅主張潛艦不只要買，八艘還太少〉，《自由時報》，2010 年 2 月 13 日，版 6。

不對稱的態勢，且在中共未宣布放棄武力犯台前，台灣必須保有一
定數量、質量的武器與戰力，來遏制中共對台動武的意圖。然而，
從信心建立措施理論與實踐經驗發來看，在信心建立的初期，並未
針對武器採購進行限制，反而對於針對性的軍事部署要求必須表明
意圖、並且採取限制的作為。

檢視台灣的軍購武器內容，主要為防禦性用途，且在國防戰略
也採取「防衛固守、有效嚇阻」的守勢戰略，強調不主動挑釁及發
動戰爭。因此，透過「軍事互信機制」的「宣示性措施」、「透明性
措施」、「溝通性措施」甚至是第三國的「驗證性措施」，除可適時
向國際傳達台灣建軍備戰而不求戰的企圖外，又能持續合理的獲得
軍備；除可避免軍力的傾斜，亦可加大政治談判的縱深。

三、維持美、中、台良好關係，不致引起他國的疑慮

對台灣而言，同時維持與中共及美國的良好關係，對台灣國家
安全最為有利，在推動兩岸軍事互信機制時，應維持台美之間的互
信，以免影響雙方的關係。因此，有關於兩岸建立軍事互信機制的
議題，誠如馬總統強調，「這個議題太敏感，涉及台灣和美國的關
係，我們主要軍備來自美國，因此我們非常謹慎」。[151]在推動的程
序上，應該讓美方至少在事後清楚瞭解兩岸軍事互信機制協商的進
度及具體內容。

---

[151] 曾復生、何志勇，〈台海兩岸建構軍事互信機制的關鍵要素〉，《國政基金會
國政研究報告》，國安（研）099-002號2010年3月15日，〈http:// www.
npf.org.tw/getqr/7182〉，檢索日期：2011/11/24。

四、維持兩岸現狀、增加國際的自主空間

　　馬英九總統提出「不統、不獨、不武」的主張，目的除了希望在和諧的氣氛下維持兩岸現狀，也希望藉由結束兩岸當前的敵對狀態，一方面挽救因為過去兩岸政策失衡而造成台灣社會的對立；另一方面促進兩岸經貿關係的正常化，同時能避免與中共進行外交對抗而致使台灣遭到邊緣化的窘境。因區域的和平穩定是國際所樂見的，任何軍事衝突將嚴重危及區域內國家的經濟利益，現行兩岸經貿的交流與合作，必須建構在安全穩定的環境中發展，才能有利於經貿發展的空間。

　　透過兩岸軍事互信機制建構，除確保軍事安全、維持兩岸現狀、增加交往經驗外，其「溢出效應」（spill-over effect）[152]可迅速累積台灣的經濟實力，提升國際競爭力，利於台灣國際能見度的增加，以及國際事務的參與，使台灣在國際自主空間與操作能力增強。

---

[152] 「溢出效應」：美國學者哈斯（Ernst B. Hass）認為國際合作應避免直接進入高度政治的國家安全議題，主張應從爭議小、非政治性的領域合作開始，逐漸「溢出」到其他領域的整合。當合作範圍日益擴大，在國家主權與超國家決策之間的選擇日明顯時，原始的合作也就逐漸向具爭議性的部門進行，這種行為者「逐漸政治化」的發展，使得原來只是在經濟部門的整合，提升到政治方面的整合。引自 Ernst B. Hass & Philippe C. Schmitter, *Economics and Differential Patterns of Political Integration: Projections about Unity in Latin America, International Political Community an Anthology*（New York: Anchor Books, 1996）, pp.705-707.

第四節　美國對兩岸建立軍事互信機制的認知

談到兩岸「軍事互信機制」的安排，美國扮演極為關鍵的角色。[153]例如20世紀50年代，美國總統艾森豪就曾主張金馬外島「非軍事化」，作為與中共交換福建東南沿海減少軍事部署。兩岸的互動與演變，美國不能脫離其仲裁者的角色。本節從美國各時期領導人的立場，探討對兩岸軍事互信機制戰略意涵的認知。

壹、美國各時期領導人的立場

自1945年中國內戰開啟，美國介入國共之爭。1949年國共分裂與分治，美國基於權力平衡的考量，不能也不願脫離中國關係，更積極介入兩岸的中國事務。[154]從本章第一節探討兩岸軍事互動的演進與分期可得知，1950年代，雖然美國對中共進行圍堵政策，並加強與台灣的聯盟關係，但在前兩次台海危機（1955年、1958年），使美國體會到中共存在的事實以及與中共直接衝突的危險。因此，美國一方面以大使級的談判與中共保持溝通管道；另一方面也開始研究改變對中共政策可能性。1960年代，美國已接受中共「存在」的事實，並企圖以「兩個中國」或「一中一台」來試圖與中共建立關係。由於後來美國大力介入越戰，以及中共內部之「文化大革命」，阻止了美國與中共關係的改善。

---

[153] 林正義，〈國際經驗與台海信心建立措施〉，頁61。
[154] 曾娟娟，《從建構主義分析「兩岸軍事互信機制」之建立》（桃園：開南大學公共事務研究所碩士在職專班論文），2009年7月，頁122-123。

1972 年 2 月，美國當時的總統尼克森（Richard M. Nixon）訪問中共並與中共總理周恩來在上海發表《上海公報》（*The Shanghai Communiqué*），正式開啟與中共雙方「關係正常化」的序幕。[155]1973 年雙方互設辦事處，因尼克森於 1974 年發生「水門事件」（Watergate）辭職，1974 年由福特（Gerald Rudolph Ford, Jr.）繼任總統後，向中共保證和中共關係正常化的對華政策不變。至此，美國的對華政策完全以中共為主要的對象。[156]

1977 年卡特（James Earl Carter, Jr）上任開始，就有心與中共建立外交關係。於 1978 年 12 月 16 日，與中共發表《建交公報》全稱為《中華人民共和國和美利堅合眾國關於建立外交關係的聯合公報》（*The Joint Communique on the Establishment of Diplomatic Relations between the United States of America and the People's Republic of China*），並於 1979 年 1 月 1 日與中共建立正式外交關係並與台灣斷交，美國承認中共為中國唯一合法的政府。另為維護與台灣的關係與安全，則轉而依據美國國會通過的《台灣關係法》，以具有官方色彩與非官方的關係繼續推動美台經貿關係，並提供台灣安全的保障。

1980 年共合黨雷根（Ronald Wilson Reagan）在競選總統時曾揚言：「如果當選，他將根據《台灣關係法》恢復與台灣的官方關係。」[157]但在雷根執政後，美國的對華政策，卻終究未放棄尼克森時期所擬訂的「聯共制俄」外交政策。反而與中共於 1982 年簽定限制對台灣軍售的《八一七公報》。此一公報係中共主動提出，因

---

[155] 翁明賢、吳建德主編，《兩岸關係與信心建立措施》（台北：華立圖書，2005 年 9 月），頁 186。

[156] John H. Goldridge, *Crossing the Divide*（New York: Rowman Littlefield Publishers, Inc., 1997），p. 117.

[157] 袁文靖，〈雷根政府對華政策〉，《國際現勢週刊》，1984 年，頁 12-13。

中共要求美國逐年減少對台軍售，並希望停止軍售給台灣。美國雖在公報中作了承諾，但事實上並未減少對台軍售。例如老布希（Bush George）總統為爭取連任，宣佈對出售高達 60 億美元的 150 架 F-16A/B 型戰機給台灣。直到今日，在軍售台灣這一議題上，美中雙方並無「交集」。

其實美國政府，對兩岸軍事互信機制並沒有具體政策，僅有民間智庫與國際研究安全機構相關議題的研究。[158]但從台海 1996 年飛彈危機後，美國白宮所出版的《美國安全戰略》（*The National Security Strategy of the United States of America*）首次將「北京與台北恢復兩岸對話」，列為美國主要安全目標之一。[159]顯示美國對兩岸因誤解或誤判導致的危機表示高度關切，台海之間的穩定有助於美國的利益，美方為了防止兩岸發生軍事意外，除鼓勵雙方運用「軍事互信機制」，進而建立可預測的過渡性架構，例如「第二軌道」、「中程協議」（Interim Agreements）[160]等有助於解決台海問題的方案。[161]故本節將從柯林頓執政時期開始分析。

---

[158] 白永成，《台海兩岸軍事互信機制之建構——兩岸劃設「非軍事區」之探討》（台北：政治大學戰略與國際事務研究所碩士在職專班論文 2005 年 2 月），頁 76。

[159] 韓岡明，〈現階段建構兩岸『軍事互信機制』的困境與作法〉，《中華戰略學刊》，2006 年秋季，頁 111-113。

[160] 「中程協議」首先提出是美國密西根大學李侃如（Kenneth Lieberthal）教授於 1998 年 2 月在台北提出，其內涵為「先建立一項在一段期間內（五十年，也就是兩代的時間），處理兩岸關係的過渡性協議，其中包含一個開始談判政治統一的日期；」等內容；其後 1998 年 3 月，哈佛大學教授奈伊（Joseph Nye, Jr.）提出「台灣交易」（A Taiwan Deal），建議一套三合一的架構，中共不動武、台灣不獨立、美國見證，而「一國三制」（one country, three systems）可使台灣政治、經濟、社會等制度維持不變；1999 年 3 月，美國助理國務卿陸士達、1999 年 6 月卜睿哲（過渡性協議）及 2000 年何漢理（Harry Harding）等曾提出相關看法。引自李銘義，《兩岸關係與中國研究》（台北：新文京開發，2006 年 9 月 10 日），頁 29-31。

[161] 林正義，〈美國與台海兩岸信心建立措施〉，《問題與研究》，第 44 卷第 6 期，

一、柯林頓執政時期

　　兩岸的和平不僅攸關亞太地區的穩定,對於美國在此區域的戰略利益也有極大的影響。這是美國自二次世界大戰後一直以來持有的立場,但美國政府並未明確地說明兩岸關係對於美國國家利益影響的程度與內容為何。直到 1996 年台海危機,美國見台海情勢危急,派遣兩艘航空母艦及其戰鬥群艦隊通過台灣海峽後,使得長期採取「戰略模糊」(Strategic Ambiguity)(即強調「不獨、不武」(no independence, no use of force),同時不明示當中共對台動武時,美國將如何作為)的柯林頓政府,不得不以武力介入的作法,來表示美國在台海地區擁有重大戰略利益的立場;但此舉卻也衝擊了美國與中共的雙邊關係。

　　有鑒於此,1999 年 3 月 24 日由時任亞太助理國務卿陸士達(Stanley O. Roth)在《台灣關係法》屆滿 20 周年之際,一併提出「中程協議的路線圖」與「信心建立措施」兩觀點,建議兩岸擬出一套解決兩岸未來問題的特定解決辦法;[162]另柯林頓也在同年 4 月 7 日,中共總理朱鎔基訪問華府前夕,發表外交政策演說時談及台海兩岸問題,強調重申美國鼓勵兩岸政和平解決分歧;增加接觸的立場。美國智庫在政府授意下,在台海兩岸信心建立措施的立場上,採取更為積極的態度,甚至主動與兩岸雙方展開接觸。如美國史汀生中心研究員艾倫也曾於 1999 年 4 月訪台進行兩岸信心建立措施的學術講演。另外美國也鼓勵兩岸進行「飛彈談判」(Missile Talks)、「開放領空協商」等緩和軍事衝突的措施。

2005 年 11、12 月,頁 2。

[162] Stanley O. Roth, "The Taiwan Relations Act at Twenty-and Beyond," Address to the Woodrow Wilson Center and the American Institute in Taiwan, Washington, D.C. March 24, 1999.

二、小布希執政時期

小布希（George Walker Bush）就任後，由過去所持的「戰略模糊」態度，轉變為「戰略明確」（Strategic Clarity）。[163]其中特別強調美國依據《台灣關係法》出售武器給台灣的合法性，使台灣擁有足夠的防衛能力，且認為軍售有助於提升台灣人民的信心，有助展開與中共的協商，使和平解決兩岸問題更加容易。因為在中共持續對台加強進行軍事部署下，如果沒有美國對台軍售，台灣根本沒有籌碼與中共的武力威脅相對抗。在軍力失衡下，將會使中共根本不需估量台灣軍事報復的能力，使建構兩岸軍事互信機制達成可能性降低。[164]

然而，美國在台灣先後拋出「特殊的國與國關係」、「一邊一國」、與「防衛性公投」等高爭議性的政治議題後，逐漸認為台灣可能是製造美、中、台三方關係潛在不安的一方。小布希雖不願意重複柯林頓的「三不支持」政策，後來轉為強調「不支持台灣獨立」。在中共軍事崛起、台灣追求獨立自主的同時，為避免中共或台灣任一方，對美國所關注台海問題的立場造成誤解或誤判，小布希政府逐漸放棄毫無保留的「戰略明確」，轉變為「雙重明確」的策略立場。使美國軍事介入台海危機不再是毫無前提，也不是毫無條件支持台灣的民主發展。[165]華府智庫「戰略暨國際研究中心」資深研究

---

[163] 相關論述請參閱：Andrew J. Nathan, "What's Wrong with American Taiwan Policy," *The Washington Quarterly,* Vol.23, No.2, 2000, pp. 93-106；于有慧，〈近期兩岸關係中的美國因素〉，《中國大陸研究》，第 44 卷第 8 期，2001 年 8 月，頁 9。

[164] 林正義，〈美國與台海兩岸信心建立措施〉，頁 3。

[165] 林正義，〈「戰略模糊」、「戰略明確」或「雙重明確」：美國預防台海危機的政策辯論〉，《遠景基金會季刊》，第 8 卷第 1 期，2007 年，頁 30-32。

員葛來儀更進一步撰文表示，建議美國政府在對台海危機應採取「戰略明確、戰術模糊」的策略，不做出具體明顯的正式防衛承諾，但鼓勵兩岸先從單方面軍事的信心建立措施開始。[166]

三、歐巴馬執政後

歐巴馬上任後，面對兩岸情勢的改變，公開表示對兩岸建立軍事互信機制抱持了正面的鼓勵與肯定，[167]而且在他上任後第一次訪問中國大陸時表示，希望兩岸進行經濟與政治的對話，這是重要的訊息。2009 年 9 月，美國副國務卿史坦伯格（James B. Steinberg）在華府新美國安全中心（Center for a New American Security, CNAS）舉行的研討會上提出：兩岸能正面對話，為兩岸帶來更密切關係，美國肯定中共與台灣對話，鼓勵兩岸採取步驟，建構信心建立機制。[168]這是歐巴馬上任後，政府官員首次出現對信心建立機制表達正面看法；同年 9 月 28 日，美國國防部亞太安全事務助理部長葛雷格森（Wallace C. Gregson）在美台國防工業會議（US-Taiwan Defense Industry Conference）演說時亦表示：兩岸關係雖改善，但並未展現在軍事對話上，美國鼓勵兩岸「在適當的時間，用彼此同意的方式」（at the appropriate time and in a mutually

---

[166] Bonnie S. Glaser, "Military Confidence Building Measures: Averting Accidents and Building Trust in the Taiwan Strait," *American Foreign Policy Interests,* No. 27, 2005, pp. 98-100.

[167] 劉復國，〈本期編輯要點〉，《戰略安全研析》，第 46 期，2009 年 2 月，頁 1-2。

[168] 李大中，「兩岸建立互信機制的重要議題」，《中共研究》，第 44 卷第 9 期，2010 年 9 月，頁 103。

agreed manner），考慮在軍事上善意互動；[169]2010 年 3 月 25 日，美國在台協會辦事處長司徒文（William Stanvon），在台舉辦的全球議題下的台美雙邊合作論壇中提出：兩岸互信機制發展的方向、推動時程及內涵，應由兩岸做決定；由於兩岸互信機制是非常敏感的議題，美國能做的就是給予支持，並且基於《台灣關係法》繼續提供台灣必要的自我防禦能力，盡美國所能地促進兩岸和平解決主權問題。

根據美國重要智庫戰略暨國際研究中心資深研究員葛來儀和副研究員比靈斯利（Brittany Billingsley）在 2011 年 11 月發表了一份〈台灣 2012 總統大選與兩岸關係：對美國的意義〉報告書，指出這次大選將會對兩岸關係和美國利益有重大影響。認為，馬英九若勝出，則華府會繼續與兩岸同時交往，並且可能支持台北推動的兩岸軍事互信機制。若蔡英文勝出，她勝選後到就任前的 4 個月將會是兩岸想辦法擴張自己利益、要求對方讓步的關鍵時刻。屆時美國規勸雙方展開最大的彈性，達成妥協，保持談判的管道，維持開放與合作的積極角色將至為重要。[170]

從上述學者專家分別主管美國外交、軍事與對台事務的高階官員，皆一致公開的提出支持兩岸建構軍事互信機制的看法，反映出歐巴馬政府對兩岸以和平方式解決爭端的態度，較過去來的更積極與務實。但從歐巴馬上任後首次到中國大陸訪問的言談來看，美國對涉及兩岸事務的立場仍維持不變，並未隨領導人的更迭而有所動搖。[171]

---

[169] Wallace C. Gregson, "U.S.-Taiwan Defense Relations: 2009," U.S.-Taiwan Defense Industry Conference, Charlottesville, Virginia, September 27-29, 2009.

[170] 洪聖斐，〈美智庫：蔡若勝選 前四月是兩岸關鍵時刻〉，《番薯藤》，2011 年 11 月 18 日，〈http://n.yam.com/newtalk/ international/201111/ 20111118379526. html〉，檢索日期：2011/12/27。

[171] 趙春山，〈解讀歐胡聯合聲明應有新思維〉，《蘋果日報》，2009 年 10 月 21

表 3-10　美國對兩岸「軍事互信機制」提出相關重要談話內容

時間	提出人	主要談話內容
1999 年 3 月	陸士達 Stanley Roth	可以在一些困難議題上協助達成「中程協議」，也許結合特定的信心建立措施。但美國堅持在兩岸和平解決分歧時不加以干預。
2004 年 4 月	柯立金 James A. Kelly	兩岸可以開始推動信心建立措施，以降低因軍事誤判、發生衝突的機率，並提升雙方爆發危機的溝通品質。
2009 年 8 月	葛來儀 Bonnie S. Glaser	美國樂見包括軍事互信機制等有助於降低兩岸緊張的政策。並認為，在兩岸現有「九二共識」下，事實上已可以建構某種程度的信心建立措施了。
2009 年 9 月	史坦伯格 James Steinberg	兩岸能正面對話，為兩岸帶來更密切關係，美國肯定中國政府與台灣對話，並鼓勵兩岸採取步驟，建構信心建立機制。
2009 年 10 月	葛雷格森 Wallace C. Gregson	兩岸關係雖改善，但並未展現在軍事對話上，鼓勵兩岸在適當的時間，用彼此同意的方式，考慮在軍事上善意互動。
2009 年 10 月	葛林 Michael Green	兩岸應積極建立軍事互信機制。美國應扮演兩種角色：一為台灣的諮詢者；二為透過軍售提供台灣協商的後盾。
2009 年 10 月	葛林 Michael Green	兩岸應積極建立軍事互信機制。美國應扮演兩種角色：一為台灣的諮詢者；二為透過軍售提供台灣協商的後盾。

表 3-10　美國對兩岸「軍事互信機制」提出相關重要談話內容（續一）

時間	提出人	主要談話內容
2010 年 3 月	司徒文 William Stanvon	兩岸互信機制發展的方向、推動時程及內涵，應由兩岸做決定；由於兩岸互信機制是非常敏感的議題，美國能做的就是給予支持，並基於台灣關係法繼續提供台灣必要的自我防禦能力，盡美國所能地促進兩岸和平解決主權問題。
2011 年 4 月	赫爾維 David D. Hale	美國防部主管東亞政策的官員赫爾維在出席美中經濟與安全評估委員會會議時，激烈地表示，美國不會因為擔心中國大陸切斷與美國的軍事關係，而改變對台軍售政策。
2011 年 11 月	比靈斯利 Brittany Billingsley	認為，無論 2012 年 1 月哪位當選，美國都將會繼續與台灣的政府和人民保持非正式的關係，並且信守台灣關係法，也將持續對台軍售。

資料來源：筆者整理自陳泊瑋，《啟動台海和平契機——從建構兩岸軍事互信機制探討》（台中：逢甲大學公共政策研究所碩士班論文，2010 年 6 月），頁 77-78。

貳、美國對兩岸軍事互信機制戰略意涵的認知

　　從過去至今，美國對處理兩岸關係，均保持一貫的立場，僅在態度選擇傾向是「模糊」或「明確」的差別而已。從兩岸軍事互信機制的建構，對美國具有的重要戰略利益集中在改善關係，避免爭端及維持台海現狀。

一、改善美中雙邊合作關係

　　冷戰開始持續到 20 世紀 70 年代，台灣一直是中美關係主要的障礙，但自 1982 年起，它暫時喪失作為爭議點的角色。20 世紀 90 年代中期，台灣問題再度激化成為中美關係的優先點。[172]當前美國處於內外交迫的窘境，外部在歷經 2001 年 911 恐怖攻擊後，接連發動了阿富汗、伊拉克兩場戰爭，至今仍持續陷入膠著；內部方面，在 2008 年底爆發的金融海嘯，不僅重挫美國的經濟，中共因而成為美國最大的債務國。2010 年的美國國家安全戰略也提到，未來處理國際事務將優先多邊外交的方式，並與國際組織合作，而合作對象將從傳統盟友擴展到中共、印度等正在崛起的新興大國。

　　因此，在亞太地區的戰略作為，必須改變過去單邊主義的做法，採取更彈性、務實的方式，與中共建立更密切的交往關係，並試圖淡化「中國崛起」所帶來的挑戰與威脅。[173]由於中共對國際事務的參與能力增加、以及美國在亞太區域的影響力逐漸式微下，不得不與中共維持穩定的雙邊關係，同時必須防止中共在國際問題的不合作，因許多全球或區域性的議題，仍有待雙方共同參與解決，如：全球氣候變遷議題、北韓、伊朗核武問題等。[174]美國不願在多事之秋，分心處理兩岸可能的衝突。因此鼓勵兩岸透過建構軍事互

---

[172] David M. Lampton 著，計秋楓譯，《同床異夢》（香港：中文大學，2003 年），頁 34。

[173] 從歐巴馬上任後首次訪問中國大陸，延後了達賴喇嘛訪問美國的態度看來，過去美國對於人權「原則」的堅持，已經變成了條件。

[174] 從歐巴馬上任後首次訪中的會談中可瞭解，在軍事安全議題上仍有很大的歧異，在阿富汗、巴基斯坦、伊朗以及北韓問題上，北京也無法配合華府的要求，現階段美中雙方除了在經濟和氣候變遷議題上有共識外，軍事與安全議題仍有很大的歧異。引自張廖年仲，〈美中「戰略再保證」對兩岸關係之意涵〉，《亞太和平月刊》，第 1 卷第 12 期，2009 年，頁 13-14。

信機制的安排，將有助美國與中共保持良好雙邊關係，唯有如此才能切合美國的核心價值。[175]

二、確保區域穩定、避免捲入台海爭端

美國 2010 年 2 月 1 日所發表的《四年期國防總檢討》（*Quadrennial Defense Review*, QDR）中指出，美軍未來的建軍規劃目標在：贏得當前的戰爭、預防與嚇阻衝突的發生、為應付各種形式的衝突作準備、鞏固並提升志願役部隊；其中「預防與嚇阻衝突的發生」更是特別針對亞太地區可能發生的衝突進行預防，避免捲入爭端。台灣是美國長期安全關注中的焦點，雖然台灣在美中雙邊關係中，不僅只是安全問題，但它對於美、中、台三方的安全價值意涵卻是實在的。

因為當進入 21 世紀，台灣仍然會是美中關係最危險的導火線，換句話說，如果美國與中共在本世紀發生軍事衝突，那最有可能的地點將是在台灣海峽。[176]雖然美軍在西太平洋地區仍有第七艦隊的航空母艦戰鬥群，但中共有鑒於 1996 年台海危機後，開始致力發展「反介入戰略」（Anti-Access Strategy）[177]的部署與作戰投射

---

[175] 夏宜嘉、謝游麟，〈析論兩岸信心建立措施中之美國因素〉，《國防雜誌》，第 26 卷第 4 期，2011 年 8 月，頁 41。

[176] David M. Lampton 著，計秋楓譯，《同床異夢》，頁 99。

[177] 「反介入戰略」又譯為「拒止戰略」，是美國防部淨評估辦公室的克瑞賓威（Andrew Krepinevich）於 1992 年首度提出，1997 年美國國防部的《四年期國防總檢查》正式採用軍事術語，主要概念是認為由於美國傳統兵力的優勢，使得敵人在面對美國遂行傳統戰爭時將採行不對稱手段，以遲滯或阻止美軍接近重要地區，或造成重大傷亡，以削弱其決心與意志。引自國防部史政編譯局譯，《1997 年美國四年期國防總檢討》（台北：國防部史政編譯局，1997 年），頁 28。

能力，目的在假想如在台海或南海區域發生戰事，將有能力阻止或威嚇美國與日本的介入。但美國面臨在亞太區域的重大利益、與美日安保體系的安全承諾，美國不可能完全置之事外，換句話說美國將在被迫情況下捲入戰爭，使美國處境更陷於進退維谷中。透過兩岸軍事互信機制的安排，將有助台海預防軍事衝突發生的可能，避免陷於這樣的困境中。

三、緩解經濟壓力、維持台海現狀

美國在亞太區域的地緣戰略中，將台灣為西太平洋第一島鏈最重要的軍事部署。從軍事戰略需求來看，如果不能提供台灣適當的軍備形成抗衡的軍力，將使美國必須調整西太平洋的軍事部署來填補台海地區的戰力間隙，持續對台軍售除為台美雙邊關係的重要指標外，維持台灣具有一定軍事實力符合美國在亞太區域安全發展的國家安全利益，遑論台灣對美國的軍備採購，所帶來可觀的經濟利益。[178]

換句話說，美國對台軍售除了可拉攏台美關係、降低中共對台灣動武的可能，亦為美國軍工複合的企業，帶來龐大的商業利益。因此，美國國會議員多次積極的向美國政府施壓，透過國會要求政府應履行《台灣關係法》，出售給台灣足夠自我防衛的武器。[179]

---

[178] 高永光，〈美對台軍售宜明快〉，2010 年 3 月 28 日，〈http://www. peaceforum. org.tw/onweb.jsp?webno=3333333504&webitem_no=2455〉，檢索日期：2011/9/17。

[179] 2009 年 3 月 24 日美國聯邦眾議院 125 位眾議員支持通過第 55 號決議案，也就是重申「台灣關係法」各項承諾，並稱「這項法律是言深美國於中華民國間各種關係的法律基礎」。參閱《中國時報》，2009 年 3 月 26 日，版 3。美參議員柯寧（Joho Cornyn）、美台商會會長韓儒伯（Rupert Hammond

　　美國對兩岸的政策最高原則，就是和平勝於一切。因此不願見到中共強大崛起對台灣造成更具威脅性的發展，相對也不希望台灣分離主義的趨勢導致兩岸緊張。[180]換句話說，兩岸「維持現狀」是美國最大的利益，雖然鼓勵雙方交往，但卻不願見到任何的一方有重大的改變。為了維持這種動態的穩定來確保國家利益，美國透過兩岸軍事互信機制發展的過程做為緩衝，不僅可維持亞太區域的和平，也讓美國在兩岸關係緊繃的角色淡化，但同時又能確保自身的國家利益。

第五節　小結

　　回顧從 1949 年撤退到台灣，隔著台灣海峽對峙而使兩岸分立分治 60 餘年，此期間兩岸的情勢經歷多次的變化。從早期軍事對抗，到 20 世紀 80 年代台灣開放大陸探親及終止動員戡亂，再到 90 年代海基、海協兩會「以民代官」的方式首度接觸，兩岸關係已經從過去的對立與衝突轉向交往與合作。後因雙方對「一個中國」的主權堅持，再度上演台海劍拔弩張的情勢。2008 年 3 月 22 日台灣再次政黨輪替後，兩岸交往日趨頻繁，改善以往惡劣的情勢，使得兩岸關係從停滯對峙進入良性互動。兩岸政治情勢進入 1949 年

Chambers）均表示台海安全是美國的核心利益，呼籲歐巴馬售台 F-16C/D 型戰機，並說明如果台灣無法是當防衛領空，將會加重美軍駐守亞太地區的負擔。參閱 "US senator pressing for sale of F-16s to Taiwan", *Taipei Times*, 2010,March 19, p1.。2010 年 5 月 12 日美眾議院台灣連線主席巴克利等 136 位眾議員連署致函歐巴馬售台 F-16C/D 型戰機。參閱〈聯名函歐巴馬 136 眾議員促售台 F-16〉,《聯合報》, 2010 年 5 月 16 日, A4。
[180] 林正義,〈美國與台海兩岸信心建立措施〉, 頁 2。

以來最為穩定、和平的狀態。[181]但中共軍事鬥爭準備並未因此減緩，台灣仍面臨中共的軍事威脅。[182]且中共尚未宣布放棄武力犯台，顯見中共以軍事達成統一的目標迄今仍未改變，台海衝突的可能性不能排除。

　　經由前面各節探討兩岸對軍事互信機制各方所持的立場及戰略意涵，可獲得準確探究兩岸軍事互信機制的限制與前提。基於此，在複雜的兩岸關係，再加上美國國家安全與經濟利益的雙重考量下，兩岸間「軍事互信機制」建立更加困難。但在兩岸關係趨向和緩之際，兩岸建立軍事互信機制的可能性日益增高，並將目標定在避免衝突的溝通性措施的規劃，其中建立「熱線」的溝通管道，有助於緩解雙方的緊張情勢。[183]

---

[181] 陳嘉生，〈中日釣魚台撞船事件對東亞地區的戰略啟示〉，《戰略安全研析》，第 66 期，2010 年 10 月，頁 25。

[182] Wen-Cheng Lin, "Beijing's Taiwan Policy and Cross-Strait Relation," *Taiwan Defense Affairs,* Vol.1, No.4, 4, Summer 2001, p.95。

[183] 張旭成，〈從歐安會議及亞太區域安全協商機製探討兩岸建立軍事互信機制之可能性〉，頁 39。

第四章 「熱線」的設置

　　著名影片《驚爆 13 天》（Thirteen Days），描述當年的「古巴飛彈危機」，幾乎使美、蘇瀕臨核戰爭邊緣。經過此次嚴肅的經驗後，雙方體認到危機的解決並不光靠單方面的思維，必須透過相當程度的溝通，瞭解對方意圖之後，才不致於將世界推向萬劫不復的境界。[1]「熱線」設置的最主要目的，除了表達雙方追求和平，無意啟動戰爭的意向外，也提供雙方確認彼此意圖的管道。[2]根據西方軍事互信機制的經驗，「熱線」的濫觴起於 1962 年古巴飛彈危機後，美蘇兩強對於核子大戰意外發生的恐懼，所建立的一條雙方元首的「直接溝通連線」（Direct Communication Link, DCL），[3]此為改善處理危機事件時的溝通管道，降低因誤解或他方有意誘發之核子戰爭，使雙方蒙其利。

　　本章區分五節，首先瞭解熱線的分類；其次，分析冷戰期間美、蘇及朝鮮半島兩韓之間熱線設置的時代背景與貢獻；再其次針對中共與美國、俄羅斯及印度等國家設置「熱線」之經驗進行分析；最

---

[1]　李明，〈「信心建立措施」在朝鮮半島：實踐與成效〉，陳鴻瑜主編，《信心建立措施的理論與實際》（台北：台綜院，2001 年 2 月），頁 69。

[2]　郭臨伍，〈信心建立措施與兩岸關係〉，陳鴻瑜主編，《信心建立措施的理論與實際》（台北：台綜院，2001 年 2 月），頁 167。

[3]　John Borawski, "The World of CBMs," in John Borawski ed., *Avoiding War in the Nuclear Age : Confidence-Building Measures for Crisis Stability*（Boulder, Colorado：West view Press, 1986）, p.23.

後進一步歸納出中共在設置熱線的共通性模式，以奠定下一章研究之基礎。

第一節 熱線的分類

　　「熱線」依任務特性，可以區分為不同部門及層級。《鳳凰衛視》軍事問題專家馬鼎盛將熱線區分元首、外交熱線及軍事熱線等三種模式；[4]學者張競認為，「熱線」的建立並非只是「單層結構」而已，尚包含了「分層結構」[5]的合作，亦即雙方的分層組織都須有溝通管道的建立；學者蘇進強則將兩岸熱線區分為：前線及容易發生軍事衝突地區熱線（也就是第一線軍事指揮官熱線），負則兩岸交流單位之間的熱線，是處理有關兩岸軍事之事務（也就是軍事熱線）及雙方元首之間的熱線。[6]本書引用學者沈明室將熱線模式

---

[4] 邱永峥，〈與中美軍事熱線有別 中俄軍方啟用直通電話談時局〉，《中青在線》，2009 年 1 月 4 日，〈http://www.cyol.net/node/index.htm〉，檢索日期：2011/7/24。

[5] 「單層結構指熱線機制中，只建立單一的危機處理緊急直接管道，而且專門提供給雙方領袖使用。」而「分層結構則指熱線機制中不但要替雙方的元首建立熱線管道，如有必要，所有的次級幕僚組織，比方說軍事幕僚首長、邊境接壤的地方首長、雙方交流政策主管機關首長或者是軍事上各級部隊長間，只要有可能因直接通聯獲取正確之資訊或是顯示其意圖等……。」引自張競，〈籌建兩岸熱線之研究〉，陳德門主編，《國防大學第一屆國家安全與軍事戰略學術研討會論文》（桃園：國防大學，2000 年 11 月 30 日），頁97-98。

[6] 蘇進強，〈兩岸軍事互信機制的虛與實——沒有互動沒有互信，沒有互信就沒有安全〉，《新世紀智庫論壇》，第 26 期，2004 年 6 月 30 日，頁 9。

概分為元首、國防部、外交部、軍事戰略單位、及第一線軍事指揮官等五個層級。[7]

壹、元首層級

　　元首之間的熱線算是最高層級的直接溝通方式。除了前述有關美蘇間元首熱線（中共稱為首腦熱線）之外，法國與英國也分別在1966及1967年間，先後與前蘇俄建立元首級熱線，讓雙方元首，有直接溝通的管道。[8]中、美雙方元首曾經透過此熱線，聯繫協調相關議題，例如1999年柯林頓曾與江澤民就美方誤炸中共在南斯拉夫大使館事件進行溝通，及2001年中、美軍機擦撞事件後，美國總統布希亦透過熱線電話與江澤民溝通。[9]未來兩岸可參照此模式建立兩岸元首熱線，以免像1995年及1996年「台海飛彈危機」時，兩岸沒有高層的溝通管道來化解危機。[10]

---

[7] 沈明室，〈建立兩岸領導人溝通熱線可行性之研究〉，顧尚智、李夢麟主編，《2007年解放軍研究論壇彙編》（八德：國防大學，2007年12月），頁392。

[8] 任海傳，《兩岸信心建立措施之研究——以共同打擊犯罪為例》（台北：淡江大學國際事務與戰略研究所碩士論文，2002年），頁45。

[9] 沈明室，〈互信或防範？美中建立軍事熱線的意涵與挑戰〉，《戰略安全研析》，第32期，2007年12月，頁13。

[10] 蕭朝琴，〈兩岸信心建立措施芻議〉，《遠景基金會季刊》，第4卷第1期，2003年1月，頁85。

貳、國防部層級

國防部層級的熱線，又稱「國防熱線」（Defense Link Talk, DLT），[11]係用於有關軍事議題熱線溝通的重要管道，中共稱為「國防部直通電話」[12]。通常在建立元首之間熱線之後，才開始商討建立國防部層級的熱線。[13]與兩國元首的熱線電話及兩國外交部長之間的直通電話不同，它是兩國之間在軍事議題的一項溝通性措施，主要目的在減少因突發事件造成危機甚至戰爭。[14]以中美國防部軍事熱線為例，一旦發生涉及中、美軍方的突發事件（例如 2001 年 4 月 1 日的海南撞機事件[15]），雙方的最高軍事指揮官就可以藉由「熱線」直接聯繫，及時有效地處理這類問題。[16]

---

[11] 林文隆，〈從台灣角度看美中軍事交流的現況與新局〉，王凱衍主編，《2009 年戰略安全論壇彙編》（八德：國防大學，2009 年 12 月），頁 55。

[12] 「熱線」是個俗稱，實際是軍事武力緊急狀況化解危機的直接電話溝通，中共方面的術語是「直接保密電話」。引自王北固，〈寰宇縱橫 中美軍事熱線上海簽約〉，《台灣立報》，2008 年 3 月 3 日，〈http://www.lihpao.com/?action-viewnews-itemid-3127〉，檢索日期：2011/7/24。

[13] 沈明室，〈建立兩岸領導人溝通熱線可行性之研究〉，頁 397。

[14] 歐錫富，〈2008 年中共解放軍重要事件回顧〉，《大陸與兩岸情勢簡報》，2009 年 3 月 12 日，頁 11〈http://www.mac.gov.tw/ public/Attachment/ 962315311446. pdf〉，檢索日期：2011/7/24。

[15] 2001 年 4 月 1 日，美國一架 EP-3 軍用偵察機（俗稱間諜機）自日本琉球的嘉手納空軍基地起飛，在海南島東南海域上空遂行電子偵測任務。大陸空軍兩架殲 8 乙型戰機進行跟蹤監視，在海南島東南 104 公里處，其中一架不慎撞上美機，失控墜海，飛行員王偉失蹤。美機受損，在未經許可下，進入大陸領空，降落在海南陵水軍用機場，機上二十四人遭中共當局留置。這起撞機事件，雙方以偶發事件看待，事端未擴大，終以外交手段和平解決。引自陸年安，《新世紀——美中台戰略關係》（台北：豐盈美術印刷，2002 年 2 月），頁 163。

[16] 裴敏欣，〈中美軍事熱線和戰略互信〉，《BBC 中文網》，2007 年 11 月 26 日，〈http://news.bbc.co.uk/chinese/trad/hi/newsid_7110000/newsid_7113300/7113 398.stm〉，檢索日期：2011/7/24。

參、外交部層級

　　外交部層級的熱線（中共稱為外長熱線）溝通管道屬於常態性溝通管道，即使兩國之間沒有邦交，都至少在外交事務上有固定聯繫溝通管道，或是透過共同的邦交國家或國際組織進行溝通。[17]此種形式與層級溝通管道可以視為國防軍事溝通管道的輔助作為，如當中美雙方國防部需要通話時，雙方將透過外交管道向對方提出。

　　更何況以外交為主的溝通，必然在政治層面的考量較多，可以避免劍拔弩張的緊張情勢發生。誠如中共人民大學國際關係學院副院長金燦榮認為「外長熱線」有一特殊作用，就是解決危機。[18]例如美蘇兩國在「古巴飛彈危機」發生後，除了建置雙方元首的熱線外，還透過美國國務院與蘇俄外交部建立第二條直接溝通的熱線，稱之為「核子危險降低中心」；[19]有關「核子危險降低中心」部分，本書將於下一節加以探討。另在 2004 年，中美兩國在中共外交部長和美國國務卿之間建立起直撥電話，均屬於外交層級熱線。[20]2005年萊斯（Condoleezza C. Rice）就任美國國務卿後，兩國在一個多月內就有五次通話的紀錄，顯示當時兩國外交非常熱絡與頻繁。[21]

---

[17] 沈明室，〈建立兩岸領導人溝通熱線可行性之研究〉，頁 398。

[18] 文匯網訊，〈揭秘中外首腦熱線：複雜的約會〉，《文匯網》，2011 年 11 月 1 日，〈http://news.wenweipo.com/2011/11/14/IN1111140132.htm〉，檢索日期：2012/9/14。

[19] 任海傳，《兩岸信心建立措施之研究——以共同打擊犯罪為例》，頁 45。

[20] 信強，〈中美「軍事熱線」的意義不宜高估〉，《世界經濟與政治半月刊》，總第 303 期第 12 期，2007 年，頁 46。

[21] 鄭啟榮，《改革開放以來的中國外交》（北京：世界知識出版社，2008 年 12 月），頁 48。

肆、軍事戰略單位層級

依《國軍軍語辭典》對「戰略單位」釋要是指：「軍事戰略建軍用兵、計算兵力與分配兵力之單元。由諸兵種所編成，具有相當獨立作戰能力，可遂行戰略任務之部隊。」[22]另中共《軍事知識詞典》的解釋是指：「一、計算戰略力量的基本單位，軍隊通常以師為計算單位；二、執行戰略任務的單位，因國家及其軍隊和戰爭規模等情況的不同而各異。」[23]綜合前述兩岸對「戰略單位」的定義，可發現有兩個共通點：一、以兵力為準，雙方大致可以師或聯兵旅[24]；二、以執行戰略任務為準。再從「戰略任務」的定義，台灣認為以「戰略單位」逐次摧毀，並瓦解敵之力量及意志，[25]中共認為能使戰區形勢發生急遽變化。[26]本書定義「軍事戰略單位層級熱線」為：**凡是負有戰略任務、具有戰略功能、產生戰略效果者，小至聯兵旅大至司令部層級部隊；從事軍事戰略及部署等軍事事務的溝通。**如 2008 年 11 月 24 日，中共和南韓海軍及空軍作戰部隊間，簽署了《有關建立中韓海空兩軍間直通電話的諒解備忘錄》，[27]

---

[22] 國軍軍語辭典編審指導委員會，《國軍軍語辭典（九十二年修訂本）》（台北：國防部，2004 年 3 月 15 日），頁 1-4。

[23] 《軍事知識詞典》（北京：國防大學出版，1988 年 11 月），頁 609。

[24] 為聯合兵種戰略基本單位，負有作戰指揮及勤務支援之責；可作為大部隊之一部或獨立遂行作戰。引自國軍軍語辭典編審指導委員會，《國軍軍語辭典（九十二年修訂本）》（台北：國防部，2004 年 3 月 15 日），頁 6 之 1。

[25] 國軍軍語辭典編審指導委員會，《國軍軍語辭典（九十二年修訂本）》，頁 2 之 14。

[26] 《國防大典》（北京：國防大學出版，1987 年 8 月），頁 630。

[27] 這條軍事熱線的等級較中俄、中美之間的等級為低，只是兩國戰區之間的熱線。據報導，是繼 2008 年 5 月韓中將兩國關係提升為「戰略合作夥伴關係」之後的升級的一環。中韓之間的軍事熱線，一條在中共解放軍山東半島的濟南軍區空軍防空中心，和南韓大邱的空軍第二主控報告中心（MCRC）之間；另一條在中共解放軍海軍位於青島的北海艦隊司令部作

是為了防止中韓兩國在鄰接的海域、空域中發生衝突，在發生災難時進行合作的軍事熱線；[28]但後來因中共方面表現消極，到目前為止尚未啟用。[29]

伍、第一線軍事指揮官層級

第一線作戰單位層級熱線係指在兩國邊界軍隊駐防地區，或是交戰兩軍對峙的情況下，處理緊急軍事衝突議題或其他事務所建立的聯繫管道。例如 1993 年 11 月，中共瀋陽軍區與俄羅斯遠東軍區的指揮官之間設有前線直通熱線，建立兩國邊界守軍在緊急事件發生時的共同協商與處理。[30]

中印邊界歷經 26 年談判，也在 1996 年簽訂《中印邊境實際控制線地區軍事互信機制協定》後，沿「實際控制線」（Line of Actual

---

戰處，和南韓海軍平澤第二艦隊司令部指揮控制室之間。最關鍵的是，採用的是民用線路而非軍用保密專線，具備傳真功能的撥號式國際電話，有學者認為中韓之間軍事熱線，等於是兩軍互換電話號碼，雙方可隨時溝通，有事快解決的特點，顯示雙方的合作層面並不高。引自王長偉，〈中韓軍事熱線 北京留了一手中韓作戰部隊開通軍事熱線〉，《太洋報網》，2008 年 12 月 19 日，〈http://the-sun.on.cc/channels/news/ 20081219/ 20081219015941 _0000.html〉，檢索日期：2011/7/24。

[28] 王長偉，〈中韓作戰部隊開通軍事熱線〉，《中廣新聞網》，2008 年 11 月 25 日，〈http://n.yam.com/bcc/china/200811/20081125891646.html〉，檢索日期：2011/7/24。

[29] 〈中韓 7 月會談商設軍事熱線〉《sina 全球新聞》，2011 年 5 月 5 日〈http:// dailynews.sina.com/bg/news/int/sinchewdaily/20110505/22012426793.html〉，檢索日期：2011/9/24。

[30] Chen-Hung Yu ed., *Compilation of Security Treaties, Agreements and Statements of Asia-Pacific*（Taiwan Research Institute, 1999），p.355；蔡明彥，〈俄中軍事合作關係發展與影響〉《俄羅斯學報》，第 5 期，2006 年 12 月，頁 10。

Control, LAC）建立第一線軍事指揮官層級熱線。另外，在印度和巴基斯坦邊界及南、北韓邊界的雙方軍事指揮官之間均設立有類似的溝通管道。[31]學者洪陸訓早在 2002 年建議兩岸就通行在台灣海峽的艦艇指揮官間，建立熱線溝通，[32]可納入兩岸設置第一線軍事指揮官熱線的參考。

第二節　「熱線」設置之實踐經驗

根據文獻顯示，建立熱線是各國間加強軍事互信，減少軍事誤判的重要手段。[33]半個多世紀以來，熱線設置有了長足發展，如衝突較多的地區（南北韓、印度與巴基斯坦）或是大國間（美蘇、中蘇、中美、英蘇、法蘇）都建立了不同層級的熱線；在 1990 年歐安會議中，提出參與國的首都建立「直接通訊網」（The Direct Communication Network）的建議，可見「熱線」對國際和平貢獻的功能值得肯定。[34]僅美國就與世界上 60 多個國家和地區建立熱線，[35]既有歐洲、日本這樣的傳統盟友，也有俄羅斯、中共為代表

---

[31] Marie-France Desjardins, *Rethinking Confidence-Building Measures*, pp.51-53.

[32] 洪陸訓，〈兩岸建立軍事信任措施可行性之探討〉，《共黨問題研究》，第 28 卷第 7 期，2002 年 7 月，頁 37。

[33] 尤國臻，《兩岸軍事互信機制的建立──以兩岸非軍事區為例》（台北：國防大學政治作戰學院政治研究所碩士論文，2010 年 6 月），頁 39。

[34] 趙哲一，《建立信任措施──兩岸建立軍事互信機制之研究》（台北：政治作戰學校政治學系碩士論文，1998 年），頁 41-42。

[35] 劉振安，〈歐巴馬上任後美中軍事交流之研究〉，《空軍學術雙月刊》，第 612 期，2009 年 10 月，頁 23。

的重要「潛在敵人」[36]。即使曾經是發生衝突的國家，只要雙方真心希望和平，熱線仍發揮重要作用。

近年來，由於世界各國邊境問題日趨複雜，為了及時解決問題，避免誤會，將熱線層級降低，例如印度和巴基斯坦間，就存在兩條軍事熱線，一條連接著兩國作戰部門的首長，另一條連接著邊境地區的駐軍指揮官的「熱線」。它們作用是，及時向對方通報即將舉行的演習、計畫進行的兵力部署調整等情況，從而做到相互溝通，避免因誤解而產生誤判。

壹、冷戰時期美蘇「熱線」之實踐經驗

在東西方冷戰時期，美、蘇兩國對於歐洲經濟重建、政治制度及意識型態的不同形成尖銳對立，先後導致 1958-1961 年的「柏林危機（或第二次柏林危機）」（Berlin Blockade）和 1962 年的「古巴飛彈危機」（Cuban Missile Crisis），又稱「加勒比海飛彈危機」，兩次危機幾乎把兩國推向戰爭邊緣。[37]雙方所擁有之核子武器均具有「相互保證毀滅」（Mutual Assured Destruction）對方之能力，為防範大規模戰爭的發生。

蘇俄首先於 1954 年提議研究如何防止奇襲及戰爭意外的發生，1958 年東西陣營的國際問題專家於日內瓦召開會議研商如何

---

[36] 美國視中共、俄羅斯為潛在的擴張主義者，彼等或因歷史的因素、或因意識形態的重大差異，固不在今日為敵，但軍事部署皆以對方為假想敵，至少以遏止對方為主要目的。引自李明，〈東北亞區域推行信心建立措施之經驗與前瞻〉，發表於「第二屆『國家安全與軍事戰略』國際學術研討會」（桃園：國防大學，2001 年 12 月 11 日），頁 2。

[37] 吳朝旺，〈冷戰時期東西軍事衝突的預防措施〉《復興學報》，第 66 期，2002年 5 月，頁 109-110。

避免奇襲的發生，雖然未能獲致結論，但卻讓國際問題專家學者重視此問題的發展。1961 年 9 月 25 日美國總統甘迺迪（John Fitzgerald Kennedy）於聯合國大會中提出全面性限武方案，[38]他認為降低戰爭爆發的風險，應事先知會軍事行動與演習、於交通中心和機場設立觀察站、並籌組降低衝突風險、增進溝通管道之研究委員會。[39]

　　1962 年 4 月 18 日又提出為增進溝通與瞭解，締約國應相互派遣軍事代表團及建立快速可靠的聯絡管道。蘇俄則建議兩國進行禁止實施兩國以上的軍事聯合演習、軍事行動的事前知會、軍事代表團的相互派遣、及改進締約國之間與聯合國秘書長之通訊狀況等具體作為。[40]

　　「古巴飛彈危機」緣起於 1961 年美國與古巴斷交之際，蘇俄為取得了進入美國在西半球勢力範圍的機會，向古巴提供經濟、軍事援助，因此讓美國人寢食難安。1962 年 8 月底，美國 U-2 高空偵察機在古巴上空發現短程飛彈發射基地。甘迺迪總統獲悉後立刻在 9 月 4 日對蘇俄發出警告，而蘇俄對此予以否認。但是在 10 月 14 日後，U-2 偵察拍攝到蘇俄正在修建的中遠程飛彈發射基地的照片。

　　10 月 22 日晚，甘迺迪透過電視向全國正式通報蘇俄在古巴設置中程飛彈的消息，宣布對古巴實行名為「隔離」的海上封鎖，以便切斷蘇俄通往古巴的武器運輸線。甘迺迪聲稱美國政策是把從古巴向西半球任何國家發射的核飛彈視為蘇俄對美國的襲擊，這將招致美國的全面報復。他呼籲蘇俄領導人赫魯雪夫（Nikita

---

[38] 陳明崙，《兩岸軍事互信機制建構之文化基礎研究》（台北：政治大學外交學系戰略與國際事務碩士在職專班碩士論文，2006 年），頁 21。

[39] Raymond L. Garthoff 原著，徐鍵譯，《巨變-論美蘇關係與冷戰結束（下）》（台北：國防部史政編譯局，1996 年），頁 5。

[40] 許舜南，《台海兩岸建立軍事互信機制之研究》（台北：政治大學外交學系碩士論文，2000 年），頁 55。

Khrushchev）放棄這種「統治世界的想法」，要求蘇俄立即從古巴
撤出所有中程飛彈。

　　根據甘迺迪的命令，180 多艘美國軍艦在加勒比海巡邏，形成
對古巴的嚴密的海上封鎖。載有核彈頭的 B-52 轟炸機進入古巴周
圍的上空，美國在全世界的陸、海、空三軍部隊進入最高戒備狀態，
一場前所未有的可能觸發核戰爭的危機，籠罩著美國和全世界，但
雙方高層都同樣害怕核戰爭帶來的可怕後果。不久，赫魯雪夫致信
甘迺迪，暗示蘇俄可以從古巴撤走飛彈，但作為交換，美國必須保
證不入侵古巴並撤走部署在土耳其的天使飛彈。經過雙方密談，赫
魯雪夫於 10 月 28 日同意從古巴撤走飛彈。於是，長達 13 天的古
巴飛彈危機終告落幕。[41]

　　1962 年古巴飛彈危機期間，美國總統甘迺迪與蘇俄總書記赫
魯雪夫都感到迅速而有效的通信聯繫手段的重要性。在這次危機中
的一些關鍵時刻，如有一個直接、秘密和迅速的通信管道是非常有
用的。例如，關於軍隊的調動可以經由通信管道告訴對方，對於結
束危機的各種建議也可以透過此管道提出和討論。可是甘迺迪與赫
魯雪夫都不得不依靠從派遣私人特使，到公開向媒體發出信息等各種
很不方便的溝通方式。[42]因此，為了避免因誤解（Misconception）[43]、
誤傳（Miscommunication）和資訊缺乏（Lack of Information）帶
來核子戰爭的危機，美蘇兩國元首意識到雙方有必要建立直接
聯繫管道。[44]因此，在 1962 年 12 月 12 日，美國首先在聯合國

[41] 葛海濱，《1967 年中東戰爭與美蘇的有限緩和》（山東：山東師範大學碩士論文，2006 年 4 月），頁 10-11。
[42] Alexander L. George, *U.S.-Soviet Security Cooperation*（New York: Oxford University Press, 1988）.
[43] 因為互不信任的兩行為者，通常只會看到自己的優點，卻會看到對方的惡意，當這種「鏡像」（mirror images）存在時，雙方彼此的敵意將不可避免。
[44] 曾娟娟，《從建構主義分析「兩岸軍事互信機制」之建立》（桃園：開南大

裁軍會議中，提出在莫斯科和華盛頓間建立可靠的「通訊鏈路」
（Communication Links）的建議。[45]美國提議馬上獲得蘇俄的認
同，雙方同意採用直接聯繫通訊管道，改善兩國領導人之間的溝通
措施。

美蘇兩國終於 1963 年 6 月 20 日在日內瓦簽署《建立美蘇直接
通訊連結備忘錄》（*Memorandum of Understanding Between The United
States of America and The Union of Soviet Socialist Republics Regarding
the Establishment of a Direct Communications Link*），雙方同意在緊
急情況或特殊事件發生時，使用直接聯繫管道，保證快速向對方提
供相關資訊。[46]初期的美蘇熱線並不像有些電影裡所描述的那樣，
兩國總統僅以一具紅色電話（Red Telephone）聯絡而已。其實這條
「熱線」是由著名國際通訊設備公司 HRS 也就是哈里斯公司
（Harris Corporation）所設計，其線路是由俄羅斯克林姆林宮連接
到的「國家軍事聯合情報中心」（the National Military Joint
Intelligence Center）與美國「國家軍事指揮中心」（the National
Military Command Center），才再接到白宮總統辦公室，是美蘇冷戰
時期，兩國最快且最重要的溝通管道。此管道並非直通線，而是經
過轉接式過濾。[47]

學公共事務研究所碩士在職專班論文，2009 年 7 月），頁 39。
[45] Jeffrey M. Elliot, & Robert Reginald, *the Arms Control, Disarmament, and
Military Security Dictionary* （Santa Barbara, Calif.: ABC-CLIO Press, 1989），
p. 281.
[46] 最大的肇因乃是古巴飛彈危機，甘迺迪與赫魯雪夫之間訊息傳遞需要六小
時，等下達至第一線指揮官時早已事過境遷，基於此雙方才加速熱線的產
生。引自陳國銘，《由建立信任措施論歐洲傳統武力條約之研究》（台北：
淡江大學國際事務與戰略研究所碩士論文，1996 年），頁 36。
[47] 美、蘇兩國之間的這條「熱線」在建立之初並不是一般所認知的一條電話
線，而是以陸上及海底纜線連通的一組電傳打字機（Teletype Machines）。
這條熱線之所以使用電傳打字機，主要是為了一旦誤傳時，原始資料可以

　　隨著通信科技的改善，美蘇兩國於 1971 年 9 月 30 日又簽訂了
《熱線現代化協定》（*Hot Line Modernization Agreement*），對熱線進行
升級，加裝語音電話，啟用衛星連線，[48]再增設兩套衛星通信線路，
以加強聯繫時效，於 1978 年完成線路架設，並開始使用。[49]1984 年
7 月 18 日，雙方同意再新增加可以傳輸影像或地圖的無線電高速
傳真機。[50]1988 年又再度升級為電腦裝備，但是仍保留原始的電傳
打字機，做為備援裝備。

　　經過多次熱線現代化協議與裝備更新，使得今日兩國元首可以
使用地球靜止軌道衛星取代原來的衛星，使熱線通信品質得以顯著
提高，也增加了高速傳真和圖樣顯示等功能。[51]另外，新的熱線還
具有最高等級加密防護，其外殼可抵抗電磁波的干擾。1999 年 10
月 15 日，熱線協議又再一次更新。美俄簽署備忘錄，決定在美國
副總統和俄羅斯聯邦政府主席之間以及美國總統國家安全顧問和俄
羅斯聯邦安全委員會秘書之間設置熱線進行溝通。[52]最特別的是在所
有的協議中，都沒有讓兩國元首直接通話，仍須透過一定的媒介。

　　做為證據及備份。引自曾娟娟，《從建構主義分析「兩岸軍事互信機制」之
建立》，頁 39。

[48] 1971 年美蘇雙方一致同意將軍事熱線系統提升到更先進的衛星傳輸模式，
由兩顆美國國際通信衛星和兩顆蘇俄「閃電-2 號」通信衛星擔任通信中繼
任務，美蘇領導人實現了真正的語音通話。引自黃山伐，〈蘇美首腦熱線數
次防止「核大戰」〉，《科學大觀園》，2008 年 7 月，頁 43。

[49] Teena K. Mayers, *Understanding Nuclear Weapons and Arms Control,3rd ed.*,
（Washington, D.C.: Pergam on –Brassey's, 1986），pp.90-91.

[50] Bruce Russett & Harvey Starr, *World Politics,4rd ed.*, （New York: W. H.
Freeman, 1992），pp.352-354.

[51] Webster A. Stone, "The Hot Line: Washington-Moscow Communications
Links," in Richard Dean Burns ed., *Encyclopedia of Arms Control and
Disarmament* （New York: Charles Scribner's, 1993），p.847.

[52] 葛海濱，《1967 年中東戰爭與美蘇的有限緩和》，頁 42。

另外，於 1987 年 9 月，美蘇兩國在華盛頓另簽署《核子危險降低中心協定》(*Agreement Between the United States of America and Union of Soviet Socialist Republics on the Establishment of Nuclear Risk Reduction Centers*)，依據此協定，美國國務院與蘇俄外交部需分別設立連線的中心，透過直接的電腦連線（Hookup），以最新的技術傳輸或接收有關武器管制的訊息（例如：彈道飛彈按鈕測試的先期預告），從而降低兩國間發生意外性核子戰爭的危險。[53]

綜合上述，在莫斯科和華盛頓之間建立直接的熱線電話聯繫，主要的目的就在借由「熱線」提供兩國元首在危機期間進行磋商與聯繫，對於避免雙方因誤會而引起直接對抗產生很大的功用。

貳、朝鮮半島「熱線」之實踐經驗

從第二章第二節探討朝鮮半島信心建立措施的實踐經驗中，可發現兩韓早在 1971 年雙方「紅十字會」(Red Cross) 的第一回合會談中，南、北韓同意開放一條熱線於雙方紅十字聯絡辦事處間。緊接著 1972 年 7 月 4 日兩韓《七、四共同聲明》中提及雙方同意在漢城（現稱首爾）與平壤之間的直通熱線電話，[54]及南、北韓協調委員會聯合主席間，設置第二條的熱線。同年 8 月，為了準備南北韓之間的對話，在漢城與平壤之間共設置了 18 條的熱線。

---

[53] 郝以知，《推動兩岸信心建立措施之研究》（台北：政治大學外交學系戰略與國際事務碩士在職專班碩士論文，2001 年），頁 45-46。

[54] *A Handbook of Korea*, Seoul International Publishing House, Seoul, January 1987, p.299.

　　然而，1975 年北韓單方面的終止了這些直接熱線，直至 1984 年北韓的紅十字會對南韓水災提供援助，才重新啟用直接熱線。在 1997 年初美、中、南北韓舉行「四方會談」時，美國與南韓特別重視「緩和緊張情勢」，南韓在會議中提議「設置雙方軍事領導人的熱線電話與軍事演習事前通報機制」；[55]另南韓前總統金大中亦曾表示：「對話有助於降低緊張情勢，軍事首長之間設置熱線，更有助於營造互信的基礎。」[56]

　　到 2000 年為止，共計有 29 條的直接熱線[57]（如表 4-1），及 21 條的間接熱線（南北韓與第三國的熱線）；直接熱線的基礎是為了兩韓的相互交流與對話，而間接熱線則是用於支持輕水反應爐（Light Water Reactor，簡稱 LWR）與金剛山旅遊計畫等 （如表 4-2）。2000 年 9 月起南北韓透過「國防部長會議」，雙方於 2002 年 9 月達成設置軍事熱線電話協議；[58]同時為避免在黃海海域發生突發性武裝衝突，連接兩韓的軍事戰略層級軍事熱線電話（南韓平澤第二艦隊司令部和北韓南浦西海艦隊司令部），也在 2005 年 8 月完成測試與啟用。[59]

---

[55] 王順合，《論臺海兩岸建構「信心暨安全建立措施」之理論與實務》（台南：供學出版社，2006 年 11 月），頁 197。

[56] 許勛（Uk Heo）、霍羅威茨（Shale A. Horowitz）著，周茂林譯，《亞洲衝突：南北韓、台海、印巴》（*CONFLICT IN ASIA: Korea, China-Taiwan, And India-Pakistan*），頁 179。

[57] 資料顯示，南北韓間開通的軍事熱線共有 9 條。分別是為支援東、西海地區通行而開通的 6 條熱線，和為預防西海衝突而開通的 3 條熱線。引自〈南北韓軍事熱線共 9 條〉，《頭條日報即時新聞》，2010 年 10 月 6 日，〈http://www.hkheadline.com/instantnews/ news_content/200810/06/ 20081006b125416.html?cat=b〉，檢索日期：2011/8/25。

[58] 吳洲桐，《朝鮮半島安全情勢下的預防外交-兼論中共的角色與態度》（台北：淡江大學國際事務與戰略研究所碩士在職專班論文，2005 年 6 月），頁 68。

[59] 蔡東杰，〈東北亞安全與區域治理機制發展〉，《全球政治評論》，第 19 期，2007 年，頁 15。

　　兩韓初期建立熱線溝通管道，雖因某些事件而暫停，但很快又
恢復，因熱線設置目的是在高度緊張的情況下，增加兩韓的直接溝
通，以及協調兩國人民和貨物在守衛森嚴的板門店休戰區的交通，[60]
如 1999 年 8 月黃海軍事衝突之後一年，又重新啟動 1991 年的軍事
熱線就是很好的例證。[61]

表 4-1　兩韓之間的直接熱線

用途	使用範圍	數目	啟用時間
緊急熱線	首爾－平壤	2	1971.9.22
南北韓協調委員會	協調委員會聯合主席	1	1972.7.4
南北韓對話輔助線	首爾－平壤	18	1972..8.26
經濟對話	首爾－平壤	1	1984.12.21
南北韓板門店聯合管制區聯絡官熱線	南北韓管制區聯絡官	2	1971.9.22
		2	1992.5.18
空中交通管制	大邱市和平壤空中管制塔台	2	1997.11.19
	衛星中繼	1	1998.2.17
總計		29	

資料來源：筆者整理自江惠慈，〈兩韓和解與東北亞新秩序〉，《東吳大學》，
　　　　　2002 年 23 月 8 日，〈http://www.scu.edu.tw/politics/member/lowww/
　　　　　reports/security90/chiang.pdf〉，檢索日期：2011/7/24。

---

[60] 〈北韓重啟兩韓軍事熱線〉《人間福報》，2009 年 3 月 22 日，〈http:// www.
merit-times.com.tw/NewsPage.aspx?unid=118536〉，檢索日期：2011/4/25。

[61] 林正義，〈國際經驗與台海信心建立措施〉，陳德門主編，《國防大學第一屆
國家安全與軍事戰略學術研討會論文》（桃園：國防大學，2000 年 11 月 30
日），頁 60。

表 4-2　兩韓之間間接熱線

用途	使用範圍	數目	啓用時間
輕水反應爐計畫	南韓－日本－國際通信衛星	8	1997.8.4
	－平壤－新浦	2	2000.7.26
金剛山一般訪視	南韓－日本－國際通信衛星	6	1998.11.17
	－平壤汶山－主城－開城	2	1999.5.18
平壤內部機制	南韓－日本－國際通信衛星	18	2000.11.21
	－平壤汶山－主城－開城		
總計		21	

資料來源：筆者整理自江惠慈，〈兩韓和解與東北亞新秩序〉，《東吳大學》，
2002 年 23 月 8 日，〈http://www.scu.edu.tw/politics/member/ lowww/
reports/ security90/chiang.pdf〉，檢索日期：2011/7/24。

　　從上述美蘇與朝鮮半島兩韓之間設置的「熱線」，主要功能是
針對防止意外產生，造成衝突導致戰爭的危機，而對於兩國資訊的
不足或溝通不良，導致情勢誤判有顯著貢獻。例如 1967 年的「以
阿戰爭」[62]、1979 年蘇俄進軍阿富汗、及 1982 年美軍進軍黎巴嫩

---

[62] 自從 1963 年 8 月 30 日「熱線」安裝完成以來，它還未發揮過作用，只有
在線路定期檢修時例外，那時美國技術人員向莫斯科傳送棒球比賽的結果，
而蘇俄的技術人員則傳送從屠格涅夫的作品《畫家的筆記》中摘錄的一些
句子。雖然沒有正式啟用過，但熱線始終處於待命狀態，每小時都要試機
一次，以保證線路的暢通。因此，可以說到了 1967 年中東戰爭，熱線才第
一次被使用。美蘇在整個戰爭期間，從 6 月 5 日至 6 月 10 日，雙方共發出
了 20 份「熱線」電報，這些電報原件都整理放置於美國總統辦公室。例如：
1967 年 6 月 8 日，美國的「自由」號通訊艦在地中海遭到襲擊。美國的第
一反應是蘇俄所為。因此，美國總統詹森指示國防部長麥克納馬拉（Robert
Strange McNamara）立即下達緊急命令。整個美國軍隊，包括空軍戰略指
揮部、飛彈發射基地在內，都奉命處於備戰狀態。在此同時，地中海的蘇
軍艦艇的雷達螢幕上出現了大量光點，那是幾十架美軍戰鬥機的雷達回波，
這些飛機是奉命去保護受攻擊的美國軍艦和進行攻擊者。但隨後到來的第
二封電報說明了真相。原來，攻擊美國軍艦的竟然是以色列軍方。詹森總
統此時慶幸自己沒有貿然行事，否則，第三次世界大戰就會因一個小小的

等，美、蘇國家元首都曾透過彼此熱線的聯繫，將軍事行動向對方溝通，以化解彼此之間的疑慮，避免戰事擴大。

　　印度與巴基斯坦之間的分歧仍沒有得到解決，但近年來能實現停火，相安無事，熱線的作用功不可沒。就如美國總統詹森（Lyndon Baines Johnson）在其回憶錄中，寫到「熱線」這玩意證明具有威力，主要不是在於它的通信快速。最重要的在於它能迅速喚起國家元首及其高級顧問立即注意當前的迫切問題，和迅速作出決定。[63]

　　當然，熱線也不是沒有缺點的，最明顯的是北韓，並未因兩韓有熱線存在而改善；更嚴重的是雙方的元首也會因個人氣憤、誤解或不信任，因而濫用熱線釀成巨禍。可見雙方元首使用熱線必須要能自我約制，且對熱線的使用時機、功用及其限制也要某種程度的了解，否則再好的設施遇上領導人的刻意逃避，不當的使用與操作亦屬枉然。[64]

誤會而爆發。因此，真相大白後美國主動打「熱線」給蘇俄，告知了真相，並解釋美國飛機緊急起飛是去營救遇難船隻，毫無向在地中海的蘇俄軍艦進攻之意，也無參與西奈半島戰爭的打算。蘇俄也回電報表示同意美國的做法。如果當時雙方沒有藉由「熱線」澄清各自行為，而只是經由行動來表達意圖，極有可能引起雙方尤其是蘇俄的誤會，從而造成雙方的衝突。最後關頭，美蘇兩國使用熱線，化解了蘇俄對美國海軍艦隊在地中海活動的疑慮，澄清了彼此的意圖，化解了一場核戰爭災難。引自 Laura S. Hayes Holgate, "Preventing accidental war," in Richard Dean Burns's ed., *Encyclopedia of arms Control and Disarmament*（New York: Charles Scribner's, 1993）,pp. 1094-1097.

[63] William B. Quandt, *Peace process: American Diplomacy and the Arab-Israeli Conflict Since 1967*,（Washington, D.C.: Brookings Institution）.

[64] 陳國銘，《由建立信任措施論歐洲傳統武力條約之研究》，頁 37。

第三節　中共對「熱線」設置之實踐經驗

美國學者貝特（Richard K. Betts）表示，東亞地區有許多不滿正在惡化，而且比冷戰時期，更有可能造成衝突。[65]雖然，中共在陸上邊境糾紛問題暫時緩和；但是，仍存在危險因子。[66]有鑒於此，中共幾乎和台灣以外的所有相鄰國家與大國，建立起或多或少程度的熱線設置。[67]2008 年先後與俄羅斯、美國、南韓（目前僅簽署草案，尚未啟用）等國家建立不同層級的熱線，其中又以中美軍事熱線最受國際的關注。[68]然而礙於篇幅，本節僅選擇其與美國、俄羅斯、印度三個國家實踐經驗進行分析，[69]再進一步歸納出中共在設置熱線的共通性模式，作為後續研究之基礎。

---

65 Richard K. Betts, *Enemies of Intelligence: Knowledge and Power in American National Security* （New York: Columbia University Press, 2007）, pp.15-30.

66 Allen S. Whiting, "Chinese Nationalism and Foreign Policy After Deng," *The China Quarterly,* No.142, June 1995, pp.295-316.

67 楊志恒，〈中共國防報告書的分析〉，《共黨問題研究》，第 24 卷第 8 期，1998 年 8 月，頁 2。

68 傅立文，〈2008 年中共國防與軍事〉，《中共研究》，第 43 卷第 2 期，2009 年 2 月，頁 74。

69 本論文以中美、中俄、及中印三個各案比較分析，主要考量在於三個各案對中共「熱線」實踐經驗較具代表性，中美高度既競爭又合作的關係，使得中共在處理與俄羅斯及印度之「熱線」時，展現出有別於中美在「熱線」實踐經驗的思維及層級考量，並反應在「熱線」之實踐內容上，如此的實踐內容差異，有助於各案之間的分析比較及窺探中共實踐的全面性，並利於引申出中共對「熱線」的歷史經驗之探討方向。

壹、中共與美國

　　有關中、美熱線的設置，早在冷戰時期，美國學者白邦瑞（Michael Pillsbury），在美國《外交政策》（*Foreign Policy*）季刊，首度公開發表〈美國與中共建立軍事聯繫〉（U.S.-Chinese Military Tie）一文中，建議華府與北京之間應設置熱線，以協助中共接收美國提供有關蘇俄可能實施飛彈或空中武力攻擊的早期預警，並透過華府、北京與莫斯科的外交熱線，來化解中共與蘇俄之間可能引發的戰爭危機，[70]後來被美國政府所採納，但已經過 12 年。

　　1995 年及 1996 年的台海危機，改變了中美關係，美國因此加重其在亞太地區的角色。相對也刺激美國與中共信心建立措施的開展，包括《中美兩國國防部關於建立加強海上軍事安全咨商機制的協議》（*Agreement Between the Department of Defense of the United States of America and the Ministry of the People's Republic of China on Establishing a Consultation Mechanism to Strengthen Military Maritime Safety*），與元首層級熱線的設置。[71]

　　1997 年 10 月 31 日，中共國家主席江澤民到美國訪問，並與柯林頓（William J. Clinton）總統舉行高峰會，會後雙方發表了《中美聯合聲明》（*Joint U.S.-China Statement*），將熱線電話納入其中，並決定共同致力建立中美「建設性戰略夥伴關係」（Constructive

---

[70] Michael Pillsbury, "U.S.-Chinese Military Tie?" *Foreign Policy*, Fall, No.20, 1975, pp.50-64.

[71] 1996 年台海危機時，美國太平洋司令普魯赫（Joseph Prueher）最想要的是直接可以與中共軍事高層通話的電話碼。引自林正義，〈美國國防部長蓋茲訪中與美中軍事熱線〉，《戰略安全研析》，第 32 期，2007 年 12 月，頁 12。

Strategic Partnership），成為一個軍事交流的「安全建制」（Security Regime）；[72] 規定兩國之間建立三條對話管道：[73]

- 中美兩國雙方元首定期互訪。
- 兩國在北京與華府建立元首間「熱線」通訊聯絡，以便利直接聯繫。
- 進行閣員與次長級官員定期互訪，就政治、軍事、安全、和軍備管制問題進行協商。

1998 年 4 月，美國國務卿歐布萊特（Madeleine K. Albright）訪問北京時，與中共外交部長唐家璇簽署《中美關於建立直通保密電話通訊線路的協定》，建立白宮與中南海元首的溝通管道。[74] 並仿照美蘇兩國元首建立一條由中共與美國元首直接並保密的「熱線」通話，[75] 柯林頓總統於 5 月 25 日首次透過熱線電話與中共國家主席江澤民聯繫，希望透過北京阻止巴基斯坦跟進核試爆。[76] 1999 年 7 月 9 日，前總統李登輝發表兩岸為「特殊國與國關係」論點後，引起中共的反彈，同年 7 月 18 日，柯林頓與江澤民就此事進行熱線溝通。[77]

---

[72] 有關安全建制之研究，可參閱 Robert Jervis, "Security Regime," in Stephen D. Krasner, ed., *International Regimes* （Ithaca, New York: Cornell University Press, 1983）.

[73] 林文程，〈中共對信心建立措施的立場與作法〉，陳鴻瑜主編，《信心建立措施的理論與實際》（台北：台綜院，2001 年 2 月），頁 107-164。

[74] 夏立平，〈中美安全合作與軍事交流的成果與問題〉，《中國評論》，1998 年 12 月，頁 82。

[75] Kenneth W. Allen, "Military Confidence-Building Measures Across the Taiwan Strait," pp.119-120；陳一新，〈中美搭上熱線，我應籌思對策〉，《中國時報》，1998 年 5 月 1 日，版 11。

[76] 〈柯江 25 日熱線電話〉，《中國時報》，1998 年 5 月 25 日，版 1。

[77] 劉振安，《美國與中共軍事交流之研究：國家利益之觀點》（高雄：中山大學大陸研究所碩士論文，2004 年 7 月），頁 108。

　　在建立軍事熱線方面，美方在 2004 年初國防部政策次長費思
（Douglas Faith）曾非正式提議建立中美軍事熱線的構想和方案，
希望在雙方國防部設置熱線電話，化解因誤解而產生的危機。[78]美
方希望就美軍在中共的領海、領空附近作業達成協定，避免類似
2001 年軍機擦撞事件再次發生。[79]只不過，這項提議，一直遭中共
擱置。[80]

　　例如 2004 年 1 月，美國參謀首長聯席會議主席邁爾斯（Richard
Myers）至大陸參訪，並與中共總參謀長梁光烈討論設置「軍事熱
線」事宜，用以防止危機時雙方的緊張情勢升高，就遭到中方的推
拖而擱置。[81]2006 年 6 月 8 日由美國助理國防部長羅德曼（Peter
W. Rodman）在第 8 次中美「國防諮商會談」（Defense Consultative
Talks, DCT）正式提出設立軍事熱線的建議，但仍遭到中共軍方再
次擱置。[82]

　　解放軍一直到了 2007 年 6 月在新加坡召開第 6 屆「亞太國防
安全論壇」時，才正式由副總參謀長章沁生突顯中美軍事熱線議
題，以顯示中共的軍事透明化。[83]宣佈在同年 9 月召開中美第 9 次

[78] 林正義，〈美國國防部長蓋茲訪中與美中軍事熱線〉，頁 11。

[79] 2001 年 4 月 1 日中美軍機在南海上空擦撞，中美關係驟然緊張，中美駐中
共大使普理赫銜命試圖與中共軍方聯繫，以防止緊張情勢進一步升高，但
是卻始終不得其門而入。這一事件再次促使美國思考如何加強與中共的溝
通，避免類似事件的重演和誤判的發生。引自強強，〈中美「軍事熱線」的
意義不宜高估〉，頁 46。

[80] 王順合，〈美國與台海兩岸之軍事合作交流及互信措施〉，發表於「八十三
週年校慶基礎學術研討會」（高雄：陸軍官校，2007 年 6 月 1 日），頁 PO-13。

[81] Jim Garamond, "China, U.S. Making Progress on Military Relations,"
American Forces Press Service, January 15, 2004; Shirley A. Kan, U.S.-China
Military Contacts: Issues for Congress, Updated March 19, 2009, p.17.

[82] John Keefe, "Anatomy of the EP-3 Incident, April 2001,"*Center for Naval
Analyses report,* January 2002；〈中共拒與美軍事熱線〉，《中國時報》，2005
年 10 月 22 日，版 4。

[83] 林正義，〈倫斯斐對中國擴軍仍持質疑〉，《戰略安全研析》，第 7 期，2005

中美「國防諮商會談」與美軍討論「熱線」的意願；[84]11 月 5 日，
美國國防部長蓋茲（Robert M. Gates）任職內首度訪問中共，由於
其行事作風較為溫和，中美雙方軍事關係大幅改善，針對設立兩國
國防部之間的熱線直通電話達成共識。[85]

　　雙方同意未來將在業務部門解決技術問題後，再簽署熱線的協
議，有關雙方建立「軍事熱線」的主要目的：[86]

- 緊密監視台海軍情，以防兩岸擦槍走火，爆發軍事衝突而拖
  美國下水。
- 可以提升中美兩國的軍事交流。
- 可以提供中美雙方在危機或問題發生時，及時溝通以避免
  誤判。
- 由於中國軍力發展已足以威脅美國，因此必須建立軍事「熱
  線」強化溝通管道。
- 改善兩國因缺乏互信，降低可能因此導致誤解或誤判的
  機率。

　　2008 年 2 月 26 日至 29 日美國防部副助理部長謝偉森（David
Sedney）訪問北京與上海時，與中共總參謀長助理陳小工舉行「國
防政策協調會」（Defense Policy Coordination Talk, DPCT），研討建
立軍事熱線，[87]並在上海雙方簽署《中華人民共和國國防部和美利

年 11 月，頁 12。

[84] 趙哲一，〈我國執行信心建立措施的向況與展望──以兩岸建立「軍事互信
機制」為例〉，顧尚智、李夢麟主編，《2007 年解放軍研究論壇彙編》（八
德：國防大學，2007 年 12 月），頁 177-180。

[85] 謝奕旭，〈建構東亞安全機制可行性探討──美、日、台聯盟〉，《國防大學
97 年「國防事務專案研究暨戰略學術研討會」論文集》（桃園：國防大學，
2008 年 10 月），頁 377。

[86] 王央城，〈台海兩岸關係的現況〉，王央城主編，《前瞻兩岸關係發展的趨勢》
（桃園：國防大學戰略研究所，2007 年 12 月），頁 6-8。

[87] 劉振安，〈歐巴馬上任後美中軍事交流之研究〉，頁 11。

堅合眾國國防部關於建立直通保密電話（Defense Telephone Link, DTL）通信線路的協定》。[88]經過多此波折後，終於在 2008 年 4 月 11 日啟用，由美國國防部長蓋茲（Robert M. Gates）與中共國防部長梁光烈正式啟用兩國軍方之間的熱線電話。

　　2011 年 5 月 15 日中共解放軍總參謀長陳炳德應美軍參謀長聯席會議主席穆倫（Mike Mullen）上將之邀，訪問美國，進行雙邊軍事高層會談，並達成六項共識。其中第二項，提及兩國國防部應可透過熱線電話進行溝通，[89]這可能顯示雙方國防部層級熱線電話，使用率不高。據《路透社》指出，三年中這條熱線僅使用了四次，其中包括一次是國防部長蓋茲致電祝賀中國國防部長梁光烈上任。[90]甚至 2009 年兩國海軍對峙（指「無瑕」號事件）[91]、美國對台售武等重大事件發生時，這條熱線未曾使用。由此可見中美國防部層級熱線並未發揮預期功能，[92]這符合中共對於「信心建立措施」的作為，政治宣傳意味大於實質效果的一貫立場。[93]

---

[88] 〈中俄軍事熱線開通：與中美軍事熱線差別很大〉，《人民網》，2008 年 3 月 18 日〈http://military.people.com.cn/BIG5/7013661.html〉檢索日期 2011/7/24。

[89] 陳嘉生，〈共軍總參謀長訪美的對台戰略意涵〉，《戰略安全研析》，第 74 期，2011 年 7 月，頁 35。

[90] 〈美中猜忌深 軍事熱線不熱〉，《世界新聞網》，〈http://www. worldjournal. com/view/full_news/13275430/article-%E7%BE%8E%E4%B8%AD%E7%8C %9C%E5%BF%8C%E6%B7%B1-%E8%BB%8D%E4%BA%8B%E7%86%B 1%E7%B7%9A%E4%B8%8D%E7%86%B1?instance=m2 〉，檢索日期：2011/9/24。

[91] 2009 年 3 月 9 日美國國防部發表聲明，指責中共船隻連續在南中國海「危險尾隨、包圍」美國海軍「無瑕號」海測船（USNS Impeccable, Ocean Surveillance Ship），並「騷擾」美國船員。引自應紹基，〈美軍「無瑕號」海測船事件之研析〉，《海軍學術雙月刊》，第 44 卷第 3 期，2010 年 6 月，頁 33。

[92] Shirley A. Kan, *U.S.-China Military Contacts: Issues for Congress,* pp.17-18.

[93] 韓岡明，〈從中共與周邊國家建構「信心建立措施」檢視其基本立場〉，曾

表 4-3　中美兩國國防部層級熱線的建立過程

時間	具體內容
2004 年 4 月 10 日	美國於第六次中、美「國防諮商會談」中向中共提出建立軍事熱線，但無具體進展。
2005 年 1 月 31 日	美國國防部次長勞樂思與中共國防部外事辦公室主任張邦棟，進行中（共）美軍事熱線磋商。
2005 年 4 月 28 日	美國於第七次中、美「國防諮商會談」討論希望雙方建立軍事熱線，中方仍持保留態度。
2005 年 10 月 18 日	美國國防部長倫斯斐訪中，再強調積極推動建立兩國的國防部層級軍事熱線，中共卻無意與美方建立更具時間緊迫性、避免軍事衝突的軍事熱線。
2006 年 5 月 9 日	美軍太平洋司令部司令法倫訪中國大陸，美軍方提議，中共官方媒體表示，北京傾向接受。
2006 年 6 月 8 日	美國助理國防部長羅德曼在第八次中、美「國防諮商會談」正式提出設立軍事熱線的建議，但遭到中共軍方再次擱置。
2007 年 11 月 5 日	美國國防部長蓋茲任職內首度訪問中共，針對設立兩國國防部之間的熱線直通電話達成共識，並於第九次中、美「國防諮商會談」最終決定建立軍事熱線方案。
2008 年 2 月 29 日	美國國防部副助理部長謝偉森與中共總參謀長陳小工在上海舉行「國防政策協調會」後，簽署《中華人民共和國國防部和美利堅合眾國國防部關於建立直通保密電話通信線路的協定》。
2008 年 4 月 10 日	中共國防部長梁光烈與美國國防部長蓋茲透過兩國國防部層級熱線電話進行首次通話。

資料來源：筆者整理自劉振安，〈歐巴馬上任後美中軍事交流之研究〉，《空軍學術雙月刊》，第 612 期，2009 年 10 月。

章瑞主編，《國防軍事戰略視窗》（桃園：國防大學國家戰略研究中心，2002 年 5 月），頁 55。

　　總而言之，中美雙方所簽署的熱線內容，主要作用發揮在降低對抗的氣氛，增加雙方相互了解的溝通管道，避免因誤判產生不利的後果，以促進及穩定兩國的關係。長期以來，中美兩軍之間的溝通、交流主要是透過雙方武官進行協商。在平常情況下，這是一條有效也是唯一的途徑；不過，一旦出現突發事件或危機，就會出現溝通不良、協調不靈的窘態。中美軍事熱線最早提出此構想為美軍前太平洋司令普理赫（Joseph W. Prueher）於 1997 年 12 月提出，主要是在 1995 年及 1996 年的台海危機時，美方毫無聯繫中共正式電話管道。尤其在 2001 年 4 月 1 日美軍偵察機與中共戰機擦撞事件後，遂將軍事熱線正式納入美方的議程中。[94]

　　美方曾多次說服中共建立軍事熱線，然遭到中共軍方擱置。雙方對於設置軍事熱線的主要歧見，在於美方認為「熱線」可在危機時提供雙方溝通管道，但是中方則認為在出現軍事對立時，應該管制雙方的軍事對話。[95]美國希望藉由此熱線，處理危機與衝突避免為其主要目的，[96]以防止兩軍在台海地區因誤解或是誤判而發生軍事衝突。學者林正義則認為中共的戰略思維是以藏拙方式，來緩衝查證時間的壓力，造成增加對方威懾的心理作用。[97]

　　綜合上述，中美國防部長層級軍事熱線建構進程中，美國態度積極而迫切，相對於中共就較被動；其主要原因可歸納出四點：第一、美國評估中共已是「具影響全球能力的軍事大國」，必須即時掌握中共意圖；第二、為因應台海情勢緊張預做準備；第三、因應北韓核危機、中日東海爭議、及南中國海等區域安全情勢發展，

---

[94] 王央城，〈美國國防部長蓋茲訪問中國的美中軍事交流趨勢〉，《戰略安全研析》，第 32 期，2007 年 12 月，頁 7。

[95] R. Weith, "Military dialogue," *China Brief*, Vol.6, No.18, 2006, pp.6-8.

[96] 劉振安，〈歐巴馬上任後美中軍事交流之研究〉，頁 23。

[97] 林正義，〈倫斯斐對中國擴軍仍持質疑〉，頁 12。

建立兩軍戰略溝通管道；第四、美國透過設置軍事熱線來制約中共；[98]相對的，中共趨向保守，擔心美國情報單位透過軍事熱線追查到其高層決策者位置。[99]

貳、中共與俄羅斯

1969 年，中、蘇雙方發生「珍寶島（Zhenbao Island）事件」兩次流血衝突之後，[100]是雙方緊張的高峰期，兩國開始交惡，進入無限期對抗時期。一直到 1979 年，中共鄧小平執政後，才逐步進入一個新時期。於 1990 年 4 月 22 至 23 日，中共總理李鵬訪問莫斯科，與蘇俄簽署《關於中、蘇邊境地區相互裁減軍事力量和加強軍事領域信任指導原則協定》（*Agreement on the Guidelines of Mutual Reductions of Forces and Confidence Building in the Military Field in the Area of the Soviet-Chinese Border*），兩國並同意朝限制邊境軍事部署及建立邊境互信之方向進行合作。[101]

在軍事關係上，於 1992 年 8 月 24 日，中共國防部長秦基偉訪俄，建立起俄羅斯與中共軍事的官方關係，並於同年 12 月 18 日，

---

[98] 傅立文，〈2008 年中共國防與軍事〉，頁 74。

[99] 藍天虹、王湧正，〈美國倫斯斐出訪中國之研析〉，《戰略安全研析》，第 7 期，2005 年 11 月，頁 15。

[100] 珍寶島為中蘇雙方都宣稱擁有該島主權，加上烏蘇里江經常改變水道，位於其間小島的歸屬權，常隨河道變化引起雙方爭執。以至於 1969 年 3 月中蘇邊界守軍在珍寶島爆發兩次的武裝衝突，隨後雙方指控對方蓄意挑釁，引起戰端。引自齊辛，《珍寶島事件真相》（香港：七十年代雜誌社，1974 年），頁 10。

[101] 有關中俄邊境問題的談判及協議內容，詳見 Genrikh Kireev, "Strategic Partnership and Stable Border," *Far Eastern Affairs*（Moscow）, No.4, 1997, pp.8-22.

中俄兩國外長在北京簽署《中華人民共和國政府和俄羅斯聯邦政府關於在邊境地區相互裁減軍事力量和加強軍事領域信任問題諒解備忘錄》（ the Memorandum of Understanding on the Guiding Principles for the Mutual Reductions of Armed Forces and the Strengthening of Trust in the Border Region）。[102]1993 年 11 月，建立了兩國國防部長定期會晤機制；1997 年 11 月，又建立了總參謀部戰略穩定磋商機制，兩國軍方高層始終保持密切互動。[103]

　　從 1993 年 11 月起，中共瀋陽軍區與俄羅斯遠東軍區的軍事指揮官之間建立直通熱線電話，提供兩國邊界守軍在緊急事件發生時的溝通管道。[104]又於 1995 年 9 月，中共副總理兼外長錢其琛在訪俄羅斯時，簽訂《關於建立中俄兩國政府間熱線電話聯繫的協定》的草案；[105]於 1996 年 4 月 24 日至 26 日，俄羅斯總統葉爾欽（Boris Yeltsin）對中共進行國事訪問，在上海與江澤民舉行正式會談，並簽署《中俄聯合聲明》，[106]宣佈兩國面向「21 世紀的戰略協作夥伴關係」（Strategic 21st Century Partnership）。[107]

---

[102] 唐家璇，《中國外交辭典》（北京：世界知識出版社，2000 年），頁 444-445。

[103] 林文程，〈中共對信心建立措施的立場與作法〉，頁 144。

[104] 蔡明彥，〈俄中軍事合作關係發展與影響〉，頁 10。

[105] 中華人民共和國外交部政策研究室編，《中國外交——1996 年版》（北京：世界知識出版社，1996 年），頁 266。

[106] 有關中俄聯合聲明全文，參閱 "Joint Statement by the People's Republic of China and the Russian Federation," Asia-Pacific Defenses Reporter, July/August 1997, p.6.

[107] 俄羅斯總統葉爾欽在訪問中國大陸的專機上，看到《中俄聯合聲明》的文本，覺得內容沒有突破性，沒有辦法真正反應兩國的關係及未來發展的方向，便親自將原來的「發展長期穩定的陸鄰友好、互利合作和面向 21 世紀的建設性夥伴關係」改為「發展平等信任、面向 21 世紀的戰略協作夥伴關係」。其中最關鍵的是「戰略協作」這個名詞，從此將中俄的關係定為戰略的關係。引自鄭啟榮，《改革開放以來的中國外交》（北京：世界知識出版社，2008 年 12 月），頁 69。

在雙邊關係方面，雙方同意保持各層級、各種管道的經常對話，並決定在北京和莫斯科建立元首之間的熱線電話聯繫。[108]雙方認為簽署在邊境地區加強軍事領域信任的協議具有重大意義，並將繼續努力盡快制定在邊境地區相互裁減軍事力量的協議。中俄戰略協作夥伴關係的維持，主要是依靠四項溝通性管道來運作：[109]

- 中俄兩國國家元首每年分別在俄羅斯和北京會晤一次。
- 中俄成立兩國總理委員會，每年分別在俄羅斯和北京會晤一次。
- 建立雙方外長隨時會晤的機制，以便在必要時能隨時進行會晤協商。
- 建立中俄元首之間的熱線管道，當危機發生時可以馬上進行溝通協商。

1997 年 11 月 9 日至 11 日，葉爾欽總統對中共進行國事訪問。雙方一致表示將中俄「戰略協作夥伴關係」全面推向 21 世紀，並正式宣佈中俄東段國界勘界工作已經全部完成，1998 年 5 月 5 日中俄兩國宣佈「熱線電話」正式啟動。[110]同年的 11 月 23 日，雙方簽署了《關於中俄邊界問題的聯合聲明》、《關於世紀之交中俄關係的聯合聲明》。在後者聯合聲明中表示：雙方主張完善現有各層級，特別是元首層級的對話機制，對中俄戰略協作關係的發展具有特別重要的意義。中共時任外交部發言人朱邦造表示，「這條『熱線電話』是中國同外國首都之間的第一條，它將使江澤民主席和葉爾欽

---

[108] 李明，〈東北亞區域推行信心建立措施之經驗與前瞻〉，曾章瑞主編，《二十一世紀初台海安全與衝突》（桃園：國防大學國家戰略研究中心，2002 年 4 月），頁 3。

[109] 鄭羽，〈中俄戰略協作夥伴關係的前景〉，《國際經濟評論》，第 5 期，1997 年 9-10 月，頁 50-51。

[110] Kenneth W. Allen, "Military Confidence-Building Measures Across the Taiwan Strait," p.125.

得以充分利用「熱線電話」和互通信函方式就重大問題交換意見。」[111]

　　中俄雙方又於 2007 年 3 月簽定訂《關於建立直通保密電話通信線路的協定》，建立兩國國防部軍事熱線，並於 2008 年 3 月 14 日由當時中共國防部長曹川剛與俄羅斯國防部長謝爾久科夫（Анатолий Эдуардович Сердюков）進行首次通話；[112]同年 12 月 29 日再由中共解放軍總參謀長陳炳德與俄羅斯聯邦武裝力量總參謀長馬卡羅夫（Макаров）透過熱線電話進行通話，就國際和地區時局交換看法。[113]中俄國防部設置直通熱線電話，將有利於雙方及時溝通情況、協調立場，推動兩軍關係發展。當中俄軍方高層往來密切，在重大國際和地區事務上保持有效溝通與磋商，合作層次高、領域寬、重務實，顯示兩國政治互信和戰略協作的表現。[114]

---

[111] 文匯網訊，〈揭秘中外首腦熱線：複雜的約會〉，《文匯網》，2011 年 11 月 1 日，〈http://news.wenweipo.com/2011/11/14/IN1111140132.htm 〉，檢索日期：2012/9/14。

[112] 〈中俄兩國國防部建立直通電話〉，《新華網》，2008 年 3 月 14 日，〈http://news.xinhuanet.com/newscenter/2008-3/14/content_7791561.htm 〉，檢索日期：2011/7/21。

[113] 歐錫富，〈中國與俄羅斯、印度信心建立措施及對臺海的啟示〉，發表於「中央研究院人文社會科學研究中心亞太區域研究專題中心 2010 臺海安全互信前瞻研討會」（台北：中研院，2010 年 6 月 29 日），頁 6。

[114] 鄭國芳，《跨世紀的中共軍事外交》（台北：淡江大學國際事務與戰略研究所碩士在職班論文，2009 年），頁 31。

表 4-4　中俄元首、國防部層級熱線的建立與發展

時間	具體內容
1995 年 9 月 26 日	中俄簽署《關於建立中俄兩國政府間熱線電話聯繫的協定》草案，建立熱線及使用時機之磋商。
1996 年 4 月 26 日	兩國元首在上海高峰會正式簽署，中俄元首之間的熱線電話聯繫。
1998 年 5 月 3 日	中俄元首級熱線電話開使啓用。
2000 年 11 月 3 日	俄總理卡西亞諾夫訪問中國大陸時，第一次提出設立中俄兩國總理熱線電話。
2000 年 3 月 27 日	江澤民首度和俄羅斯總統普丁通話，雙方相互支持彼此在台灣問題和車臣問題上的立場，發展中俄關係。
2007 年 3 月	中俄簽定訂《關於建立直通保密電話通信線路的協定》，建立兩國國防部軍事熱線。
2008 年 3 月 14 日	中俄國防部長層級熱線電話正式啓用。

資料來源：筆者整理自魯維廉，《中共新安全觀與中俄戰略協作夥伴關係》（台北：政治大學東亞所碩士論文，2001 年 6 月）；唐仁俊，〈中共對信心建立措施之立場、實踐經驗與策略應用〉，《中國大陸研究》，2004 年。

　　總而言之，中俄兩國關係之所以能順利發展，最主要是雙方高層互訪，所逐漸建構的信心建立措施功不可沒。[115]軍事專家普遍認為，中俄軍事事熱線的啟用，是中俄軍事互信的延續。可從雙方所簽署的熱線內容，主要考量兩國邊界，自古以來紛爭不斷，1969年還因烏蘇里江的小沙洲：珍寶島，發生軍事衝突，在 1985 年戈巴契夫上台以前，中共堅信「早打、大打、打核戰」的頭號敵人就是蘇俄，然而自從 1985 年雙方趨於和解以來，關係已大為改進，中共在全力發展經濟下，希望能穩定北方邊界與俄羅斯和平共處，一連串與俄羅斯建立各層級熱線，可發揮雙邊的交流及合作，並減

---

[115] 陳泊瑋，《啟動台海和平契機——從建構兩岸軍事互信機制探討》（台中：逢甲大學公共政策研究所碩士班論文，2010 年 6 月），頁 47。

少衝突的發生。在熱線的建立上，相較美國而言，俄羅斯已獲得一定成果，對於兩國互信與合作具有積極的效果。

參、中共與印度

在 1950 年 4 月 1 日，中印正式建立外交關係，[116]但 20 世紀 50 年代中印之間對邊界便已經存有歧見，但並未真正爆發衝突。直到中共以武力佔領西藏，將勢力推向接近印度的「麥克馬洪線」（McMahon Line）後（如圖 4-1），[117]引起印度的不滿。

---

[116] 印度在 1949 年 12 月 31 日向中共表示要與中共建交。引自趙哲一，〈我國執行信心建立措施的現況與展望——以兩岸建立「軍事互信機制」為例〉，劉慶祥主編，《兩岸和平發展與互信機制之研析》（台北：秀威資訊科技出版，2010 年），頁 172。

[117] 「麥克馬洪線」係於 1913 年 10 月 13 日至 1914 年 7 月 3 日，舉行的關於我國西藏的西姆拉（Simla Conference）會議，一直被我國斥為非法會議。被視為「非法會議」的兩個主要理由：第一，這是我國辛亥革命後袁世凱陰謀篡國，為了博取英國對他的支持，派人出席這次竊權辱國的所謂「中英藏三方會議」是賣國行為；第二，在會議期間，北洋政府代表陳貽范發覺英方代表麥克馬洪爵士（Sir A.H. McMahor）勾結西藏地方代表邊覺奪吉暗地交易，對他進行隱瞞、欺騙、訛詐，以致連袁世凱控制下的北洋政府亦無法接受，召回代表，會議流產。這是西姆拉會議之所以是非法的第二個理由。因此，對於中印邊界問題，中國自始便否認「西姆拉草約」與「麥克馬洪線（Line of McMahor）」，並認定兩國邊界並未獲最終確定，因為即使在英國殖民時期，爭議區域地圖自 1936 年以來均標明未確定狀態，直到 1954 年才由賈哇哈拉爾·尼赫魯（Nehru, Jawaharlal,1889-1964）時期的印度政府片面修改註記，任何未經中國承認的發展與結果都屬非法作為。儘管如此，部分由於鞭長莫及的緣故，中國對於相關爭議始終採取被動回應姿態，除堅持未定界狀態與和平解決途徑之外，並不主動要求進行談判，甚至針對 1962 年所爆發的邊界衝突，也不斷強調「被迫進行自衛性回擊」的宣示立場。引自勃魯克（Laurie Burkitt）、施道安（Andrew Scobell）、伍爾澤（Larry M. Wortzel）著，《解放軍七十五週年之歷史教訓》（*The Lessons of History-The Chinese Peoples Liberation Army at75*）（台北：國防部史政編譯室，2004 年 10 月），頁 386。

　　更加上 1959 年 3 月，西藏人民發動反共抗暴失敗後，達賴喇嘛逃往印度，印度政府基於對於尊重西藏宗教、文化之因素，以及在英國殖民統治時代發展出來對西藏的利益考量，給予達賴喇嘛政治庇護，以及後續流亡約十萬藏人在印度成立流亡政府，協助訓練游擊隊潛回西藏從事抗暴，使得中印關係更為惡化，邊界衝突（border clash）也日漸加劇，其中「朗久事件」[118]和「空喀山口事件」[119]，則為造成 1962 年中印邊界戰爭的引爆點。

圖 4-1　麥克馬洪線

資料來源：尤國臻，《兩岸軍事互信機制的建立——以兩岸非軍事區為例》（台北：
　　　　　國防大學政治作戰學院政治研究所碩士論文，2010 年 6 月），頁 89。

---

[118] 「朗久事件」係西藏馬及墩地區南端的一個小村莊，是中印邊界的一個隘口，地理位置十分重要；1959 年 8 月 25 日，中、印部隊在此爆發武裝衝突，造成印軍數人傷亡。事後，印度政府向中共提出抗議，指責中共軍隊侵犯印度；中共則聲稱是邊防部隊被迫進行自衛還擊。引自張文賢，《中印關係中的地緣政治因素研究》（台北：政治大學國家安全與大陸研究所在職專班碩士論文，2008 年 7 月），頁 58。

[119] 「空喀山口事件」係位於中印邊界西段，中、印雙方對此段領土存有爭議，並均設有哨所相互對峙。1959 年 10 月 20 日，印度由兩名特種員警和挑夫組成的小分隊到達空喀山口，遭中共方面扣押；隔天該印度特種員警部隊司令官率 70 多名武裝人員與中共部隊發生武裝戰鬥，印軍多人傷亡及被俘。事後，印度政府指責中共侵略印度領土，並調動軍隊，強化邊界地區兵力。引自張文賢，《中印關係中的地緣政治因素研究》，頁 58。

在 1962 年 8 月 13 日，印度總理尼赫魯（Jawaharlal Nehru）在國會發表演說，要中共歸還武力侵佔的印度領土，雙方緊張情勢升高，終於在同年 10 月 10 日，雙方發生衝突，次日印度下達動員令，決心要清除麥克馬洪線一帶的中共軍隊。但是，在 10 月 24 日，中共軍隊先發制人，採閃電戰術，迅速地將印度軍隊逐出邊境迫使印度和談。在 11 月 21 日，達成停火協議，協定中、印雙方部隊撤回。雖然中共贏得了戰爭的勝利，但是雙方的關係持續地緊張，尤其中共為了牽制印度轉而協助印度的宿敵：巴基斯坦，而蘇俄為了牽制中共，與印度於 1971 年 8 月，簽訂和平友好合作條約；亦援助印度大量的精密武器，更使得雙方關係水火不容。[120]

中、印邊境戰爭之後，雙方到了 1976 年，才恢復雙方關係，針對邊界問題進行了多達 8 次的談判，直到 1988 年 12 月，印度總理拉吉夫·甘地（Rajiv Gandhi）訪問中共後，雙方才有進一步的交往。[121]同意成立邊界「聯合工作小組」（the Joint Working Group, JWG），以檢視邊境地區之地理特質。[122]1992 年 2 月 20-22 日，聯合工作小組在第四次會議中，同意在兩國邊界東段的棒山口（Bumla Pass）及西段的斯潘古爾湖地區莫爾多道（Spanggur Gap）舉行定期會晤，並在會晤站間建立直通電話聯繫。[123]

1993 年 6 月，兩國達成在中印邊境地區建立信任措施的協定，包括雙方軍事人員在邊境定期會晤、在兩國邊防軍指揮部之間建立

---

[120] 張虎，《剖析中共對外戰爭》（台北：幼獅文化，1996 年 7 月），頁 110-114。

[121] 許國樑，〈對中共「信心建立措施」之探討〉，《中共研究》，第 34 卷第 3 期，2000 年，頁 74。

[122] J. Mohan Malik, "China-India Relations in the Post-Soviet Era: The Continuing Rivalry," *The China Quarterly*, No. 142, June, 1995, p.318.

[123] 張雅君，〈印巴核武試爆後中共的南亞安全政策〉，《中國大陸研究》，第 43 卷第 2 期，2000 年 2 月，頁 20。

「熱線」、事先通知邊界一帶軍隊的部署、調動、通報軍事演習等。[124]
同年 9 月 7 日印度代表拉奧（Pamulaparthi Venkata Narasimha Rao）
於北京與中共簽訂《關於在中印邊境實際控制線地區保持和平與安
寧的協定》（*Agreement on Maintenance of Peace and Tranquility
along the Line of Actual Control in the China-India Border Areas*）。[125]

　　雙方願意加強交流，開闢雙方關係發展的新紀元，並且繼續促進
兩國高層領導人互訪與強化國防安全以及軍事交流與合作。[126]1994
年 9 月 12 日，中共前國務委員兼國防部長遲浩田至印度訪問，由
於其是中共首位到印度訪問的國防部長，具有特殊意義，顯示雙方
願意加強交流，開闢雙方關係發展的新領域，繼續促進兩國高層領
導人互訪和加強國防安全與軍事的合作與交流。[127]

　　為上述協定進一步落實與深化，1996 年 11 月中印雙方在邊界
問題上取得進一步的共識，中共國家前主席江澤民訪印時，與印度
總理高達簽署了《關於在中印邊界實際控制線地區的軍事領域建立
信任措施的協定》（*Confidence Building Measures in the Military
Field along the Line of Actual Control in the China-India Border
Areas*），[128]雙方同意降低邊界駐軍數量，並設置第一線軍事指揮官

---

[124] 滕建群，〈中國建立信任措施的實踐與展望〉，李根信、滕建群主編，《2008：
　　　國際軍備控制與裁軍》（北京：世界知識，2008 年），頁 211-212。

[125] 條文內容詳見：中華人民共和國外交部，〈中華人民共和國與印度共和國關
　　　於中、印邊境實際控制線地區保持和平與安寧協定〉，1993 年 9 月 7 日，
　　　〈 http://big5.fmprc.gov.cn/gate/big5/ www.mfa.gov.cn/ chn/gxh/ zlb/tyfg/
　　　t6052.htm〉，檢索日期：2011 年 5 月 10 日。

[126] 〈中印簽署關於邊界問題等文件——兩國總理出席簽字儀式〉，《人民日
　　　報》，1993 年 9 月 8 日，版 1。

[127] 〈印領導人會見遲浩田——希望發展兩國兩軍友好合作關係〉，《人民日
　　　報》，1994 年 9 月 13 日，版 7。

[128] 許志嘉，〈中國新睦鄰外交政策〉，《遠景基金會季刊》，第 8 卷第 3 期，2007
　　　年 7 月，頁 54。

熱線，來維護實際控制區的和平與安寧。[129]基此，雙方決定建立「面向 21 世紀的建設性合作夥伴關係」。[130]

2001 年美國「911」恐怖攻擊事件發生，中、印相繼入加入世界反恐的行列，由於兩國都面臨著國內分離運動的挑戰，在反恐議題有共同利益，兩國軍事交流顯得更加密切。2003 年 4 月印度國防部長費南德斯（George Femandes）訪中時，提出聯合軍事演習的想法，獲得中共積極的回應，表達雙方將發展全面性、長期建設性的夥伴關係。[131]2004 年 3 月中共國防部長曹剛川訪問印度，雙方就進一步加強軍事友好合作達成共識，[132]曹剛川也邀請印度陸軍參與年底的聯合軍事演習，演習地點設在幾乎釀成二次中印戰爭的東段邊境地帶。

2005 年 4 月 9 日中共國務院總理溫家寶訪印，雙方簽署《關於在中印邊界實際控制線地區軍事領域建立信任措施實施辦法的議定書》（*protocol on Modalities for the Implementation of Confidence Building Measures in the Military Field Along the Line of Actual Control in India-China Border Areas*），宣布兩國將建立「面向和平與繁榮的戰略夥伴關係」，讓中印邊界問題獲得最終解決方案前，確保和平與安寧。[133]

---

[129] 康民軍，〈試析中印邊界問題的歷史與現狀〉，《南亞研究季刊》，第 2006 卷第 1 期，2006 年 2 月，頁 59。

[130] 中華人民共合國外交部政策研究室編，《中國外交-1998 年版》（北京：世界知識出版社，1998 年），頁 118。

[131] 中華人民共和國外交部政策研究室編，《中國外交-2004 年版》（北京：世界知識出版社，2004 年），頁 139。

[132] 中華人民共和國外交部政策研究室編，《中國外交-2005 年版》（北京：世界知識出版社，2005 年），頁 130。

[133] 方天賜，〈中、印開放乃堆拉山口邊境貿易之評析〉，《戰略安全研析》，第 16 期，2005 年 8 月，頁 48。

　　中印之間外交部長層級熱線已經在 2007 年，時任中共外交部長李肇星訪問了新德里與當時任印度外長慕克吉舉行會談後，雙方便宣布正式建立兩國外交部長熱線，並於 2008 年 4 月正式啟用。有關兩國總理熱線於 2009 年 6 月 15 日中共國家主席胡錦濤到俄羅斯葉卡捷林堡（Екатеринбург）出席上海合作組織峰會時，與印度總理辛格（Manmohan Singh）會晤，胡錦濤表示中方原則同意建立兩國總理熱線，在同年 8 月決定成立兩國總理之間的熱線，[134]並於 2010 年 12 月 17 日中共國務院總理溫家寶與印度總理辛格舉行會談後簽署兩國總理熱線協議。

表 4-5　中共與印度重要交流活動與成果

日期	重要交流活動	成果
1993.09	中印簽訂《關於在中印邊境實際控制線地區保持和平與安寧協定》	為「新德里協定」的基礎。
1996.11	中印簽署《中華人民共和國政府及印度共和國政府於中印邊境軍事緩衝區地區之軍事上信任建立措施協定》（簡稱：「新德里協定」）	● 任何一方不可以使用武力或以武力威脅另一方，更不謀求單邊的軍事優勢。 ● 在邊界問題最終解決之前，雙方將嚴格尊重與遵守中印邊境地區的軍事緩衝區，任何一方活動都不得超過軍事緩衝區。 ● 雙方同意在軍事緩衝區共同商訂的地理範圍內，就裁減或限制各自的軍事力量等措施。 ● 加強軍事緩衝區地區中雙方有關軍事人員和機構之間的交往與合作。

---

[134] 蔡明彥，〈亞太地區信心建立措施之發展與特點〉，《大陸兩岸情勢簡報》，2010 年 5 月 13 日，頁 4。

2007.12	中印陸軍反恐軍演	● 增進兩軍互信與了解。 ● 強化反恐與非傳統安全領域的合作。 ● 積極朝「戰略合作夥伴」方向努力。

資料來源：筆者整理自 Surjit Mansingh, "India-China Relations in the Post-Cold War Era," *Asian Survey*,Vol.34,No.3, Mar 1994, P.285-300. ; 王裕民，《兩岸建立軍事信任措施之研究》（台北：淡江大學國際事務與戰略研究所碩士在職專班碩士論文，2001 年 6 月），頁 87。

　　總而言之，由於雙方互信基礎不穩定，中、印尚未建立國防部層級之間的直接通話。僅只於雙方「實際控制線」附近邊防哨所設有准將（大校）級熱線電話及會晤機制，[135]倘若一方哨所執勤士兵發現異狀情況時，可與對方即時溝通聯繫，避免因誤解、誤會與懷疑，而導致擦槍走火情勢發生。[136]

　　就長期而言，兩國間潛在諸多的限制因素，例如邊界問題、巴基斯坦、美日與印度同盟關係發展，雙方要建立國防部層級的熱線仍然相當遙遠。[137]但熱線對兩國而言，還是非常重要的，中共上海國際問題研究院南亞中心主任趙干城認為，中、印相互之間雖然還不至於擦槍走火，但問題不少，衝突一直不斷，在一些重要問題上容易引起誤解，設立熱線符合兩國需要。[138]兩國從 1989 年建立了「中印聯合工作小組」共商解決陸上邊界問題，1996 年 11 月雙方

---

[135] 周茂林，〈中共的南亞政策研析〉，《2004 年戰略論壇文集》（桃園：國防大學戰略研究中心，2005 年 1 月），頁 171。

[136] 沈明室，〈美印戰略合作現況與影響因素〉，《戰略安全研析》，第 66 期，2010 年 10 月，頁 28。

[137] 鄧中堅，〈「中」印形成軍事同盟的限制〉，《中央日報》，2007 年 1 月 8 日，版 4。

[138] 唐璐，〈中印或將設「總理熱線」兩國民間反應冷熱不均〉，《新華網》，2009 年 6 月 18 日，〈http://world.people.com.cn/BIG5/9498561.html〉，檢索日期：2011/7/24。

再簽署《關於在中印邊界實際控制線地區的軍事領域建立信任措施的協定》（又稱新德里協定），緩解彼此緊張的關係，然在熱線層級遲未提升，顯示出彼此仍存有戒心，尤其美國的因素，也是深深影響兩國關係的發展。

第四節　中共設置熱線的限制因素

從第三節中共同他國簽署的熱線協定內容及作法，可發現中共在針對不同的對象，而採取在內容與形式上深淺有別的推動方式，大致可以得出以下幾項限制因素：

壹、兩國關係程度

中共自 1990 年代中後期，時任中共國家主席江澤民就已陸續出國訪問美、俄、日等重要大國。不但與俄羅斯建立「戰略協作夥伴關係」（Partnership of Strategic Coordination），與美國建立「建設性協作夥伴關係」（Constructive Partnership），而且與鄰近的南韓也建立了「合作夥伴關係」，更與東南亞亦相繼建立各種內容不同的「夥伴關係」[139]（如表4-6）。[140]

---

[139] 中共將夥伴關係區分為「戰略性」、「全面合作」與「睦鄰友好」性質的夥伴關係。就中共的分類，所謂「戰略性」夥伴關係其著眼主要在於長期與全面性，是從全球的角度來看問題，而具有此身分地位的國家，只有美國與俄羅斯；而一般性的夥伴關係中，所謂「全面」或「合作」夥伴關係，是指針對一些沒有特殊分歧，也沒有特殊利益的國家，如法國、英國、日本及歐盟；「睦鄰友好」則是針對中共的鄰近國家，如東協、南韓、巴基斯

表 4-6　中共與鄰國建立的夥伴關係（至 2008 年 3 月）

國家	年份及內容
中共與俄羅斯	1994 年，中俄建立建設性夥伴關係 1996 年，中俄雙邊關係升格為戰略協作夥伴關係
中共與印度	1996 年，中印共同確立面向 21 世紀的建設性合作夥伴關係 2005 年，中印建立面向和平與繁榮的戰略合作夥伴關係
中共與巴基斯坦	1996 年，中巴建立面向 21 世紀的全面合作夥伴關係 2005 年，中巴宣布發展更加緊密的戰略合作夥伴關係
中共與日本	1998 年，中日建立致力於和平與發展的友好合作夥伴關係 2006 年，中日共同努力構建基於共同戰略利益的互惠關係
中共與南韓	1998 年，中韓建立面向 21 世紀的中韓合作夥伴關係 2008 年，中韓建立中韓戰略合作夥伴關係
中共與東協	1997 年，中共與東協國家確立睦鄰互信夥伴關係 2003 年，中共與東協國家建立面向和平與繁榮的戰略夥伴關係

資料來源：筆者整理自王逸舟，《中國對外關係轉型 30 年（1978-2008）》（北京：社會科學文獻出版社，2008 年 12 月），頁 35。

　　中共與周邊潛在衝突之國家所建立不同類形之「夥伴關係」中，又與俄羅斯之「戰略協作夥伴關係」最為密切，與美國之「建設性協作夥伴關係」顯然雙方仍有很大歧見；與印度之「面向和平與繁榮的戰略合作夥伴關係」，意涵上已遜於其他戰略夥伴關係，再加上雙方互信不足。

　　美國學者杭亭頓（Samuel P. Huntington）研究發現，中共建立信任與承諾，是靠人際關係，而不是合約或法律，以及其他有關的

坦。引自殷天爵，〈透視中共的「大國外交」與「夥伴關係」〉，《國防雜誌》，第 15 卷第 6 期，1999 年 12 月，頁 39-40。
[140] 唐仁俊，〈中共外交政策之因素分析〉，《空軍軍官雙月刊》，第 161 期，2011 年 12 月，頁 42。

法制文件。[141]例如：美國與中共不是盟國，兩軍交流的重點不是軍事合作，能是保持對話，了解對方及作特定合作領域的發展。[142]中美國防部熱線的談判從 2004 年就已開始，經過長達 5 年的談判協商，直到 2008 年 2 月 29 日才正式簽署協定。中俄兩國在沒有任何先兆的情況下，卻比中美國防部熱線提早 14 日（2008 年 3 月 14 日）啟用。另可從更早的雙方元首層級熱線俄羅斯比美國提早 20 日啟用，都可以看出中共特有的建立模式。

誠如中共羅援接受《國際先驅導報》採訪時分析說，無論是互信、層級和成熟度，中俄之間的「戰略協作夥伴關係」，顯然比中美之間的「建設性協作夥伴關係」要高。[143]羅援分析中蘊含更深層面的戰略意涵，一、中俄兩國之間的軍事戰略合作，遠大於中美兩國之間軍事合作；二、中共重視與俄羅斯的軍事戰略合作；三、在敏感的中美台關係中，中共似乎有意讓俄羅斯加入以制衡美國；四、因為中俄兩國元首已經看出雙方合作，符合彼此的利益。[144]由此顯示中共與俄羅斯建立的熱線屬於主動而積極模式，但和美國互動則屬被動和消極。[145]反之中印由於雙方互信不足，目前僅建立邊防哨所的第一線軍事指揮官熱線。[146]

[141] 杭亭頓（Samuel P. Huntington）著，黃裕美譯，《文明衝突與世界秩序的重建》(The Clash of Civilization and The Remarking of World Order)（台北：聯經出版社，1997 年 9 月），頁 228。

[142] 林正義，〈倫斯斐訪華與中美軍事關係〉，賴宗男主編，《2005 年 IIR-CSS 戰略安全論壇彙編》（桃園：國防大學國家戰略研究中心，2005 年 12 月），頁 196。

[143] 劉俊，〈中俄軍事熱線開通：與中美軍事熱線差別很大〉，《人民網》，2008 年 3 月 18 日〈http://military.people.com.cn/BIG5/7013661.html〉，檢索日期：2011/7/24。

[144] 彭志文，〈中俄先於中美開通國防軍事熱線的背後內幕〉，《鳳凰網》，2008 年 3 月 24 日，〈http://big5.ifeng.com/gate/big5/ bbs.ifeng.com/ viewthread.php?tid=3085524###〉，檢索日期：2011/7/24。

[145] 吳建德，〈臺海兩岸建構軍事互信機制之可行性評估〉，《展望與探索》，第

貳、利益取向

　　基本上，中共是基於國家利益的考量來推動信心建立措施，熱線亦是如此。例如中俄兩國有許多共同核心利益如主權、領土完整等問題，兩國的立場是一致的；[147]另可以聯合俄羅斯對抗來自美國的牽制（聯合次要敵人打擊主要敵人），符合中共當前「發展海洋、穩定邊疆」的國家利益，中俄之間的溝通可能更輕易些。[148]縱然推動熱線有助於雙方的溝通，以降低防止衝突的發生，但如果對中共國家利益沒有好處，中共就不會積極，例如美國向來指責中共缺乏軍事透明度（Military Transparency），中美在國防部層級熱線協商中共非常謹慎，雙方經過長達五年談判後才啟用。[149]

參、設置目的

　　至於在設置目的上，中俄與中美兩大國軍事熱線存在差異較大。中俄軍事熱線的目的是：利於雙方就兩國軍事交往與合作等重大議題保持即時的溝通；及雙方就國際和區域衝突議題即時交換看法、協調立場。兩國軍事交往與合作的主要問題是指共同打擊中俄邊境分離勢力，共同維護邊境安全。然而，中美軍事熱線的溝通目

---

8 卷第 7 期，2010 年 7 月，頁 52。

[146] 歐錫富，〈中國與俄羅斯、印度信心建立措施及對臺海的啟示〉，頁 15。

[147]「中共年報」編輯委員會，《2011 年中共年報》（台北：中共研究雜誌社，2011 年 3 月），頁 4-70。

[148] 翁明賢、吳建德主編，《兩岸關係與信心建立措施》（台北：華立圖書，2005 年 9 月），頁 442。

[149] 李大光，〈我國逐漸與別國建立軍事熱線〉，《文匯論壇》，2005 年 5 月 16 日，〈http://paper.wenweipo.com〉，檢索日期：2011/7/24。

的主要在「借由溝通對話協商，減少軍事誤判」。[150]中印第一線軍
事指揮官層級的熱線主要是擱置爭議，來維持和睦相處。由於設置
目的差異，建立熱線的層級與內容自然就有所差異。[151]

肆、邊境地形

　　曾經與中共發生戰爭（重大衝突）或領土（領海）主權爭議的
國家如美、俄、日[152]、印、韓等國，中共先後建立不同層級熱線來
進行溝通化解危機。在中共的大戰略指導下，先行處理的是邊界問
題，因此想透過熱線來降低邊界武裝衝突的風險。中共認為透過與
周邊鄰國，尤其是俄羅斯及印度都有接壤的問題，以雙邊協議方
式，在軍事互信機制取得最大成就，[153]故中印與中俄之間雙方都有
建立第一線指揮官層級的熱線。相對的中美兩國並非陸鄰國，熱線
的意義係屬戰略性、政治性的為主。[154]

[150] 海北，〈中韓軍事熱線用英語通話〉，《世界新聞報》，2008 年 12 月 2 日，
〈http://big5.cri.cn/gate/big5/gb.cri.cn/12764/2008/12/02/145s2346327.htm〉，
檢索日期：2011/7/24。
[151] 翁明賢、吳建德主編，《兩岸關係與信心建立措施》，頁 445。
[152] 2008 年 10 月，日本首相麻生太郎與胡錦濤同意設立兩國政府領導人間的
電話熱線。另外，針對軍事熱線問題，中日兩國軍方代表也在 2008 年 4 月
召開軍事熱線首次作業小組會議，但未能就熱線內容達成共識。引自蔡明
彥，〈亞太地區信心建立措施之發展與特點〉，頁 3。
[153] 席來旺，《國家安全戰略》（北京：紅旗出版社，1996 年），頁 118-119。
[154] 李瓊莉，〈中共與它國建立軍事互信機制之研究〉，賴宗男主編，《2005 年
IIR-CSS 戰略安全論壇彙編》（桃園：國防大學國家戰略研究中心，2005 年
12 月），頁 59。

伍、大國外交互動

　　中共外交的四大支柱（周邊、大國、發展中及多邊外交）。[155]為了提高國際地位「大國外交」（Major Power Diplomacy）[156]，自 1997 年開始運用大國地位，全方位推動與相關大國（以聯合國安全理事國為主）的關係；[157]尤其胡錦濤上台後，提出「和諧世界」積極加入國際事務。[158]自認其已成為大國關係的中心角色之一，在一定程度上率動國際關係全局性的發展變化。[159]美俄是世界級大國，而印度是南亞區域大國，不論幅員及人口都具備大國的條件，可見中共與他國設置的熱線都屬「大國外交」的關係。相對於兩岸，由於雙

---

[155] 「中共年報」編輯委員會，《2011 年中共年報》，頁 4 之 90。

[156] 自 1996 年中共對台進行一連串文攻武嚇失敗後，以「中國際戰略學會」高級顧問黃政基為首所主張的「大國論」在中共內部逐漸取得上風，認為應順應時代潮流，與各大國維持友好關係，減少對抗。而中共推動大國外交之目的：一、破解西方國家對付中共的「預防性遏制」戰略、二、防止各大國支持中國大陸的分離主義和台灣的獨立勢力、三、繼續爭取一個有助於推動中國大陸改革開放與經濟建設的國際大環境；中共推動大國外交之策略：一、與各大國的領導人共同發表建立夥伴關係的宣言、二、與各大國建立交往和磋商機制、三、與各大國加強各方面的合作關係。引自李登科，〈冷戰後中共大國外交策略之研究〉，發表於「2000 年中共對外關係」學術研討會（台北：政治大學，2000 年），頁 5-8。

[157] 裘兆琳，〈兩岸關係中的國際因素〉，《國家政治走向與兩岸關係研討會論文集》（台北：救國團社會研究院，2000 年 4 月 29 日），頁 86-87。

[158] 胡錦濤於 2005 年 4 月在印尼雅加達參加亞非峰會時首次提出「和諧世界」理念。引自甘宗源，〈中共「十七大」外交戰略之研析〉，張文廣主編，《解碼中共「十七大」——胡錦濤時代政策之剖析》（台北：總政戰局、國防大學，2007 年 12 月），頁 132。

[159] 黃振祥，《冷戰後時期「中俄戰略協作夥伴關係」之形成與探析》（台北：政治大學外交研究所碩士論文，2003 年），頁 228。

方的實力差距與美、俄、印之間的實力差距並不相同，[160]因此中共是否有此興趣亦值觀察。

表 4-7　中共與其他國家建立熱線之特點與時間比較

區分　　　　國家	中共與美國	中共與俄羅斯	中共與印度
軍事衝突	有（韓戰 3 年、越戰 10 年）	有（珍寶島 1 個月）	有（邊界衝突反擊 1.5 個月）
衝突主因	意識型態	領土主權	領土主權
夥伴關係	建設性戰略協作（1999.4）	面向 21 世紀戰略協作（1996.4）	面向 21 世紀的建設性合作（1996.11）
領土是否接壤	無	有	有
元首	1998.05.25	1998.05.05	2009.08
國防部	2008.04.10	2008.03.14	無
外交部	2004.11	待查	2008.04
軍事戰略單位	無	1993.11	無
第一線軍事指揮官	無	無	1992.02

資料來源：筆者整理自趙哲一，〈兩岸如何建立對話管道——以「建立信任措施」為例〉，顧尚智、李夢麟主編，《2007 年解放軍研究論壇彙編》（桃園：國防大學，2007 年），頁 365。

第五節　小結

「熱線」的設置與發展趨勢來看，即使曾經爆發戰爭的兩個敵對國家，受到外在因素的影響，仍有可能達成熱線的協議。[161]「熱

---

[160] 張競，〈籌建兩岸熱線之研究〉，頁 104。

線」屬於信心建立措施中的溝通性措施，溝通性措施是指在有衝突傾向或緊張關係的國家之間維繫的一種溝通的管道，在危機來臨時，透過這個管道來降低或解除危機，而「熱線」就是「溝通性措施」的一種工具（tools）。

換言之，就是原本敵對的雙方，為了避免誤會或誤判引發危機，故建立熱線直接溝通的管道，以防止衝突的發生。[161]從前述章節次探討中可得知，自 1962 年 10 月「古巴飛彈危機」後，美蘇建立雙方元首層級熱線起；至近年來中共與其他國家進行「熱線」協商談判過程，可獲得下列幾項歷史經驗：

- 建立熱線機制的前提，雙方曾經發生戰爭或重大衝突的國家，例如美蘇、中印、中俄，必須藉著設置熱線結束與之間的突狀態或危機。通常是雙方都不想動武，且具有需求與意願。
- 熱線協議的簽署，應經過多次談判與雙方元首高峰會的討論認可，除非面臨重大事故的衝擊（例如中俄熱線比中美熱線先通，顯示北京對華盛頓不滿），否則必須採取循序漸進，逐次完成。
- 各國在進行「熱線」談判時，大多是採取國對國之間雙邊協商，先建立元首層級，再建立國防部層級熱線。相較之下，若是鄰國，則可能先從第一線軍事指揮官層級開始。
- 從中共操作的方法與經驗，可看出是為自己所量身定做，且與外國建立軍事熱線將是中共今後「軍事外交」（military diplomacy）的組成部分。

[161] 沈明室，〈建立兩岸領導人溝通熱線可行性之研究〉，頁 389。
[162] 翁明賢、吳建德主編，《兩岸關係與信心建立措施》，頁 307。

■ 中共與他國設置熱線的種類，包括元首、國防部、外交部、
   軍事戰略單位、及第一線軍事指揮官等層級。

布斯（Ken Booth）曾言：「在這個難以預知的世界上，國際性
衝突的周期性爆發無可避免。」[163]為有效化解國際間潛在的區域衝
突，必須建立機制，促使有敵意或可能發生衝突各方進行對話，以
增加對於彼此相互的瞭解與信任，「軍事互信機制」就是達成此目
的重要手段。而從其發展模式階段上，美國學者克里朋，認為首要
階段為衝突避免，因為衝突會影響到雙方或多方國家（區域）安全
與利益，所以敵對國家或利益相關的國家，會有較高意願來執行，
因此兩岸如何在互動過程中，讓雙方均可能真正受益，不以一方受
害為代價，兩岸的互信機制推動是有其必要性。

要避免衝突發生，就是要透過及時有效的溝通管道來化解彼此
的誤會，不致衝突持續的擴大與發生。而設置「熱線」，將有助於
兩岸衝突避免。故下一章將針對各國實踐的經驗歸納出其限制因
素，及兩岸「熱線」運作原則，進一步規劃兩岸設立「熱線」的構
想與具體措施，作為未來兩岸建構熱線的政策擬定、機制籌建之參
考借鑒。

---

[163] Ken Booth, *Law, Force and Diplomacy at Sea*（London: George Allen and
Unwind, 1985）, p.209.

第五章　兩岸「熱線」的運作原則
　　　　與具體措施

　　自馬政府執政後兩岸關係往「合作雙贏」的關係發展，使得在兩岸之間設置「熱線」成為許多人的期待，希望兩岸關係能藉熱線設立搭起「友誼的橋樑」，進而帶來兩岸的長久和平。[1]然而，設置熱線充滿了政策和技術層面的問題，其複雜程度並非吾人認為的，只要在雙方國家元首或軍事指揮官之間架設起一條直通電話線就可以。考量前述之限制因素，本章以一個維護兩岸共同安全為主要目的，並擱置兩岸主權紛爭，為一個良性互動的背景下，探討兩岸設置「熱線」的構想與具體措施。

第一節　熱線設置的運作原則

　　誠如前述，熱線係屬於信心建立措施中的溝通性措施，溝通性措施是指在有衝突傾向或緊張關係國家或集團之間維持一個溝通管道，做為化解危機與衝突的溝通管道。[2]可以運用成為相關各國

---

[1]　丁樹範，〈兩岸間的軍事熱線：政治、技術、和體系的考慮〉，《戰略安全研析》，2009 年 2 月，頁 13。

[2]　沈明室，〈互信或防範？美中建立軍事熱線的意涵與挑戰〉，《戰略安全研析》，第 32 期，2007 年 12 月，頁 13。

可以相互抱怨，提出質疑，避免產生危機的管道。在溝通性措施中，熱線不是一種互動突破的關鍵點，而是溝通互動過程的工具性特色，亦是突破性的成果。[3]要達到此成果，仍須具備其前提、步驟與屬性。

壹、熱線設置的前提

在熱線設置的前提方面，根據美蘇與朝鮮半島、及中共與其他國家過去的歷史經驗與模式的觀察，通常是兩個國家或集團之間曾經發生過衝突（戰爭）或危機，而且在情況急迫下，必須尋求緩和與解決之道的共識。另外，這兩個國家或集團都不想動武、或暫時不想動武，且雙方具有需求與意願，同意以和平方式解決衝突，係為設置熱線的前提。

一、兩國同時消弭可能發生的衝突之共識

設置「熱線」首要前提就是兩國曾經發生或瀕臨衝突（戰爭）的危機，並具有消弭危機的共識，從而促使雙方建立溝通管道。從美國與蘇俄建立的熱線電話為例，係因為雙方在冷戰期間歧見甚深，但在防範核武意外上確有一定的共識，必須建立熱線的溝通管道。[4]另中共與美國因為 1995 年及 1996 年「台海飛彈危機」的發

3　沈明室，〈建立兩岸領導人溝通熱線可行性之研究〉，顧尚智、李夢麟主編，《2007 年解放軍研究論壇彙編》（八德：國防大學，2007 年 12 月），頁 391-392。

4　Michael Mandelbaum, *The Nuclear Question- The United States & Nuclear*

生，才發現兩國之間缺乏緊急事件與危機處理既定的溝通管道，才積極協商相繼建立元首及國防部層級熱線的溝通管道。

　　熱線的設置，主要在於參與國家希望透過此一溝通管道，以化解衝突的共同目標。因為設置熱線只能被動避免因誤解而發生的軍事衝突，卻無法消除一方刻意主動或隱匿發起的攻擊。尤其在已設置熱線進行過程中，可能因為互動與接觸頻繁，使對方心防鬆懈，反而更容易製造另一方刻意主動發動奇襲的機會。如果在敵意未減的情況下，兩岸之間是否具備共同化解衝突的意願程度，以及經由此種溝通管道所產生的互信，仍然是兩岸建立「軍事互信機制」與「衝突避免機制」等作為，是否可有效遂行的重要指標。

二、雙方具備不使用武力解決衝突的意願

　　設置熱線溝通管道的建立，其目的在消弭因誤解或誤判，進而降低衝突的產生。如果兩個對立或衝突的國家（團體），同時願意降低衝突的產生，代表雙方已經具備不使用武力解決衝突的意願，願意以和平方式解決衝突。[5]換言之，具備不使用武力解決衝突的意願，是設置熱線的溝通管道非常重要的前提，如果其中一方採取謀略與詭詐的方式，騙取對方設置熱線，以做為散布錯誤或假訊息，此種溝通管道將因為無法發揮正面效益而難以維繫，更可能加

Weapons 1946-1976, （New York: Cambridge University Press, 1979），pp.187-189.

[5] Desmond Ball, "Improving Communications Links between Moscow," *Journal of Peace Research*, Vol.28, No.2, May, 1991 ,pp.135-136.

深雙方的衝突與不信任,就失去「軍事互信機制」原有之強化信心的功能。[6]

　　不使用武力解決衝突的意願,受到客觀環境與主觀意願的影響。前者係指一個國家沒有打贏戰爭的勝算,或發動戰爭的成本過高,都會降低使用武力的意願;另外,國際情勢與區域安全環境等因素,會影響發動戰爭的意願。後者通常指國家的元首(領導精英)對國家戰略環境的評估,尤其是對威脅的考量,如果國家面臨存亡的威脅,或是嚴重危及國家利益及目標。例如中共視領土與主權完整為其「核心利益」,[7]故使用武力的意願將大為增強。反之如果威脅程度降低,或是假想敵願意進行溝通解決衝突,使用武力的意願也會降低。[8]在合則兩利、分則兩害的狀況下,不會選擇以戰爭獲為取利益的手段。

貳、熱線設置的步驟

　　除了具備上述的前提外,熱線的設置有其特有的步驟存在,例如雙方具有需求的意願,並經過多次談判與元首高峰會達成共識等步驟。

---

[6]　謝台喜,〈兩岸建立軍事互信機制之研議〉,《陸軍學術月刊》,第 38 卷第445 期,2002 年 9 月,頁 83。

[7]　沈明室、郭添漢〈中共軍事武力在領土主權問題運用的角色:以南海為例〉,發表於「第四屆『國關理論與全球發展』」國際研討會(台北:中華民國國際關係學會、淡江大學國際研究學院,2011 年 6 月 9 日),頁 1。

[8]　沈明室,〈建立兩岸領導人溝通熱線可行性之研究〉,頁 394。

一、雙方具有需求意願

　　熱線的設置首要的步驟就是兩個對立或衝突的國家（團體）同時都有設置熱線的需求與意願。如果兩國未具備共識與意願，即使設置熱線仍無法避免面臨一些挑戰。[9]例如，2001 年美中軍機擦撞事件後，為了處理這個議題，華盛頓足足等了三天北京才提供美方有關事件經過與資料。另外 2007 年 1 月份，中共以戰術飛彈擊落過期氣象衛星，美國經由溝通管道，向中共求證，在國際社會一片譴責聲中，經過了 12 天之久，中共才對外公開證實有此事。

　　通常兩個國家經歷一場危機或衝突之後，希望借由熱線溝通管道來化解衝突而導致戰爭的發生。但有時候即使具備這樣的共識，各國之間因為各別利益考量，造成無法達成熱線之設置。例如 1973 年美國國務卿季辛吉（Henry Kissinger）與中共前總理周恩來會談時，曾提及與中共設置熱線溝通管道，美國希望透過此機制傳達中蘇邊境的預警情報及其他蘇軍動態資訊，但並未獲得中共所認可。[10]

二、雙方經由談判達成

　　有關熱線設置的談判，通常要經過相當長時間的協商。因為熱線設置必須要有足夠的相關條件與前提，並經過多層次與多階段的談判過程。以中美國防部層級熱線為例，從 1996 年的「台海飛彈危機」開始，當時中美緊張氣氛一度讓兩軍「如臨大敵」，對彼此

---

[9]　沈明室，〈互信或防範？美中建立軍事熱線的意涵與挑戰〉，頁 15。

[10]　Barry Schweid, "Kissinger Offered to the Help China against Soviets; U.S. was Willing to Share Information about Soviet Forces, Transcript of Secret 1973 Meeting Shows," *Austin American-Statesman*, 10 January ,1999.

意圖的不明確增加了擦槍走火的危險性。有鑒於此教訓,如何提升雙邊互信就成了中美雙方此後數年間的談判過程。後因中共駐南聯盟大使館遭誤擊(1999 年)和中美南海軍機擦撞事件(2001 年)的影響,中美兩軍就此議題的協調與談判遲遲未能展開。直到 2004 年初,美方重新開始試探,經過多次溝通協調,才於 2008 年 2 月 29 日簽字生效。[11]

　　從上述案例可以看出,此類的談判過程原本就有進階與層次的劃分,除非遇到重大危機的衝擊,否則必然是循序漸進,逐步完成。[12]中美國防部層級熱線的談判,經過長達 5 年的談判協商,才正式簽署協定;但中俄兩國卻可以比中美國防部層級熱線提早啟用,係屬特例,也看出中共的獨特作法。[13]不少研究談判學者認為談判權利之大小,是決定談判結果的重要因素,認為弱小國家在與強權談判時,沒有機會達成其所要追求之目標,強權甚至掌控了談判與否之選擇權力。[14]

　　這種「籌碼決定論」固然引起一些批評聲音,[15]但反映出「以小博大」之困境。台灣整體綜合國力遠不及中共,使台灣陷入逆操作之不利處境,再加上台灣朝野(藍綠)對立嚴重。[16]在面對敵對

[11] 〈台海危機催生中美軍事熱線 首次通話長達 30 分鐘〉,《你好臺灣網》,2008 年 4 月 16 日,〈http://big5.am765.com/ gfxgx/mtjl/200804/ t20080416_346997.htm〉,檢索日期:2011/7/24。

[12] 沈明室,〈建立兩岸領導人溝通熱線可行性之研究〉,頁 396。

[13] 邱永崢,〈與中美軍事熱線有別 中俄軍方啟用直通電話談時局〉,《中青在線》,2009 年 1 月 4 日,〈http://www.cyol.net/node/index.htm〉,檢索日期:2011/7/24。

[14] Artgur Lall, *Modern International Negotiation: Principles and Practice* (New York: Columbia University Press, 1966)

[15] William M. Habeeb, *Power and Tactics in International Organization: How Weak Nations Bargain with Strong Nations* (Baltimore: The John Hopkins University Press, 1988),pp.1-26.

[16] 美國學者扎特曼(William Zartman)認為在談判過程中,需要考量內外在

國的談判時，如當事國沒有足夠的政治籌碼與國內民意支持，有可能露出底牌，反而使談判陷於更不利地位。

三、經由雙方元首高峰會定奪

設置熱線不是一蹴可即，尤其在兩國政治領導人和國防部門的主管層級熱線溝通管道之前，最重要的關鍵指標在兩國元首是否曾經舉行過高峰會，並且達成共識。[17]軍事互信機制建立的成功關鍵，在於最後都需要兩個敵對國家的元首認同與簽署。因此，屬於溝通性措施的熱線亦是如此，通常會在雙方元首的高峰會後才開始進行簽署事宜。[18]

例如 1959 年 9 月蘇俄領導人赫魯雪夫訪問美國，這是蘇俄最高領導人第一次訪問美國，也是二戰結束以後美蘇兩國第一次舉行雙方元首會晤；才於 1963 年 6 月 20 日，達成了《建立美蘇直接通訊連結備忘錄》。[19]另外 1996 年 4 月 24 日至 26 日，俄羅斯前總統葉爾欽對中共進行國事訪問，在北京與江澤民舉行正式會談，並簽署《中俄聯合聲明》，宣佈兩國「決心發展平等信任的、面向 21 世紀的戰略協作夥伴關係」，並決定北京和莫斯科建立中俄元首之

環境，尤其是來自內部的壓力。引自 William Zartman & Maureen Berman, *The Practical Negotiation*（New Haven: Yale University Press, 1982）, pp.215-219.

[17] 例如 1997 年柯林頓與江澤民首次舉行高峰會後，再由雙方軍事部門簽署《海上軍事諮商協定》（MMCA）。引自張雅君，〈中共與美、日的亞太海權競爭：潛在衝突與制度性競爭機制〉，《中國大陸研究》，第 41 卷第 5 期，1998 年 5 月，頁 19。

[18] 沈明室，〈建立兩岸領導人溝通熱線可行性之研究〉，頁 396。

[19] 張小明，《中國周邊安全環境分析》（北京：中國國際廣播出版社，2003 年 6 月），頁 37。

間的熱線電話聯繫。[20]為營造良好氣氛，中共副總理兼外長錢其琛早在 1995 年 9 月赴俄羅斯協調訪問事宜，並先行簽訂《關於中、俄兩國政府間熱線電話聯繫的協定》草案，[21]便於雙方元首高峰會後簽署中俄元首層級的熱線協定。另中美國防部層級軍事熱線，也透過雙方元首在澳大利亞 APEC 高峰會議期間在建立軍事熱線問題上交換意見後達成。[22]

　　就兩岸現階段而言，舉行雙方元首高峰會似乎言之過早。元首高峰會可以做為漸進式談判的最後高潮，累積以往較低層次談判的成果，達到突破性的進展。反之如果例行性或事務性談判難有突破性的進展，有時候可以透過元首高峰會的方式，達成凝聚共識的效果。未來兩岸是否能達成某種默契，仍有待後續的觀察。

參、熱線設置的屬性

　　「熱線」設置在國際政治之教科書中將其列入限制核武及裁減軍備之機制中討論，[23]或是在針對核武戰略中防範核武意外時加以

---

[20] 李明，〈東北亞區域推行信心建立措施之經驗與前瞻〉，發表於「第二屆『國家安全與軍事戰略』國際學術研討會」(桃園：國防大學，2001 年 12 月 11 日)，頁 3。

[21] 中華人民共和國外交部政策研究室編，《中國外交-1996 年版》(北京：世界知識出版社，1996 年)，頁 266。

[22] 朱幸福，〈發展中美軍事關係面臨三大障礙〉，《文匯報》，2007 年 12 月 8 日，〈http://paper.wenweipo.com/2007/12/08/WW0712080006.htm〉，檢索日期：2011/7/24。

[23] K. J. Holsti 著，鄭哲民、何建台、龔文周合譯，《國際政治解析的架構》(International Politics: A Framework for Analysis)(台北：龍田出版社，1993 年 8 月)，頁 358。

探討。[24]近年來學者卻在武器管制及裁減軍備上，針對建立軍事互信機制時，對熱線之溝通性措施及功能加以分析。[25]當然也有學者認為冷戰時期美蘇兩個核武大國，為能維持國際權力均勢，並不希望發生全面性之戰爭，因此將戰爭視為兩個超級大國之共同敵人，才會運用熱線，共同為避免戰爭而所作的努力。[26]綜合上述學者的觀點，我們可以確定熱線之所以會被雙方接受，且能運作順暢，必須具備有互利性、共享性及局限性。[27]

一、互利性

當雙方都願意運用熱線進行溝通協調時，必然是因雙方都認為其所面對之國際情勢及危機，極有可能導致雙方發生正面之武裝衝突。同時，其他之機制，例如正式外交管道、政策宣示不是緩不濟急，就是無法正確無誤地確知對方之意圖立場或是政策底線，熱線之所以能被雙方重視並於多次國際危機中運用，就是基於此一互利性。

---

[24] Steven J. Rosen and Walter S. Jones 著，林郁方、金開鑫、謝福助合譯，《國際關係》（ *The Logic of International* Relations）（台北：正中書局，1993 年 8 月），頁 306-309。

[25] Ashton B. Carter, John D. Steinbrenner & Charles A. Zraket, *Managing Nuclear Operations*（Washington D.C.: The Brookings Institution,1987），pp. 708-715.

[26] 王育三，《核子時期代之國際關係》（台北：黎明文化事業公司，1985 年 2 月再版），頁 126-128。

[27] 張競，〈籌建兩岸熱線之研究〉，陳德門主編，《國防大學第一屆國家安全與軍事戰略學術研討會論文》（桃園：國防大學，2000 年 11 月 30 日），頁 84。

二、共享性

　　為使熱線能夠確實有效的執行，雙方必須共同分享許多的資訊及技術。例如中美在協商建立國防部層級熱線時，美國曾於 2007 年 4 月派遣一組技術小組，到北京與中共軍方人員共同解決熱線架設等技術問題；[28]另在 1963 年美蘇雙方建立熱線之初，雙方技術人員也針對通信規程及保密措施，相互研討並分享其所研發出之通信技術，[29]如此才使熱線之可靠度及安全性得以確保。

三、局限性

　　雖然熱線設置可以使雙方政治領導人和國防部門的主管直接通話，但是由於其所能適用之情境及功能仍然有限。因此，不能也不會取代即有之外交管道，就算雙方人員在處理危機時，曾經過某種臨時之承諾，仍然在事後要以外交管道進行後續協商，使其可以具體化成為文字納入正式的外交文件內，熱線電話只能限於雙方情勢緊張時危機處理之用，[30]但最後還是要透過正式管道來處理。

[28] 〈美國防部稱中美軍事熱綫有望一個月內開通〉，《中評社》，2008 年 3 月 5 日，〈http://www.chinareviewnews.com〉，檢索日期：2011/7/24。
[29] 美、蘇雙方之所以如此重視熱線之通信保密性，最主要是恐懼被他方之陰謀所左右，因而誘發核子戰爭。同時對於戰略核武操作人員之安全管制及未經受權自行發射核武的憂慮。引自張競，〈籌建兩岸熱線之研究〉，頁 85。
[30] 沈明室，〈建立兩岸領導人溝通熱線可行性之研究〉，頁 400。

第二節　兩岸「熱線」運作之分析

　　兩岸設置「熱線」僅停留在概念層次，相關的研究更是少見。中共學者李大光指出，各國在設置熱線時都會很謹慎；[31]中共國防部外事辦公室副主任錢利華，也表示：「軍事熱線設置的位置、由兩國國防部長通話還是下授何種層級之間進行溝通、多長時間通一次話、通話內容除軍事安全議題外是否涉及政治議題等，均需要透過雙方協商解決。」[32]基於此，本書僅就「熱線」所可能涉及的政策面、技術面以及牽涉到國內、國際因素加以研判與分析。

壹、政策面

　　從過去 30 年來兩岸關係發展的經驗顯示，兩岸關係深受到政治因素的影響。兩岸之間的政治歧異可能影響雙方發展軍事互信，這使熱線的設置可能觸礁。未來若要籌建兩岸熱線在政策面上，包括雙方如何利用此熱線、熱線對話的溝通議題、幕僚作業編組、如何避免官僚較勁影響熱線的效果、對方決策機制與對等層級、向媒體發布消息的原則及盟邦關係的處理等。

---

[31]　〈不光就一台紅色電話機：中國對外軍事熱線「趨熱」〉，《木子網》，2007年 4 月 12 日，〈http://www.muzi. com/cc/fanti/10800, 19931.shtml?q = 1463929〉，檢索日期：2011/7/24。

[32]　林正義，〈美國國防部長蓋茲訪中與美中軍事熱線〉，《戰略安全研析》，第 32 期，2007 年 12 月，頁 12。

一、熱線使用時機

　　假若要為兩岸熱線加以定位，首先考量的就是使用頻率或使用時機。一般來說，當決策者喜歡以自己主觀的意圖來主導其所屬官僚體系之運作時，就比較傾向運用熱線進行直接的溝通。[33]但是通常以熱線進行協商時，領導人必須自己直接面對，不像一般官僚行政體系之運作方式，領導人可以運用幕僚作為決策緩衝之機制。同樣地，運用行政官僚體系進行決策，可以獲得專業幕僚完整之參謀規劃。

　　有鑒於此，兩岸熱線作為經常性之溝通管道，張競將其歸納出以下幾點必須考量因素：[34]

　　（一）能否獲得對方政治領袖的認同；（二）能否獲得完整之幕僚作業以支持所欲商談溝通之課題；（三）現行官僚體系之成員是否會接受此一作業模式；（四）假若熱線成為經常性之溝通管道，會不會弱化正常官僚體系之效能；（五）當兩岸熱線作為經常性之溝通管道時，是否會影響正常之行政常規及決策機制；（六）經常使用熱線作為溝通管道，會不會使其用於處理危機之嚴肅性為之降低。

　　當考量上述所有因素之後，可發現政治領導人和國防部門的主管使用熱線必須自我約制，所有涉及雙方經常性要處理的事務，盡量使其留置於正常之官僚作業體系處理。例如第四章所提及美國前國務卿萊斯，在一個多月內就與中共外交部長有五次通話的紀錄，雖可顯示兩國外交關係良好，但相對也失去熱線的功能。總而言

---

[33] 裴魯恂（Lucian W. Pye）著，胡祖慶譯，《中國政治的變與常》（*The Dynamics of Chinese Politics*）（台北：五南圖書出版公司，1988 年 8 月），頁 226。

[34] 張競，〈籌建兩岸熱線之研究〉，頁 90-91。

之，熱線的主要功能係提供緊急與危機處理時所使用；但在制度化
管道尚未形成之前，熱線設置是有其重要價值。[35]兩岸未來設置熱
線時可參考美蘇的熱線，在協議中就規定不讓兩國元首直接通話，
而是要透過一定的媒介，這樣就可以降低「熱線」的使用頻率。

二、熱線溝通議題

設置熱線必然有其功能與目的，在議題上應加以限制。例如應
運用於會引起緊張，可能造成軍事衝突的議題，或是表明本身之立
場，才適合運用熱線與對方之政治領導人或國防部門的主管進行溝
通。但是對於那些事件會引起緊張，誘發軍事衝突，似乎不太可能
找出一個客觀的衡量指標，這幾乎要靠政治領導人和國防部門的主
管本身之主觀認定。[36]一般而言，熱線對話溝通議題可分為緊急
性、重要性及象徵性等三種議題。[37]

（一）緊急性議題

指兩國之間因突發事件，造成劍拔弩張的緊急狀況，甚至發生
武裝衝突。例如 1999 年 5 月 7 日因北大西洋公約組織（NATO）
戰機對南斯拉夫的攻擊行動中，以飛彈誤炸了中共駐南斯拉夫大使
館，造成多人死傷。[38]由於中共懷疑此次事件係北約蓄意攻擊中共

---

[35] 郭臨伍，〈信心建立措施與兩岸關係〉，陳鴻瑜主編，《信心建立措施的理論
　　與實際》（台北：台綜院，2001 年 2 月），頁 172。
[36] 張競，〈籌建兩岸熱線之研究〉，頁 91-92。
[37] 沈明室，〈建立兩岸領導人溝通熱線可行性之研究〉，頁 400-401。
[38] 1999 年 5 月美國誤炸中共在南斯拉夫大使館，美國總統柯林頓利用「熱線」
　　與中共國家主席江澤民溝通，讓中共藉此發洩怨氣。引自林文程，〈中共對

大使館的行為，乃向聯合國安理會提出口頭抗議。但是美國認為係因為空中戰機誤炸目標所造成，柯林頓並以熱線電話聯絡江澤民表達歉意，但是江澤民拒接柯林頓的電話，以表示抗議。[39]經過一週以後，江澤民才與柯林頓通話，柯林頓再次表達歉意，中共才開始緩和對美國抗議行動。[40]可見在緊急狀況下，熱線可以發揮溝通管道的效果，而拒絕接聽電話也是一種溝通態度的表達。

（二）重要性議題

指兩國之間透過熱線溝通管道，針對兩國既有或是新增的重要事件，進行最直接的溝通。主要目的在協商解決的方法，或是藉以表達抗議。例如 1999 年李登輝前總統發表「兩國論」之後，立即引發美國的關切，柯林頓即以熱線與江澤民溝通，並表達美國反對「兩國論」的立場。[41]另在 2001 年「九一一事件」美國透過熱線與中共進行溝通與合作、2003 年美伊戰爭開戰前遊說中共在聯合國安理會投贊成票。[42]

信心建立措施的立場與作法〉，陳鴻瑜主編，《信心建立措施的理論與實際》（台北：台綜院，2001 年 2 月），頁 114。
[39] Bill Clinton, *My Life*（New York: Alfred A. Knopf, 2004），p.382.
[40] 王高成，《交往與促變：柯林頓政府對中共的外交戰略》（台北：五南圖書出版公司，2005 年 3 月），頁 167。
[41] Robert L. Suettinger, *Beyond Tiananmen: The Politics of U.S.-China Relations 1989-2000*（Washington D.C.: Brookings Institution Press, 2003），p.382.
[42] 劉振安，《美國與中共軍事交流之研究：國家利益之觀點》（高雄：中山大學大陸研究所碩士論文，2004 年 7 月），頁 51。

（三）象徵性議題

即使未發生緊急性與重要性議題的情況下，雙方元首會針對某些象徵性的議題，進行連絡與溝通。例如 1996 年 4 月中共與俄羅斯締結為「戰略協作關係」也附帶簽訂元首層級熱線協議，以做為戰略夥伴關係的一部分。[43]另外，1999 年 7 月，美國與中共同時參加世界杯女子足球賽，當美國擊敗中共贏得冠軍時，江澤民主動透過熱線電話向柯林頓道賀，並同意與柯林頓在 9 月的亞太經合會場碰面。[44]由上述案例中可發現，雙方元首可經由熱線電話，透過一些象徵性議題可以作為引導性話題，來促成兩國對話。

一旦兩岸正式設置熱線後，面對海峽另一端的政治領導人和國防部門的主管在熱線所提出之協商議題，不論是那一方都很難拒絕討論，而且作出不予回應的決定。因為這等於在送出政治信號，基本上就是否定對方政治領導人和國防部門的主管的政治判斷，如此必然就會激怒對方，從而癱瘓整個熱線之功能。因此要在建立熱線前，就必須對未來在熱線所要溝通之議題作出適切地定義及規範。然而在實際執行上卻有困難，唯有依賴雙方政治領導人和國防部門的主管本身之克制及判斷。

三、幕僚作業之結構及幕僚群之需求

前文曾討論在熱線研討議題的種類，主要考量政治領導人和國防部門的主管究竟要如何運用幕僚群，來幫助其處理熱線上所有資

---

[43] "Beijing, Moscow Set Up Telephone Hot Link," *Agency France-Presse*,25 April, 1996.
[44] 沈明室，〈建立兩岸領導人溝通熱線可行性之研究〉，頁 401。

訊及對方之要求。由於熱線可能會討論之議題幾乎是無法規範，因此熱線作業人員除一般事務性的專業技術人員外，還有向政治領導人和國防部門的主管提供建言的幕僚群。

（一）基本成員

原則上就應由危機管理小組人員擔任，其中包括嫻熟法律之幕僚首長、情治幕僚首長以及其它主管國家安全事務之部會首長。另外，應包括相當數目之行政人員與專業幕僚群。同時，考量國內政治文化所需，應邀請民意機關之重要成員或領袖參與其中。[45]

（二）任務編組人員

熱線所傳遞的資訊可能是突發事件，也是屬於危機處理的一環。因此，負責熱線的幕僚群必須是一個團隊，且成員必須要了解本國行政體系的運作。[46]以應付本身所希望在熱線上討論之事務，或是對方政治領導人和國防部門的主管所提出之議題，當熱線基本成員無法處理或提出適當建言時，須增加相關部會首長、民間學者及專家。因此，熱線通話是雙方政治領導人和國防部門的主管之間的直接溝通的管道，必須納編完善的幕僚群，才能夠確保本國的利益與化解危機。

---

[45] 1962 年當甘迺迪總統處理古巴飛彈危機時，即曾邀請傅爾布萊特參議員（William J. Fulbright）及羅素參議員（Richard B. Russell）參與危機處理小組之作業，並請其提供建議俾便於日後取得國會的諒解。

[46] 丁樹範，〈兩岸間的軍事熱線：政治、技術、和體系的考慮〉，頁 15。

四、國會監督及官僚較勁

　　現代法治國家一切講求依法行政，所有施政與預算執行，須經由國會審查通過方可執行。由於台灣的政黨政策主張不一，有關執行兩岸事務也不例外。雖然所有熱線所討論之議題，基本上屬於元首的行政裁量權或三軍統帥權所處理之範疇，但最好能透過立法機關立法，以取得國人的共識，以免引起國內的政治風爆。[47]

　　要化解此疑慮，最有效的方法，就是將此措施法制化。將一切熱線所制定法條、實施細則由立法院三讀通過，並接受國會監督。另外，也必須考量不同的業管機關之間互動對熱線通聯作業之影響，每一個特定之業管機構，都有其掌握之特定資源。相對的，每一個業管機構都會運用其所掌握之權力，試圖影響政治領導人之決策。[48]

五、對方決策機制與對等層級

　　熱線的設置涉及彼此內部的法定權力問題，尤其是軍事部門之間的熱線通聯。在台灣，總統掌管國防、外交和兩岸政策似已成為慣例。然而，國防部設在行政院之下，行政院長是憲法認定的最高首長，如何界定行政院長和國防部長之間的關係成為難題。據媒體報導，1996 台海飛彈危機後，美國為了與台灣建立暢通的溝通管道，於 2002 年 9 月，台灣國防部副部長康寧祥訪問美國國防部，

---

[47] 張競，〈籌建兩岸熱線之研究〉，頁 94。

[48] Howard H. Lentner 著，淦克超譯《外交政策分析》(*Foreign Policy Analysis-A Comparative and Conceptual Approach*)（台北：黎明文化事業公司，1979 年 3 月），頁 153。

隨後台美軍事熱線就正式啟用。[49]雖台美軍事熱線偶有傳聞，但台灣官方一向否認，[50]但似乎台灣對此問題也有所因應。

在中共，國防部只是做為「軍委對外的名稱」，僅僅國務院系統的軍事工作機關，既無決定權，也無執行權。[51]國防部只在名義上負責公開的軍事外交、兵役、國防教育等工作，實際工作由軍委及各總部實施。[52]且中共的國防部長不是國防部門的最高主管，其功能分散在四大總部（總參謀部、總政治部、總後勤部及總裝部）間，[53]和四總部負責人一樣，為兩位中央軍事委員會副主席的管轄和節制。然中共問題於 2008 年建立起和美國國防部長之間的熱線以後已暫時解決。[54]

設置熱線的層級是另外一個政治考慮，中共地方大，南京軍區是主要負責對台軍事作戰的單位，[55]其軍事決策權在中央軍事委員會。台灣地方小，參謀本部直接指揮作戰，必須集全台灣之力面對

---

[49] "US Cancels Defense Meet with Taiwan, " *Taipei Time,* Aug.26,2005,p.1.

[50] 余進發，《台海兩岸軍事機構互訪可行性之研究》（台北：淡江大學國際事務與戰略研究所碩士論文，2004 年），頁 148。

[51] 中華人民共和國憲法，1982 年 12 月 4 日第五屆全國人民代表大會第五次會議通過，同日全國人民代表大會公告公布施行。其中第三節國務院，第九十三條之規定。引自施子中，〈中共國防決策與台海安全之研究〉，發表於「我國國防安全危機預判及信心建立措施之研究學術研討會」（台北：我國國防安全危機預判及信心建立措施之研究學術研討會籌備會，2002 年 11 月 18-19 日），頁 V-1。

[52] 鄭國芳，《跨世紀的中共軍事外交》（台北：淡江大學國際事務與戰略研究所碩士在職班論文，2009 年），頁 73。

[53] 外事辦公室為總參外事局，兵役辦公室為總參動員部，維和事務辦公室為總參二部。引自鄭國芳，《跨世紀的中共軍事外交》，頁 73。

[54] 丁樹範，〈兩岸間的軍事熱線：政治、技術、和體系的考慮〉，頁 14。

[55] 南京軍區的主要轄區為安徽、江蘇、上海、浙江、江西、福建，主要兵力則部署在同安、南昌、杭州和徐州地區，該軍區是以對台作戰作為首要任務。引自嚴兆華，〈南京軍區——武力部署直指臺灣〉，《青年日報》，2007 年 1 月 13 日，版 4。

南京軍區。熱線的設置是台灣的國防部對中共的國防部，或是台灣的國防部對南京軍區？假若是後者似有自我矮化之嫌。

六、向新聞媒體發布消息的原則

美國前國務卿季辛吉（Henry Kissinger）回顧其從政生涯時，面對新聞媒體的壓力與批評極具深刻回憶。[56]張競認為要對新聞媒體發布消息，必須遵守下列原則：[57]

（一）協商後發布新聞，必須獲得對方同意與諒解，最好是共同發布統一新聞稿；（二）僅對有達成共識協議提出說明，對於協商過程，盡可能不要談論；（三）強調所獲結果之互利性，切忌使對方顯得屈服於我方之要求；（四）可以透過新聞媒體，對我方所須執行之政策或相關調整作為進行說明，以宣示我方之執行協議的誠意；（五）凡是與對方約定不對外發布之內容，在尚未成熟前決不可以披露，避免妨礙未來之協商。

尤其台灣面對的是中共，如何處理兩岸關係，是台灣內部各黨派與人民最關切的議題，再加上新聞媒體在無法滿足大眾的需求，必然會對情勢之發展多所臆測，並且就所有可能獲得之蛛絲馬跡，進行捕風捉影的報導。所以，容易受到新聞媒體與外界的關注，相對保密不易。

---

[56] Henry Kissinger, *Diplomacy*（New York: Simon & Schuster, 1994），p718.
[57] 張競，〈籌建兩岸熱線之研究〉，頁 100-101。

七、盟邦關係的處理

　　台灣對美國高度的依賴，使台灣在兩岸間設置熱線時必須考慮美國因素。台灣可能必須經常就兩岸間透過熱線討論的議程照會美國，使美國對台灣保持「信心」，以維持台美關係正常的發展。[58]雖然兩岸熱線是雙方元首或國防部門的主管溝通協商的工具，其聯絡內容，台灣應該保守機密之責，但就現實利益來說，台灣不能不向盟友說明雙方所達成之共識及協議。但要保握的原則，就是未經對方同意透露之訊息，應負有保守機密之責，以避免造成反效果。

貳、技術面

　　從 1963 年美蘇雙方簽定熱線協定算起，「熱線」存在近 50 年之久。但實際運作細節，一直為各方列為最高機密，在公開文獻中只有隻字片語，無法窺視其全貌。其最主要原因在於熱線是處理兩國重大緊急事件的主要溝通工具，再加上 2001 年「911 恐怖攻擊」的陰影下，會不會有恐怖份子進行勒索，或希望藉由不明的事件，進而引發大國之間的衝突，造成「第三次世界大戰」？其實都是各大國所擔憂問題。

　　除了政策層面的考慮之外，熱線也有複雜的技術問題。就兩岸設置熱線技術性的問題，包括電話設置位置、多久時間通一次話、談話內容等等。[59]還有如何確保彼此溝通無阻、通聯內容不被第三

---

[58] 丁樹範，〈兩岸間的軍事熱線：政治、技術、和體系的考慮〉，頁 14。
[59] 鄭大誠，〈美國與中國軍事交流展望〉，《全球防衛雜誌》，第 278 期，2007 年 10 月，頁 90。

者竊取、查證訊息的正確性、分享解碼技術，但又不能暴露我方密
碼編製方式及彼此用語和語意等。

一、前置作業

　　兩岸除了在「軍事對峙」時期，中共主動發動戰爭以外。兩岸
發生緊張情勢都是事先有徵兆，而且是逐漸升高，幾乎沒有因為意
外事件就使緊張狀態立即躍升，雙方立刻達到劍拔弩張甚至兵戎相
見的案例。如 1994 年 11 月，小金門營區 40 高砲誤射廈門市郊事
件，經過海基與海協會溝通解決，並未釀成軍事衝突。[60]因此，兩
岸在設置熱線時，必須約定在政治領導人與國防部門的主管通話
前，由幕僚人員先行協調聯繫，有關通聯時間、談話議題等，完成
前置作業。

　　例如中美國防部層級熱線，就某個議題進行電話交談前，須先
透過「外交管道提議」進行交談。包括希望通話的一方首先將通知
對方通話的主題和時間，如果對方同意談論該主題與通話時間，雙
方的國防部門的主管才可以進行熱線交談。另外，熱線通聯的前置
作業期，應先召集所有幕僚群，配合國家危機管理小組之成員，針
對相關議題進行先期作業，如果時間允許，應該盡可能實施沙盤推
演，以便進行熱線通聯作業所需。[61]熱線涉及事務性的專業人員及
決策人員所組成，熱線的處理作業程序的建立，非常重要。

---

[60] 夏天生，《從信心建立措施觀點論述兩岸軍事互信機制之建立》（高雄：中
　　山大學大陸研究所碩士在職專班論文，2007 年 7 月），頁 180。
[61] 張競，〈籌建兩岸熱線之研究〉，頁 105-106。

二、通信設施及管道

　　為能使雙方政治領導人與國防部門的主管，可以充分運用熱線進行溝通及交換資訊。不論語音、影像傳真或數位的檔案都應建立處理與傳輸能量。通信設施最主要考量到通信保密，防範第三者截收、竊聽、干擾（Jamming）[62]及偽冒（Imitative）[63]之安全性來說比較有利，但相對整體作業上會失去彈性。就目前通信科技來說，可使用專線電纜、微波、衛星通信等管道。不過，各種通信管道運用在熱線都會有其優點及限制，但可以確認是，很難完全只利用一種通信管道來進行通信。

　　不論技術因素或經濟成本之因素，在整個通信傳輸過程中，在不同的區段分別使用光纖電纜、[64]微波、衛星傳輸方式；且其訊號模式可能是聲波、影像及數碼再轉換成電波或光學信號傳送，而且在傳送資訊途中，還會經過數次類比與數位的轉換，對方才能接收到。但不論如何，為能保證熱線通聯信文的品質與可靠度，必然要使用不同的傳輸方式來進行複式傳輸，[65]並且還要有備援系統，以

---

[62] 通信干擾是指凡故意或計畫之發射無線電波以破壞敵方之通信接收措施。引自陸軍總部戰法暨準則發展委員會，《通信兵運用》（龍潭：陸軍總部戰法暨準則發展委員會，2002 年 9 月），頁 4 之 34。

[63] 偽冒是指模仿敵人之發射信號，混入其通系統中，發送偽情報以混亂敵方。引自陸軍總部戰法暨準則發展委員會，《通信兵運用》，頁 4 之 35。

[64] 光纖電纜：具備高頻寬、不受干擾及長距離信號傳遞的特性。引自陳永和，〈寬頻光纖通訊系統 DWDM 元件〉，《電子月刊》，第 4 卷第 10 期，1998 年，頁 76。

[65] 「複式傳輸」是指將同樣之信文或資料，以超過一個以上之管道傳送，而且這些管道不論就所使用之裝備或是所經過之介質來說，都必須完全獨立，同時在接收端要查證自不同管道所獲之信文完全一致時，才認為此信文具有可信度，以保證信文不會被他人所竄改或偽冒。引自張競，〈籌建兩岸熱線之研究〉，頁 108。

提高通信的可靠度。例如美蘇在 1988 年將兩國的熱線進行升級為
電腦裝備，但是仍保留原始的電傳打字機，做為備援裝備。[66]另美
中兩國元首熱線是經由太平洋的海底電纜直接通往雙方元首辦公
室，並且都設有備援線路。

三、通信保密技術

　　由於熱線傳遞兩國軍隊、乃至國家最高元首在軍事領域的核心
機密，[67]因此，如何做到安全維護是雙方關注的焦點。[68]因而，必
須避免傳遞的過程中遭到第三國攔截傳遞的內容。[69]除了前文所述
的複式傳輸可以增加通信保密之安全性外，為了避免被第三國攔截
而洩密，雙方在傳遞資訊時要先加密。相對雙方必須事先釋出解密
技術給對方，使對方能順利獲得正確的資訊。但是，此一問題又涉
及兩國情報共享、交換內部核心的保密措施等敏感領域，對國家安
全具有重大影響。[70]

---

[66] 葉茂益，《兩岸建立軍事互信機制可行性之研究》（台北：銘傳大學社會科
學院國家發展與兩岸關係碩士在職專班碩士論文，2004 年），頁 39。
[67] 美蘇熱線在 1971 年雙方同意將軍事熱線系統提升到更先進的衛星傳輸模
式，該專線在雙方領導人要通話時，此部「熱線」會自動啟動「機密專線」，
專線上的信號全都經過加密處理，即使被竊聽或第三國攔截到也不可能還
原成原始的訊號。該「熱線」沒有撥盤，只有各種神秘的字母按鍵，至於
這些字母的特殊含義，只有雙方領導人才知道、身邊的秘書以及安全人員
也不知道。引自黃山伐，〈蘇美首腦熱線數次防止「核大戰」〉，頁 43。
[68] 丁樹範，〈中共對台政策對兩岸建立互信機制的影響〉，發表於「第一屆『國
家安全與軍事戰略』國際學術研討會」（桃園：國防大學，2000 年 11 月），
頁 67。
[69] 丁樹範，〈兩岸間的軍事熱線：政治、技術、和體系的考慮〉，頁 15。
[70] 通常各國都會將加密技術列為機密，不會與他國分享，就算是盟邦，也要
保留一手。

　　根據報導台美間軍事熱線，係由美方派專人協助設置，採用美軍衛星通訊技術，並加裝「最高級保密器」。[71]未來兩岸設置熱線初期，主要運用於非傳統安全領域的通報為主，可考慮採用南韓和中共使用的民用線路而非軍用保密專線的撥號式國際電話，這樣就可以避免對方知悉己方解碼的技術，而影響己方的國家安全。

四、溝通的語言

　　也許兩岸同根同源，且使用相同的語言。然兩岸分隔超過 60 年，此期間雙方分別因為其內部社會之變化，而導致文化發展出現相當之差異性，如一般大眾所使用的詞彙，或是各行各業所使用的專門術語，以及學界所使用之學術名詞，一定會產生相當程度之差異，至於政治與軍事術語，那就更是不在話下。

　　美蘇熱線為避免任何的一方因為使用熟悉的語言而獲得溝通上的優勢，因此雙方協議熱線溝通時所使用的主要語言是拉丁文；中韓之間的軍事熱線，根據協議，將以英文為主，以漢語和韓語為輔。[72]可見通話的語言，在熱線溝通也是一門學問，另針對所有可能會發生的緊急狀況，預先擬定相關溝通及協商所將會引用的專用術語，也都是先由雙方學者專家經過多次協商及溝通才達成的。[73]

[71] 豫夫，〈「博勝案」初步完成，台美軍事熱線正式開通〉，《國際展望半月刊》，總第 575 期第 21 期，2007 年，頁 32。
[72] 海北，〈中韓軍事熱線用英語通話〉，《世界新聞報》，2008 年 12 月 2 日，〈http://big5.cri.cn/gate/big5/gb.cri.cn/12764/2008/12/02/145s2346327.htm〉，檢索日期：2011/7/24。
[73] 張競，〈籌建兩岸熱線之研究〉，頁 105-106。

五、熱線通聯模式

　　一般而言，雙方政治領導人和國防部門的主管用熱線溝通時，表示此議題的重要性。使得雙方使用熱線的官員必須謹慎回應，而這需要時間。因此，這個時候使用間接性的通聯模式比較妥當，其中又以傳真為最佳的工具。因為傳真機的兩方收到傳真時，可以各自召開內部協商會議，針對重大政策進行沙盤推演再答覆對方；相對會大幅降低發生錯誤的機率，亦可維護國家利益。[74]

　　換言之，涉及雙方重大國家利益時，電話是不宜的，因為電話兩端的當事人可能必須立刻作出反應，以致沒有時間謹慎周詳思考。因此，電話只適宜原則性問題的交換，甚至，只適合表達慰問之意。例如，中共四川發生地震後，美國布希總統可以在第一時間直接打電話給胡錦濤表達人道關懷慰問。因此熱線通聯最理想的模式，就如前文已經討論過之技術觀點，在於前置作業時，雙方幕僚人員將所要討論及溝通的議題先行完成內部作業，以利雙方政治領導人和國防部門的主管在使用熱線溝通時，可以利用簡短的信文逐條溝通。

六、硬體安全防護

　　假如雙方的政治領導人和國防部門的主管只能在特定場所才能實施熱線的通聯，那可能會造成通話時人身安全問題。因為對方若假借熱線通聯之名，來確認我方之政治領導人和國防部門的主管所在位置，並模仿美軍在伊拉克戰爭時的「斬首行動」（Decapitation

---

[74] 丁樹範，〈兩岸間的軍事熱線：政治、技術、和體系的考慮〉，頁 14-15。

Strike），直接襲殺我方政治或軍事領導人，使我方國家決策及作戰指揮機制變成群龍無首的狀態，再趁機發動全面進犯戰爭。

　　或許覺得既然雙方都達成設置熱線，代表雙方已達到某種的政治互信。但我們可從前述章節發現，中共在與美國設置熱線時擔心美國情報單位透過熱線用來從事電子間諜活動，或在衝突時被美軍用來攻擊中共主要軍事指揮中心及追查到其高層決策者位置。中共國防部外事辦主任錢利華少將表示中美國防部熱線電話設在北京的國防部，而不是真正的軍事指揮中心「山西指揮所」，最主要就是安全的考量。[75]另外，硬體安全防護也是非常重要的課題，例如據報導台美熱線硬體部分由美國 IBM 公司提供，具有抵抗空中攻擊防護能力。[76]

第三節　兩岸設置「熱線」適用性評估

　　從前節對兩岸設置熱線的運作可能出現政策和技術層面的問題進行分析，可發現建立一條理想的熱線並非容易。以下從兩個面向著手，首先是從兩岸設置「熱線」的環境探討；第二是從兩岸設置「熱線」的戰略情勢分析。

---

[75]　〈中美軍事熱線通話程序繁複〉，《華盛頓時報》，2008 年 4 月 25 日，〈http://www.washingtontimes.com/article/20080425/NATION04/443231768〉，檢索日期：2011/7/24。

[76]　豫夫，〈「博勝案」初步完成，台美軍事熱線正式開通〉，頁 32。

壹、兩岸設置「熱線」環境探討

　　長期以來，中、台、美三邊關係發展，受其自身利益、國際現實及中美競合關係的影響。透過環境評估的探討，將有裨益於瞭解預達到兩岸設置「熱線」的條件與限制。

一、國內統獨的爭議

　　國內統獨爭議，一直以來皆深受以國家為導向的主權觀左右，政府一直管控「由上而下」意識形態與所期望的選項，例如國民黨執政時期，國家主權傾向將統一當作選項；而民進黨執政，則是以台獨突顯國家主權，如此難解難分的統獨議題，除彰顯國家政府在治理上的無能為力外，更重要的是缺乏如何確保國家人民安全與和平的連結。[77]

　　由此可見，統獨爭議不應該成為國內政黨政爭的議題，而關鍵所在應該是如何確保人民安全與區域和平，然而安全與和平的議題，就是必須面對中共的武力威脅，與獲取國際社會的支持、認同與關注。兩岸設置「熱線」的論述，應以關注兩岸如何建立「熱線」為議題，而非是政黨之間的統獨爭議。

---

[77] 石之瑜，《後現代的政治知識》（台北：元照出版社，2002 年），頁 294。

二、中共軍備的發展

　　冷戰後的十年間，世界面臨新的戰略上變化無常的危機，其最主要來自美國的「國家飛彈防禦系統」（National Missile Defense, MND）、美國與俄羅斯的核武政策，以及中共核武現代化的發展。[78]其中，中共核武現代化的發展，攸關整個亞太地區甚至全球的安全與和平。中共核武發展從 1950 至 1960 年代，受到美蘇兩國的挑戰而開始發展的，後又因為必須面對來自南亞（印度、巴基斯坦）的核武與飛彈威脅，以及日本、北韓與俄羅斯都有核武發展的實力與威脅，促使中共必須尋求以傳統武力與核武飛彈，用以當作國土防衛與戰勝來自各方的威脅。然而，中共傾向於一個永無止境（open-ended）的核武現代化發展趨勢，相對的，更加造成全球的不安與核武再進化。[79]

　　換言之，整個亞太地區皆籠罩在核武的威脅之下，兩岸透過建立「熱線」，用以追求安全與和平，似乎顯得不切實際。儘管如此，兩岸國家主權的爭議，成為中共武力威脅的唯一藉口，但是兩岸民間社會的互動交流，卻沒有間斷過。因此，兩岸可從民間「熱線」建立互信做起，在兩岸緩和之後，引用到兩岸軍事部門甚至國家領導人的熱線聯繫溝通管道。先從較不涉及軍事安全領域的聯合海上搜救、維護漁民權益及確保運輸安全（如避免海盜的侵襲）等非傳

[78] 尤國臻，《兩岸軍事互信機制的建立——以兩岸非軍事區為例》（台北：國防大學政治作戰學院政治研究所碩士論文，2010 年 6 月），頁 100。

[79] Brad Roberts, Robert A. Manning, & Ronald N. Montaperto, *China: The Forgotten Nuclear Power in The Rise of China* （New York: the Council on Foreign Relations, 2000）, pp.65-75.

統安全通報做起。凡此將有助於提供國家主權之爭與核武的威脅下，另一種謀求安全與和平路徑的方式。[80]

三、美國態度的影響

　　從國際關係來看，台海安全少不了美國的角色。[81]除因為美國態度直接影響台海的安全與和平的穩定外，[82]亦因為美國主動的參與將可能改變現狀，製造新的平衡。[83]據此而論，在美、中、台戰略三角關係上，促使美國與中共對台灣的友善程度提升，就必須增加台灣本身的實力，包含對美國與中共的經濟影響力，尤其是對美國提供的安全議題的利益，成為美國在亞太地區一個重要的軍事戰略支柱。對中共而言，必須儘量避免在影響安全的議題上與其爆發衝突。[84]

　　儘管美國對於台海區域有舉足輕重的影響，美國倘若介入台海區域的衝突，亦需要取得美國國內民意的支持與認可，中共不會坐

---

[80] 莫大華，《建構主義國際關係理論與安全研究》（台北：時英出版社，2003年），頁398。

[81] 初國華、張昌吉，〈戰略三角理論與臺灣的三角政治〉，《問題與研究》，第49卷第1期，2010年3月，頁87-89。

[82] 正如冷戰時期的「美、蘇、中」三角關係，對世界安全與國際政治的關鍵性；則反觀其「美、中、臺」的戰略三角關係（strategic triangle）亦是區域安全與國際局勢的重要變數。其中，兩岸關係的和緩與衝突對東亞的區域和平與世界局勢在「後冷戰」是否穩定也息息相關。參見：Yu-Shan Wu, "Taiwan in 1994: Managing a Critical Relationship, "*Asian Survey*, Vol.35, No.1, January 1995, p.61.

[83] Richard C. Bush and Michael E. O'Hanlon 著，林宗憲譯，《不一樣的戰爭》（台北：博雅書屋，2010年6月），頁122-126。

[84] 沈有忠，〈美中台三角關係：改良的戰略三角分析法〉，《展望與探索》，第4卷第3期，2006年3月，頁39-40。

視不管美國介入台海問題。[85]因此，透過美國的態度來影響台海區域的安全，就必須訴求台海區域的安全與和平，可以獲得美國國內與國際社會的支持與認同，才促使美國獲得介入台海區域安全與和平的支撐。[86]

貳、兩岸設置「熱線」戰略情勢分析

兩岸設置「熱線」，是近年來台灣的國防報告書中，有關兩岸建立軍事互信機制的規劃構想與作為裡，積極建置的溝通性措施。然而，中共早在 1999 年 1 月 18 日，解放軍重要智庫「中國國際戰略學會」的高級研究員王在希於美國紐約公開指出：兩岸應盡速進行結束敵對狀況談判，雙方可商議設置軍事熱線。[87]另美國專家文厚（Alfred D. Wilhelm, Jr.）[88]、艾倫[89]也認為兩岸熱線的設置，將有助於緩解兩岸緊張情勢及預作危機處理（如表 5-1）。

---

[85] Richard C. Bush, *Untying the Knot: Making Peace in the* Taiwan *Strait* （Washington, D.C.: Brookings Institution Press, U.S, 2005），p.288.

[86] 劉文斌，〈從戰略三角評析國、民、親三黨競逐關係〉，發表於《「續與變：2008-2010 兩岸關係」學術研討會》，（台北：台北大學，2010 年 10 月 2 日），頁 173-174。

[87] Jane Rickards, "Military Hotlines Proposal to Boost Ties," China *News,* January 20, 1999,p.1.

[88] Paul H. B. Godwin & Alfred D. Wilhelm, Jr. eds., *Taiwan 2020: Development in Taiwan to 2020: Implications for Cross-Strait Relations and U.S. Policy* （Washington, D.C.: The Atlantic Council of the United States, 1996），p. xvii.

[89] Kenneth W. Allen, "Confidence-Building measure and the People's Liberation Army," paper presented at The PRC's reforms at Twenty: Retrospect and prospects, held by Sun Yat-sen Graduate Institute of Social Science and Humanities, National Chengchi University, Taipei, 8-9 April 1999.

表 5-1　美、中、台三方主張兩岸設置「熱線」觀點

區分	時間	主張
台灣	1996.12	「國發會兩岸關係組」研究報告建議兩岸架設「熱線」並互派代表，是結束敵對狀態並簽署和平協定的要件之一。
	2000.02	時任副總統連戰主張，建立兩岸對等官方溝通管道，以便直接有效地處理問題和開展合作；協商建立兩岸軍事互信機制，推動軍事相關人員交流互訪，以及演習通報、查證與互派觀察員，並建立雙方「領導人熱線」。
	2006.05.21	台灣《2006 國家安全報告》，報告主張兩岸應畫定軍事緩衝區、設置軍事熱線等，建立和平穩定的互動架構。[90]
中共	1999.01.18	中共解放軍智庫「中國國際戰略學會」的高級研究員王在希於美國紐約公開指出：「兩岸應儘速進行結束敵對狀況談判；在此談判中，雙方可商議設置軍事熱線，先行告知軍事演習的規模、內容、時間以及軍力部署等資訊。」[91]
	2009.02.04	王衛星在《中國評論》月刊，發表題為「兩岸軍人攜手共建軍事安全互信」的文章，指出可考慮設立軍事熱線、預先通報重大軍事演習、實現退役將領互訪、推動院校和智庫人員交流、共同舉辦軍事學術研討等。[92]

---

[90] 范凌嘉，〈首件國安報告出爐：兩岸設軍事熱線〉，《聯合報》，2006 年 5 月 21 日，A10。
[91] 楊羽雯，〈兩岸軍事熱線 不應預設前提〉，《聯合報》，1999 年 1 月 20 日，版 13。
[92] 林琮盛，〈兩岸關係研討會王衛星：未來路線圖 兩岸成友軍〉，《聯合報》，2008 年 7 月 11 日，A21。

表 5-1　美、中、台三方主張兩岸設置「熱線」觀點（續一）

區分	時間	主張
美國	1999.04.08	美國專家艾倫參加政治大學與行政院大陸委員會合辦的「大陸改革二十年：回顧與前瞻」國際學術研討會中表示兩岸熱線電話，不但可以提供高層領導人直接溝通，還能用來緩和危機發生及提供海上救援等（當時兩岸的海上救難協會已達成了熱線電話的協議），建立熱線電話，不論是象徵意義或實質意義，都是降低緊張情勢的一種重要步驟。[93]
	2009.10.16	美國戰略暨國際研究中心資深研究員葛來儀表示，兩岸信心建立措施可設定兩個近程目標：第一，設立軍事熱線，一旦發生危機，雙方可先用熱線溝通，確認對方的真實意圖，可以減少誤判，防止緊張情勢升高。第二，信心建立措施可以促成、鼓勵兩岸軍方展開接觸。[94]

資料來源：筆者自行整理。

　　熱線功能的真正發揮，首先取決於兩國在軍事安全領域的互信。兩岸熱線的設置，不僅可以強化兩岸決策者的溝通，對於增進雙方的軍事互信亦有一定促進作用，進一步緩解台海軍事對峙，避免可能的軍事意外或武裝衝突，具有一定的影響。故以下將從國際情勢、經濟整合、軍事互信與國民心理四個指標，分別就兩岸建立「熱線」戰略情勢實施分析說明。

---

[93] 許舜南，《台海兩岸建立軍事互信機制之研究》（台北：政治大學外交學系碩士論文，2000 年），頁 207。

[94] 李志德，〈葛來儀：92 共識下 可建構ＣＢＭ〉，《聯合報》，2009 年 8 月 27 日，A11。

一、國際情勢

　　台海情勢受到全球化、資訊化與國際情勢等影響下，日益形成緊密互動，並且兩岸自從「八二三砲戰」後，亦未曾進入戰爭狀態，而彼此的戰略環境的變化，則是以緊張與緩和的交替方式進行的，成為亞太地區和平穩定的焦點之一，並且與亞太區域安全架構緊密結合。2011 年 3 月 31 日，中共發表《2010 年中國的國防》，首次明確提出：兩岸可以適時就軍事問題進行接觸交流，探討建立軍事安全互信機制問題，[95]主動拋出善意與傳達欲與我方當局軍事交流的訊息。依照目前的兩岸政策「先經後政、先緩後急」的戰略方針之下，兩岸交流尚未到達可以討論軍事互信的時機。[96]兩岸設置「熱線」，不能僅由兩岸雙方互談，美國的角色具有關鍵作用。未來將是亞太地區和平穩定的力量，亦符合國際現勢之期待。

二、經濟整合

　　兩岸的經貿關係已經長達數十年，基於彼此的經貿特質的不同，尚可互蒙其利，況且兩岸經貿架構在互補的基礎上，朝向「合則兩利」的目標發展。然而，經貿的互動與政治、軍事等環境息息相關。台灣與中共先後加入「世界貿易組織」（World Trade Organization, WTO），對於兩岸關係而言，不僅有利於經濟關係更

---

[95] 丁樹範，〈2010 年中國的國防：仍有改進空間〉，《展望與探索》，2011 年 5 月，第 9 卷第 5 期，頁 24-25。

[96] 社論，〈何妨辯論兩岸軍事互信機制〉，《聯合晚報》，2011 年 4 月 13 日，版 2。

進一步拓展，亦可能成為兩岸擴大經濟談判的場合，實為兩岸關係開創新的契機。

因此，兩岸設置「熱線」，將有助於營造兩岸雙贏局面（Win-Win），突顯兩岸和平交流互動，不僅關聯彼此經貿關係，更是與亞太地區的穩定以及美國的戰略利益相互結合，以創造一個雙邊乃至多邊互動的利益與契機。

三、軍事互信

現階段台灣的國防政策針對兵力規模採取逐漸縮編的趨勢，兵力結構朝向「量小、質精、戰力強」的方向發展。因為受到國防預算逐年未增反減的影響，未來軍隊將持續發展精兵政策，精簡兵力數量與規模。規劃兩岸設置「熱線」，期以降低因擦槍走火導致全面武裝衝突。

就目前現況，兩岸尚未達到可以商討軍事議題的時機，對於要求雙方協商建立「熱線」的機會，微乎其微。但是，未來不管台灣誰當選總統，及中共由誰接任國家主席及中央軍委主席一職，雙方可以在不影響國家安全的考量下，可從應付大規模自然災害等非傳統安全領域上通報系統開始實施。

四、國民心理

　　台灣在 2000 年總統大選時，「蓋洛普公司」針對兩岸關係所作的民調當中，其中有 55.7%的民眾贊成建立雙方領導人熱線。[97]另在 2009 年《遠見雜誌》民調顯示，57.8%認為馬總統與中共國家主席胡錦濤有必要建立直接溝通管道，但與既往調查結果相較，顯見隨著兩岸政治對立趨緩、交流層面漸增，雖然多數民眾認為兩岸領導人仍有必要建立直接溝通管道，但比率有逐漸遞減趨勢（相關資料如表 5-2）。[98]顯示當兩岸情勢緊張時人民需求建立溝通管道程度較高，反之則相對降低，這也顯現出熱線的功能。

表 5-2　兩岸領導人是否有必要建立直接溝通管道民調

日期 區分	2000 年 （蓋洛普民調）	2005 年 4 月 （年代民調）	2008 年 6 月 （遠見民調）	2009 年 7 月 （遠見民調）
有必要	55.7%	64.8%	61.2%	57.8%
沒必要	17.3%	19.6%	21.0%	27.1%

資料來源：筆者整理自蕭朝琴，〈兩岸信心建立措施芻議〉，《遠景基金會季刊》，第 4 卷第 1 期，2003 年 2 月，頁 73；〈兩岸互動一年；馬總統滿意度民調〉，《遠見雜誌》，2009 年 8 月號，〈http://www.gvm.com.tw/ gvsrc/ index.html〉，檢索日期：2011/8/26。

　　兩岸設置「熱線」，除可以避免因為誤解、誤會導致誤判形勢而造成的軍事意外與武裝衝突的威脅與風險外，亦可於國際間宣示台灣促進亞太區域安全與兩岸和平的努力，實屬有利。但兩岸關係

---

[97] 蕭朝琴，〈兩岸信心建立措施芻議〉，《遠景基金會季刊》，第 4 卷第 1 期，2003 年 1 月，頁 73。

[98] 〈兩岸互動一年；馬總統滿意度民調〉，《遠見雜誌》，2009 年 8 月號，〈http://www.gvm.com.tw/gvsrc/index.html〉，檢索日期：2011/8/26。

發展尚未進入終止戰爭、簽署和平協議階段，例如中共至今尚未放棄以武力犯台之可能，全體國人應防範被軟化應有的心防與鬆懈官兵的戰鬥意志。

第四節　兩岸設置「熱線」的構想與具體措施

兩岸間政治的對立與軍事的對峙，已超過 60 年，縱使兩邊人民有熱絡而務實的交流經驗，但相互之間對政治體制的不同、主權的爭議與軍備的競賽等議題的紛爭上，卻始終未曾間歇，導致雙方在政治現實面上仍懷有相當程度的猜忌與敵意。緊張而詭譎的台海局勢，不僅影響到兩岸良性互動的發展，更對兩岸人民的福祉造成傷害。因此，兩岸間「熱線」的建構，其目的就在於藉由機制的建立，用以溝通彼此的政策與意圖，從而化解雙方可能發生的誤解或誤判，降低兩岸間衝突的危機，並防止偶發性意外事件的發生，使雙方都能有穩定而緩和的發展環境，共同合作以開創新局。

壹、兩岸設置「熱線」的構想

「熱線」的設置不只是雙方政治領導人和國防部門的主管之間的溝通管道，尚可運用熱線電話聯繫與軍事演習的通告（非故意或危險軍事行為的規範）。[99]在兩岸之間實施，主要著眼於維護共同

---

[99] 袁易，〈對於美國有關兩岸軍事信任措施建立的觀察〉，王央城主編，《2003-2004 年 IIR-CSS 戰略安全論壇彙編》（桃園：國防大學國家戰略研究中心，2005 年 1 月），頁 399。

的安全，以及防止雙方對意外事件之錯估與誤解。首先，在維護共同的安全上，目前兩岸民間救援單位已於 1997 年 11 月，台灣的「中華搜救協會」（China Rescue Association）與中共交通運輸部下的「中國海洋搜救中心」（China Marine Rescue Center）[100]達成一項協議，同意建立 24 小時聯繫的熱線，以利於台灣海峽上的救援工作。[101]協議中兩岸的船隻在海峽發生意外，發生災難和前往救援的船隻，可利用此熱線要求協助，或者獲得進入對方海域及港口的允許。除了建構聯通的熱線之外，雙方並已在 2008 年、2010 年及 2012 年進行的海上聯合搜救演練。[102]在這個基礎上，兩岸可以進一步談判，發展成為包括海上危險活動規定及通知，以及海軍間聯繫的「防止海上意外協議」。

　　其次，防止意外事件之錯估對於兩岸關係的正常發展，亦佔有重要地位。以 1994 年為例，當年 5 月，台灣方面在澎湖外海進行「漢光十號」演習，25 日早上 S-2T 定翼反潛機在安平外海 12.5 浬和左營外海 32 浬處，發現一艘咸信是 R 級的中共潛艇。台灣雖派了反潛直升機、諾克斯級巡防艦、汾陽艦和成功艦，進行反潛行動，但因天氣轉劣，使該潛艇脫離現場。同年 11 月，小金門前埔營區修復卡彈的 40 高砲後，未經權責單位允許就擅自試射，結果誤射廈門市郊黃厝村和塔頭地區自然村，造成四位村民輕傷的事

---

[100] 中共的「全國海上安全指揮部」係於 1974 年由國務院及軍委會共同指示，由交通部及海、空軍等部門組成，又稱為「中國海上搜尋救助中心」，1990 年改稱為「中國海洋搜救中心」。實施海上搜救時，由海、空軍及交通部「中國海難救助打撈總公司」提供所需的船艦、飛機執行；性質與台灣類似。引自葉可蔚，《國家救難體系中國軍之定位與經精進作法之研究》（台北：國防部，2001 年 10 月），頁 33。

[101] 林正義，〈美國與台海兩岸信心建立措施〉，《問題與研究》，第 44 卷第 6 期，2005 年 11、12 月，頁 19。

[102] 李金生，〈海上聯合搜救演練 兩岸官員同艦指揮〉，《中國時報》，2012 年 8 月 31 日，A17。

件。[103]這些事件如果是在 1996 年台海危機發生時,其結果必然有別於當年兩岸理性處理此一事件。[104]但在當時在雙方克制之下,經過調查過程的適度公開,並未引起重大衝突。[105]

　　根據統計在李登輝總統主政時期,自 1996 年「台海第 3 次危機」,中共軍機藉由演習,逐漸大量出海。從 1998 年的每年約 400 架次,到 2005 年已經增加到 1700 餘架次;[106]並於 1998 年 6 月起,共軍戰機開始增加貼近海峽中線飛行任務。1999 年李登輝總統提出台灣與大陸之間係「特殊國與國」關係的「兩國論」主張後,中共戰機更開始穿越海峽中線執行任務。[107]陳水扁總統主政後,因制憲、公投議題的刺激下,兩岸空軍在「海峽中線」[108]對峙的次數更為大增。[109]

---

[103] 林郁方,《穩定兩岸政治關係的原則:中華民國的觀點》(台北:淡江大學國際事務與戰略研究所,1995 年 2 月 24 日),頁 5-6。

[104] 依據當時任職該部隊旅長備役上校楊義和訪談,事件發生之時兩岸因適逢辜汪會談後所營造的良好默契與溝通,金馬地區守軍並未因此而提升戰備,或較為緊張的局勢發生。引自夏天生,《從信心建立措施觀點論述兩岸軍事互信機制之建立》,頁 180。

[105] 沈明室,〈兩岸軍事互信機制的建構困境與機會〉,王央城主編,《前瞻兩岸關係發展的趨勢》(桃園:國防大學戰略研究所,2007 年 12 月),頁 193。

[106] 中華民國國防部,《中華民國九十五年國防報告書》(台北:中華民國國防部,2006 年),頁 46-47。

[107] 李貴發,〈勇敢踏出歷史的第一步:兩岸建立互信機制此其時也〉,《亞太防務》,第 39 期,2011 年 7 月,頁 35。

[108] 「台灣海峽中線」為美國當年協防台灣,基於防衛台灣所劃定出來的一條假想線,同時也劃分了兩岸軍力行使的界線。概略是在北緯 27 度、東經 122 度至北緯 23 度、東經 118 度的直線連線。海峽兩岸關係持續變化著,從兩岸的軍事對峙一直變化到現在兩岸開放交流,而唯一沒有改變的就是台灣海峽中這條海峽中線,而台灣海峽中線也成了兩岸軍事和平的底線與某種形式上的軍事默契,這條看似存在又既不存在的「台灣海峽中線」,陪伴著兩岸分隔長達半個世紀之久。是 1951 年由當時的美軍太平洋司令部依據《中(台)美共同防禦條約》單方面畫定。依據葛敦華將軍的口述記要:1954 年 12 月 2 日,我國與美國簽訂《中(台)美共同防禦條約》後,美

　　綜合上述，以目前台海情勢，兩岸兵戎相見的可能性已極小。但從上述事件可以看出，不論是挑釁意味濃厚，或者是意外事件，稍有處置不當即有「擦槍走火」的可能。[110]目前兩岸軍隊隔海對峙，機、艦常常近距離接觸，稍有不慎即可能發生意外衝突。設置「熱線」可以避免兩岸船隻或飛機闖入對方領海或領空引起衝突。

貳、兩岸設置「熱線」的具體措施

　　在 2011 年初中興大學與國防大學聯合舉辦的「兩岸談判兵棋推演」，參與學者建議兩岸除以海基會、海協會為主要對談管道外，也應建立熱線互動機制。[111]這樣的熱線可以從元首及國防部層級，

　　國即與中共展開所謂的「華沙會談」，目的乃希望藉由中共與美國之會談，瞭解中共對台灣之企圖與行動，使美國能夠有效地防範衝突、處理危機及控制台海之緊張情勢，進而保障台灣之安全與西太平洋地區之安定 於1958年，823 砲戰後兩個月，駐華美軍向我參謀本部傳達並希望我方機艦之偵巡只要保持在海峽中線以東，即可獲得安全之保障，甚至運補金、馬外島等地區，亦不排除安全之保障。據研判維持台灣海峽中線之對峙默契，係美國與中共於「華沙會談」之協議，而做出此協議談判之美方代表，據傳是美軍太平洋總部一位名為戴維斯之幕僚軍官，因此台灣海峽中線又稱戴維斯線（Davis Line）。它既不是國界，也不是經雙方認定的勢力範圍，完全沒有條約或國際法的效益；在兩岸往來頻繁的交流中，僅存象徵性意義。引自黃忠成，〈臺灣海峽中線意涵試論〉，《海軍學術雙月刊》，2005 年，第 38 卷，第 10 期，頁 4。

[109] Bonnie S. Glaser, "Establishing Cross-Strait Military Confidence Building Measures," pp.269-270.

[110] 在 2005 年擔任台灣空軍作戰司令李貴發中將指出，由於當時兩岸政治氣氛低迷，解放軍經常在毫無預警情況下，編組數量旁大的各型戰機，飛至台海中線附近示威，雙方戰爭隔中線而對峙，軍事關係緊繃。引自李貴發，〈勇敢踏出歷史的第一步：兩岸建立互信機制此其時也〉，頁 36。

[111] 社論，〈兩岸應建立軍事熱線機制〉，《人間福報》，2011 年 1 月 17 日，〈http://www.merit-times.com.tw/NewsPage.aspx?unid=215196〉，檢索日期：

或者是較低層次職務的第一線軍事指揮官間建立，作為降低兩岸發生戰事的重要溝通管道。

　　就現在兩岸互信不足狀況下，如想簽訂「熱線」相關協議有如緣木求魚。但可從既有的非官方的民間團體溝通聯繫機制發展起，對防止兩岸軍事衝突實質效益不大，就長遠考慮主要在建立兩岸熱線的起點，雖是一小步將是兩岸關係的一大步。長期以來，兩岸建立軍事互信機制一直是各界所關注之議題；台灣國防部曾於2000年7月邀集國內產、官、學界專家學者召開研討會，廣納建言，依據國統綱領，區分為近、中、遠程三個階段進行相關議題之規劃與研究。[112]學界以此模式進行研究者如洪陸訓、[113]翁明賢、[114]韓岡明、[115]翟文中、[116]王裕民、[117]李大中、[118]陳先才（大陸學者）等各家先進，[119]皆以兩岸走向來區分為近、中、遠程三個階段；另學者陳必照、[120]蕭朝琴，[121]從美國學者克里朋所提出的信心

2011/7/24。

[112] 王順合，《論臺海兩岸建構「信心暨安全建立措施」之理論與實務》（台南：供學出版社，2006年11月），頁462-463。

[113] 洪陸訓，〈兩岸建立軍事信任措施可行性之探討〉，《共黨問題研究》，第28卷第7期，2002年7月，頁37-39。

[114] 翁明賢、吳建德主編，《兩岸關係與信心建立措施》（台北：華立圖書，2005年9月），頁483-485。

[115] 韓岡明、許順南、羅慶生，《現階段建構「兩岸軍事互信」具體作法之研究》（桃園：國防大學國家戰略研究中心，2002年9月），頁28-29。

[116] 翟文中，〈兩岸軍事信心建立措施的建議：理論與實際〉，《國防政策評論》，2003年9月，頁48。

[117] 王裕民，《兩岸建立軍事信任措施之研究》（台北：淡江大學國際事務與戰略研究所碩士在職專班碩士論文，2008年），頁178-179。

[118] 李大中，〈兩岸建立互信機制的重要議題〉，《中共研究》，第44卷第9期，2010年9月，頁101-104。

[119] 陳先才，〈兩岸軍事互信機制：理論建構與實現路徑〉，《台灣研究集刊》，第103期，2009年，頁27-28。

[120] 陳必照，〈兩岸建立軍事互信機制之原則與作法〉，《行政院大陸委員會委託研究專案》，2000年11月，頁180-199。

[121] 蕭朝琴，〈兩岸信心建立措施芻議〉，頁83-84。

建立措施之三階段漸進發展概念（衝突避免、建立信任、強化和平
等三階段模式），作為分析兩岸軍事互信機制之各階段內容（請參
閱表 5-3）。

表 5-3　專家學者以三階段模式規劃兩岸設置熱線之分析表

區分	作者
近程（衝突避免）	無
中程（建立信任）	陳必照、洪陸訓、陳先才、李大中、翟文中
遠程（強化和平）	韓岡明、翁明賢、王裕民、蕭朝琴

資料來源：作者自行整理。

　　從上表我們不難看出，不管是軍事或民間學者專家的見解，均
不約而同的將兩岸設置熱線，規劃在中、遠程階段為主。然而，中
共企圖以一籃子的方式進行對台軍事互信機制的談判；筆者以為，
不必執著於各國現有的「熱線」模式架構，兩岸可以合作進行具有
兩岸特殊性的「熱線」。台灣可以依據「先易後難、先低後高」方
式，將熱線談判，分階段進行，如此可攻可守，進退有據。

　　因此，本書除了參酌學界之部分觀點，中共與他國熱線實踐的
經驗歸納出其共通性的模式，採循序漸進的方式，由「民間熱線到
代理人熱線，最後到官方熱線；從非傳統安全議題，到軍事安全議
題」原則，分階段循序退動兩岸的「熱線」。[122]進而可以避免盟邦
的擔心，並可達成「合共、親美」的目標。以下將就國家元首、國
防部及第一線軍事指揮官層級熱線，並區分為近、中、遠程三個階
段，進行兩岸熱線具體措施的規劃（如圖 5-1）。分述如下：

---

[122] 曾章瑞，〈2009-2016 推動「兩岸軍事互信機制」的可行作法〉，《戰略暨產
　　業研究》，第 3 卷第 2 期，頁 41。

一、近程階段（衝突避免）

■全般概念

以「推動非官方接處，優先事務性議題」為原則，達到「互通善意、存異求同」的目的，[123]首要目標在避免衝突以及培養雙方信任。雙方從非官方功能性與事務性質的熱線建立起，來增加交流機會，進而促成互信，為下一階段工作建構基礎。

■具體措施

可仿照「兩會」（海基會、海協會）模式，在官方授權下，成立非官方事務性質之「軍事協調小組」或是附屬在兩會底下；[124]並由雙方國防部指派專人負責熱線的連絡（這些成員可由退役軍事人員與卸任之國安人員來擔任），其聯繫內容則須經由雙方主管單位或決策階層所設定議題進行溝通協調。[125]另海空軍也可以依附在民間航空公司及航運公司，執行有關台灣海峽之海、空域熱線溝通協調任務。[126]除間接性的熱線溝通外，雙方可透過此機制對不具有攻擊挑釁的越界行動，包括迷航、機具故障、不良天候及火砲演訓誤射事件等不可抗拒因素進行通報，以避免事態擴大或意外發生。在兩岸尚未正式建立熱線之前，此一措施可以降低雙方發生武裝衝突的可行性。[127]

---

[123] 國防部「國防報告書」編纂委員會，《中華民國九十七年國防報告書》（台北：中華民國國防部，2008 年），頁 99。

[124] 陳子平，〈從 CBMs 看兩岸建立「軍事互信機制」〉，《中華戰略學刊》，96 年秋季刊，2007 年 9 月，頁 161。

[125] 丁樹範，〈兩岸衝突預防：艱鉅的任務〉，曾章瑞主編，《21 世紀初台海安全與衝突預防》（台北：國防大學國家戰略研究中心，2002 年 4 月），頁 250。

[126] 師嘉俊，《兩岸現階段建構軍事互信機制之研究》，（嘉義：南華大學亞太研究所碩士班論文，2011 年 5 月），頁 129。

[127] 翟文中，〈兩岸軍事信心建立措施的建構：理論與實務〉，頁 19。

二、中程階段（建立信任）

■全般概念

　　以「推動官方接觸，降低敵意，防止軍事誤判，逐次穩固互信」為原則，達到「建立規範、穩固互信」的目的，[128]首要目標在增進交流以及建立互信。在近程階段獲得成效後，兩岸軍事單位當可發展更具體的措施，主要工作是針對熱線相關議題進行磋商，在雙方凝聚共識後，期能簽訂相關之協定、文件、準則、宣言或備忘錄，使其具備拘束力，並達成兩岸之間第一線軍事指揮官層級的「熱線」設置，為日後協商國家元首及國防部層級「熱線」奠定基礎。

■具體措施

　　就此階段要在兩岸元首或軍事主管間，建立溝通熱線，似乎在執行面上仍有困難。台灣海峽海、空域遼闊，兩岸機艦活動頻繁，除「海峽中線」互不逾越之默契外，其他行為並無規範，極易產生意外事件，處理不慎或延誤時機將會造成嚴重後果，尤其外離島水域的情況更為複雜。[129]如此可借鏡中、印與中、俄邊界的經驗，以實際接觸或接壤之「實際控制線」設立兩岸較低層次的第一線軍事指揮官熱線，[130]此條熱線係針對前線及容易發生衝突地區的熱線：如金門、馬祖及東、南沙地區，守備地區指揮部及海軍艦隊指揮部必須有中共相對應的南京軍區或廣州軍區及解放軍海軍南海艦隊的軍事指揮官層級熱線與通報系統，雙方授權由第一線軍事指揮

---

[128] 國防部「國防報告書」編纂委員會，《中華民國九十七年國防報告書》，頁99。
[129] 王裕民，《兩岸建立軍事信任措施之研究》，頁186。
[130] 洪陸訓，〈兩岸建立軍事信任措施可行性之探討〉，頁37-39。

官，定期以熱線電話進行聯繫，並作成錄音紀錄。[131]透過定時與公開的溝通方式，如遇有機、艦非預期的接近，雙方第一線軍事指揮官立即以電話聯繫，化解可能的衝突。[132]初期可以傳遞分享海上急難與海事安全資訊，進行聯合搜救活動，[133]再逐漸擴大到雙方會談，或利用視訊會議方式進行，亦可透過此一熱線，就地方政府或社會團體涉及軍事事務的事件的聯繫。[134]

三、遠程階段（強化和平）

■全般概念

以「確保永久和平」為原則，達到「終止敵對、確保和平」的目的，[135]首要目標在「鞏固既有協商成果，確保台海和平」，雙方簽署和平協議來深化兩岸既有的安全合作關係。經過前兩個階段的發展，兩岸有了高度（政治）合作意願後，雙方可比照中、印兩國先成立一個「聯合工作小組」（成員有國防部、國安會、國安局、陸委會、海基會、內政部、外交部、交通部、海巡署等），針對政治與軍事領導人的「熱線」進行討論，試將中美、中蘇成功範例「可用概念」（適用台海特殊環境部分）納入，並尋求共識，達成協議，草擬兩岸「熱線作業準則」，其內容須要包含前文所討論的政策與技術層面相關議題。

---

[131] 蘇進強，〈兩岸軍事互信機制的虛實-沒有互動就沒有互信，沒有互信就沒有安全〉，《新世紀智庫論壇》，第 26 期，2004 年 6 月 30 日，頁 9。

[132] 李貴發，〈勇敢踏出歷史的第一步：兩岸建立互信機制此其時也〉，頁 37。

[133] 沈明室、郭添漢，〈中共軍事武力在南海領土主權運用的分析〉，《戰略與評估》，第 2 卷第 3 期，2011 年秋季，頁 66。

[134] 沈明室，〈兩岸軍事互信機制的建構困境與機會〉，頁 203。

[135] 國防部「國防報告書」編纂委員會，《中華民國九十七年國防報告書》，頁 100。

■具體措施

誠如前文所述，熱線的設置，並非一蹴可即，尤其在建立兩國元首和國防部門的主管層級熱線之前，最基本條件需要國家元首一定程度的政治意願去推動，因為國際上簽訂熱線的國家，最後都是在國家元首會晤後達成協議。[136]未來兩岸元首可以借由「和平之旅」互訪機會，舉行兩岸元首高峰會來達成建立熱線協議。並仿效美蘇於冷戰期間設置熱線制度，設置於國家危機處理決策機構，如台灣的國安會或衡山指揮所，也可參考美國的「狀況室」（Situation Room）。[137]藉由兩岸元首的直接聯繫，有助於相互瞭解、溝通意見，避免誤判及防止軍事意外與危機事件之發生。

另國防部層級熱線通常在建立雙方元首之間的熱線溝通之後，才會開始討論建立國防部層級熱線。[138]國防部層級的熱線屬於兩岸軍事信心建立措施之專用線路，專門處理軍事之事務，[139]其目的在於促進雙方溝通、降低被欺騙或利用之恐懼，增加相互行為之透明度。兩岸如在國防部或參謀本部（作戰中心或指揮所），建置軍事熱線，將可達到先知快報，立即防處，消弭肇端。

---

[136] 蕭朝琴，〈兩岸信心建立措施芻議〉，頁88。

[137] 「狀況室」是美國甘迺迪總統在1961年「豬玀灣事件」後所建立，其主要目的在應付面臨危機時，提供一個快捷而安全的通信管道，及協調機制，它保把所有國家安全部門蒐集的機密資訊輸送進來予以必要整合，然後呈給總統及國安會幕僚。其功能有三：一、從所有安全情報機關接收機密與非機密的資訊情報；二、在非上班時間滿足總統對國家安全資訊的需求；三、在上述時間內對白宮及國安會警示重要事件的發生。引自 Bromley K. Smith, Organizational History of the National Security Council during the Kennedy and Johnson Administrations. Monograph Written for the National Security Council, 1988, pp.37-38.

[138] 沈明室，〈建立兩岸領導人溝通熱線可行性之研究〉，頁397。

[139] 沈明室，〈兩岸軍事互信機制的建構困境與機會〉，頁203。

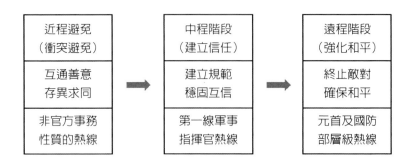

圖 5-1　兩岸設置「熱線」階段劃分及種類

資料來源：作者自繪

第五節　小結

　　從本章各節次的探討中可得知，兩岸因為中共方面設定「一個中國」前提的困擾與阻礙，導致兩岸目前尚未設置正式的熱線。兩岸之間即使「密使說」曾沸沸揚揚的在兩岸口耳相傳，[140]但僅止於「各說各話」；唯目前兩岸的「國共論壇」、兩會談判、藉由文化交

---

[140] 前國安會秘書長蘇起接受《聯合報》專訪時表示，兩岸在 20 世紀 90 年代初期到中期，兩岸領導人均派出授權代表定期會談，如台灣的蘇志誠、香港的南懷瑾、以及大陸的楊斯德等人，在該時期出任密使，穿梭活躍於兩岸之間。但在 1995 年台灣新黨立委揭露了這個管道後，中共決定終止這條溝通、傳達訊息的管道。之後，雙方因缺乏授權代表的接觸，而所謂的溝通，只能透過媒體宣揚。2008 年馬英九執政後，又低調的重啟了這樣的管道。從兩岸情勢趨向和緩來看，這些秘密溝通管道的運作，立下了不小的功勞。引自〈蘇起證實：兩岸有秘密溝通管道〉，《聯合報》，2010 年 5 月16 日，版 4。

流建立聯繫溝通管道、[141]學者之間的人民論壇交流，確實能達到溝通性措施的輔助，避免誤解產生的衝突。

　　相對於兩岸建立正式的熱線，可能涉及到主權問題。而非傳統安全威脅來源多元、形式多樣且類型多變，其中又以恐怖主義、國際販毒、槍械走私、非法移民、海上強盜等各式跨國組織犯罪效為顯著。[142]非傳統安全威脅因素的易變與不確定性，直接說明了其危害能力為何有別於傳統的敵人－民族國家（Nation State）。[143]當今國際上設置「熱線」的最終目標，已經擴大延伸到軍事安全以外的非傳統安全議題方面的合作。諸如，海上聯合搜救、反恐怖維安、打擊海盜、查緝毒品走私、環境汙染、疾病防治等問題。[144]然而，兩岸在軍事議題上，缺乏最起碼的相互信任，無法立即建立互信機制。兩岸欲尋求「雙贏」的局面，「預防戰爭」的思維有其絕對必要。

　　現階段可以藉由美國的協助與擔保，促使兩岸在溝通性的「熱線」建立起最起碼的互信，因為他對於中、台、美三方而言，都是成本最低、效益最高的戰略思維。[145]其實，兩岸民間或官方的海上救難單位或組織，所建立的「搜救熱線」就是最顯著的一例。這不僅是兩岸關係歷史上首見，而且是民間推動，官方支持，更有助於

---

[141] 例如 2003 年馬祖保警遭大陸漁民劫持事件，當時除透過海基會正式溝通的管道外，因為兩岸警政公安人員交流所建立的非正式溝通管道，也發揮很大的影響力。引自翁明賢、吳建德主編，《兩岸關係與信心建立措施》，頁497。

[142] 張中勇，〈臺灣海峽非傳統性安全威脅之評估〉，《戰略與國際研究》，2001年，頁7。

[143] 黃秋龍，《非傳統安全論與政策應用》（台北：結構群文化，2009年），頁3。

[144] 張中勇，〈兩岸海上搜救合作與軍事安全互信〉，《戰略安全研究》，第46期，2009年2月，頁21。

[145] 陳一新，〈兩岸和平發展對臺美中臺三邊關係之影響〉，發表於「財團法人海峽交流基金會《海基雙十、兩岸雙贏兩岸關係學術研討會》」（台北：海協會，2011年3月8日），頁73-75。

維持與保障兩岸通航安全。[146]在這個基礎上，兩岸可以進一步協商談判，發展成為包括海上危險活動規定及通知，以及海軍間聯繫的「防止海上意外協議」，進而達成兩岸簽署熱線協議，將有助於降低兩岸的緊張情勢。[147]

　　兩岸「熱線」的具體措施，多數與軍事安全領域相關。但兩岸軍事安全議題係從屬於國家政策與政治層面的範疇，相關規劃與執行的主體，應該由執掌外交或大陸政策的專業單位與專職人員負責，[148]國軍本於「軍隊國家化」、「文人領軍」的理念，僅負責提供軍事上專業領域的建議與建言，避免引發外界「軍人干政」的不當聯想。[149]針對兩岸建立「熱線」的溝通性措施，在政治層面上，雙方決策高層或是民意基礎，必須有一定程度的意願；在互利互惠上，雙方利益或是互惠是促進協議達成的最佳動力；另外，兩岸設置「熱線」，必須有完整的配套措施，包括有政治、外交、經濟、心理、文化以及兩岸關係與大陸政策等方面的科際整合。[150]

[146] 宋學文，〈兩岸軍事互信機制之國際政治因素：一個議程設定之分析〉，《亞太研究論壇》，第 52 期，2011 年 6 月，頁 62。

[147] Ralph A. Cossa, "Taiwan Strait Crisis Management: The Role of Confidence Building Measures," p.279.

[148] 周茂林，〈從中共「五一七對台聲明」論中共提兩岸軍事互信機制的戰略意涵〉，王央城主編，《2003-2004 年 IIR-CSS 戰略安全論壇彙編》（桃園：國防大學國家戰略研究中心，2005 年 1 月），頁 385。

[149] 洪陸訓，《軍事政治學：文武關係理論》（台北：五南圖書，2005 年 1 月），頁 353。

[150] 林建全，〈建立緩衝區及行為準則預防兩岸衝突〉，《2005IIR-CSS 戰略安全論壇彙編》，2005 年，頁 130。

第六章　結論

　　台灣與中共在先天的條件上，已處於不平等的態勢，再加上台灣的國際外交生存空間，始終受到中共的牽制與打壓，導致以身為國際社會的一員，卻因政治現實，而被排除在國際重要組織之外，以致於喪失許多發展的機會與空間，此情況更加大兩岸的實力差距，在如此遭受打壓以及不公平的情況下，探討兩岸互信機制的建立，亦難以有穩固的互信基礎可言。然而，近期兩岸關係漸趨和緩，各項交流不斷擴展之際，確實有助於兩岸信心建立的發展。當雙方都能認同「擱置主權爭議」並且秉持「先易後難」、「先經後政」的方向進行經貿協商與交流，這是信任初期的基礎。如同「海峽中線」，這是兩岸潛在默契下公開的秘密，雖然未訴諸於文字，但是彼此皆能有所交集與認知時，互信的建構就能持續累積。

第一節　研究總結

　　在兩岸主權歸屬及政治實體的談判，仍然屬於敏感議題的情況下，在無進一步發展軍事互信的條件下，兩岸設置「熱線」仍然是處於倡議階段。兩岸民間團體所達成台灣海峽的救援熱線協議，在兩岸環境緩和之後，引用到兩岸軍事部門的熱線聯繫管道，不可完全排除。但是，前提必須顧及台灣主權以及國家安全。未來如果中

共欲與我方商討建立「熱線」的溝通性措施,台灣必須先行完成與中共談判的各項工作做好準備。為隨時可能展開的兩岸「軍事互信機制」協商做好準備,才能處於主動優勢,避免受制於人。

壹、兩岸軍事互信機制的可行性

在兩岸主權定位不明的狀態下,建立「軍事互信機制」的可能會引起質疑。但以目前兩岸經貿密切結合的程度而言,「兩岸合作、經貿先行」不失為解除政治僵局之良方。待彼此經濟互相依存程度密不可分時,在合「則兩利、分則兩害」的狀況下,政治合作必是水到渠成。兩岸關係在全球化發展影響下,如能從經濟合作、文化等議題上加強合作,可以逐步累積合作經驗並建立起相當程度的共識,不啻為未來的軍事互信奠基。

雖然兩岸短期內的軍事危機雖已大為降低,但兩岸在軍事互信機制要進一步發展,卻有很大的困難度,其主因在歷史共業使雙方猜忌與不信任。台灣在 2012 年 1 月 14 日,立委與總統選舉後,由國民黨馬英九政府繼續執政;中共方面,胡錦濤將於 2012 年底結束任期,兩岸關係的歷史定位成為台北與北京關鍵議題。近年台灣的主權意識高漲下,中共也會更「正視(中華民國存在的)現實」[1],將有助於務實推動兩岸關係的發展。

---

[1] 在 2005 年國民黨副主席江丙坤訪大陸時,人大主席賈慶林亦曾說出「中華民國」一詞,近年來一些大陸學者亦有討論「正視中華民國」的言論,顯示北京對「中華民國」一詞並非毫無彈性。引自〈賈慶林晤江丙坤直言:「中華民國」一招牌兩班底〉,《太陽報》,2005 年 4 月 20 日,〈http://city.udn.com/2997/1202794?tpno=38&cate_no=0〉,檢索日期:2011/12/27。;李正修,〈正視中華民國的存在才是解決兩岸爭端的關鍵〉,《國家政策研究基金會》,2009 年 1 月 7 日,〈http:// www. npf. org. tw/ post/1/5268〉,檢索日期:

貳、亞太信心建立措施實踐經驗對兩岸影響

「信心建立措施」不僅可以增加互信，提升合作關係，亦有助於區域和平與安全，以及穩定多元的發展。「信心建立措施」並非和平與安全萬靈丹，可能潛藏危機在裡面，甚至帶來危險的反效果。此處並非要否定「信心建立措施」的價值，而是要周全考量可能遭遇的風險。從亞太地區的信心建立措施實踐經驗，綜合歸納如下，可供兩岸借鏡：

一、東協區域論壇（ARF）

ARF成立之初曾遭到許多學者的懷疑，如雷法（Michael Leifer）認為ARF無法扮演建立和平的角色，[2]甚至有學者認為ARF是建築在沙土上，[3]是無法成功等諸多批評。雖然東協國家的「信心建立措施」是仿效歐洲國家的經驗，但東協國家不同於歐洲大陸國家具有彼此緊鄰的邊界，已發展出具有東協特色的「信心建立措施」。東協國家之間的信心建立措施雖未具體落實，然東協國家基於共同目標並藉由此途徑邁向「安全社群」卻是不變的發展，未來亦可能有成功機會。

ARF之所以失敗或尚未成功，最主要是與歐洲國家推行信心建立措施背景因素有極大差異。例如東協國家彼此之間存在許多種

2011/12/27。

[2] Michael Leifer, "The ASEAN Regional Forum," *Adelphi* paper, No.302, July 1996, p.65.

[3] Robyn Lim, "The ASEAN Regional Forum: Building on Sand," *Contemporary Southeast Asia*, Vol.20, No.2, August 1998, pp. 115-136.

族、文化、信仰、與價值觀的衝突，再加上南中國海（the South China Sea，簡稱南海）諸島的主權爭議，還有美國的影響力，使得此地區的情勢更為複雜。如何消弭彼此之間差異以追求共同之利益，是未來兩岸在進行信心建立措施時應當避免之事。

二、印、巴

印、巴衝突雙方缺乏政治意願執行，再加上雙方未達成初步的信心建立（衝突避免）時，就進行簽署多項有關「限制性」、「透明性」、與「查證性」的措施。因此，兩國在根本無政治意願下，更是利用選擇性遵守、背信或刻意欺瞞下，未能達成建立雙方互信、化解衝突的預期效果，也是造成兩國的誤解、仇恨、與衝突更深的主因。因此信心建立措施的程序設計如何完善，如果沒有各方對安全價值的需求，互信機制就缺乏動機，根本無法形成建構的動力。

但是印、巴地面部隊指揮官可依參謀本部作戰次長室一紙公文就隨即進行溝通，這也顯現出印、巴雙方基於長年的信心建立所累積的經驗；另兩國政府為解決邊界問題所成立的「聯合工作小組」（The Joint Working Group ,JWG），在雙方都能接受邊界問題的公平合理解決辦法，和維持邊界地區以及「和平與安寧」的最佳途徑，這個小組為推動兩國關係的緩和以及邊界問題的解決發揮了重要作用，此工作小組運作模式，仍是值得肯定，可供兩岸參考。

三、南北韓

　　由於雙方互信基礎脆弱，加上北韓常以戰爭「邊緣策略」（Brinkmanship）[4]恐嚇對方讓步，使得好不容易建立起的互信旋即遭到破壞，南、北韓的信心建立進展可謂困難重重。以 2010 年 3 月的「天安艦」事件來看，美國在東亞地區大動作進行連續性的軍事演習與中共以捍衛領土主權的軍事行動相較下，表面上兩個國家的主要目的不同，但仔細觀之便可發現，兩者都是為了國家利益而採取的軍事行動。可見朝鮮半島所建立的信心建立措施，將受到大國的國家利益與戰略轉變而有所影響。其次，受到國內政治的影響、或是爭取國際聲譽及認同，[5]也為影響的重要因素。

　　雖然朝鮮半島所建立的信心建立措施有那麼多的缺點，且北韓經常違反協議，但因雙方已透過協定建立溝通管道，小規模的軍事摩擦，不致升高為全面的軍事對抗。兩韓經驗對兩岸而言有相似之處（同一民族分裂的政體），也有相異之處（地理環境與土地），未來兩岸是要「趨向零合」還是「互利雙贏」，只要兩岸領導人體認合作代替對抗之重要性將有助於政治上的互信，也是彼此深入對話的重要基礎以及獲得談判的空間。然而兩岸長期分離分治之歧見甚

---

[4]　2005 年經濟學諾貝爾獎得主謝林（Thomas C. Schilling）的「邊緣策略」，比喻將危險的情況推展至極限，以謀取利益的行動或手段，並可視為一國採取的外交冒險政策或危機邊緣政策。此策略往往運用在極端的外交作為上，策略發起國可藉由發動關於毀滅性戰爭的意圖，來嚇阻其敵對國作為換取援助條件、解除制裁，或緩兵之計的籌碼。引自沈明室，〈朝鮮半島砲擊事件與北韓權利繼承〉，《戰略安全研析》，第 68 期，2010 年 12 月，頁 16。

[5]　如金大中 1998 年所推行的「陽光政策」，並於 2000 年 6 月 15 日，率團訪問平壤，簽定《南北韓共同宣言》，因而獲頒諾貝爾和平獎。但金下台數年後，被媒體披露金氏為訪問北韓，透過現代公司以 4.5 億美元交予北韓，形同賄賂。引自李明，〈南北韓高峰會的發展與意義〉，《戰略安全研究》，第 30 期，2007 年 10 月，頁 25。

深，驟然建立軍事互信機制，恐橫生諸多枝節，就誠如南、北韓，欲速則不達，更生危機，兩岸所必須省思的地方。

參、中、台、美對兩岸軍事互信機制的認知

　　從第三章中、台、美三方對兩岸軍事互信機制的立場與戰略意涵分析中，可歸納出推動兩岸軍事互信機制建構的背後各方所認知的利益。

一、中共方面

　　現階段希望藉由軍事互信機制，除避免台海發生爭端外，以全力發展經濟，提升綜合國力與美國等西方國家較勁。中共採取睦鄰政策，來消弭中國威脅論，以營造穩定、安全的國際安全環境，俾利經濟建設大局的推動。中共於 2010 年擴大其核心利益的地理範圍，把南中國海列入，並擴大專屬經濟海域屬性的詮釋；加上，中共軍事現代化，擬建立實力強大的軍事投射能力等作為，所以希望兩岸在加深經貿合作的同時，建立兩岸軍事安全互信機制，一方面能拉攏取信於台灣；另一方面亦能減少美國對台軍售的可能，最後，在戰略上提高了美國介入台海爭端的成本，使國家統一進程能更進一步。

二、台灣方面

現階段希望藉由軍事互信機制，維護台灣的安全。此一機制的建立，除了避免兩岸因誤解與誤判而發生不必要的軍事衝突，進一步限制中共對台動武，降低對台軍力部署，以消弭中共對台動武的可能性。同時一方面加強經貿發展、累積經濟實力，一方面適時提升軍隊現代化、維持兩岸軍力平衡，以避免在不利狀況下被迫要求進行政治談判；另一方面也藉兩岸關係緩解的過程，來爭取外交領域活動的籌碼。

三、美國方面

認為台海若沒有戰爭的威脅、兩岸優先致力於經貿合作發展，自然暫時不會引發軍事危機，美國亦不用擔心是否須介入兩岸紛爭中，這是美國對台海政策的優先目標；另外，穩定兩岸關係一方面有助於美中關係在經貿、軍事、甚至是處理全球性議題的發展上得利，一方面又可以維持對台灣的安全承諾，並且從軍售中來持續獲得經濟利益與區域的軍事安全的利益。

肆、中共熱線設置原則

中共同他國簽署的熱線協議內容及作法，大致可發現中共在針對不同的對象，而採取在內容與形式上「深淺有別」的推動方式，可獲得下列幾項原則：

- 建立熱線的前提，通常是兩個國家之間曾經發生過衝突（戰爭）或危機，雙方都不想動武，且具有需求與意願；
- 熱線必須適應，該區域的政治、經濟、歷史、文化等特點，並未存在一種統一的模式；
- 熱線應經過多次談判與雙方元首高峰會的討論認可，除非面臨重大事故的衝擊，否則必須採取循序漸進，逐次完成；
- 熱線應該與時俱進，符合時代潮流的安全觀念。
- 熱線在協商與談判的步調與時間觀念上具有彈性與韌性，要談多久就談多久。[6]
- 政治宣傳意味大，實質效果不明顯。[7]

伍、對兩岸設置「熱線」的認知

　　近年來中共積極與多國建立不同層級的「熱線」，而台灣在相關國防報告中，也將「熱線」納入兩岸的溝通性措施。倘若，兩岸可以暫時擱置主權爭議，建立適合兩岸的「熱線」，即可以透過溝通機制，避免戰事發生，解除兩岸敵對狀態，進而維持兩岸的和平。然而，「熱線」涉及到的不僅是雙方如何推動的技術面的問題，也牽涉到政策面問題，包括台灣內政、兩岸關係、美中台關係甚至區

---

[6] 例如中美國防部熱線的談判從 2004 年就已開始，經過長達 5 年的談判協商，直到 2008 年 2 月 29 日才正式簽署協定；中俄兩國在沒有任何先兆的情況下，卻比中美國防部熱線提早 14 日。可以觀察到中共的談判策略是談比不談好，要談多久就談多久。

[7] 例如中美國防部熱線，三年中僅使用了四次，其中包括一次是國防部長蓋茲致電祝賀中國國防部長梁光烈上任。甚至 2009 年兩國海軍對峙、美國對台售武等重大事件發生時，這條熱線也未曾使用，由此可見中美國防部層級熱線政治宣傳意味大於實質效果。

域安全等。基本上，兩岸設置「熱線」，應該以「信心建立措施」與「軍事互信機制」的理論為基礎。總結前述「信心建立措施」及中共與其他國家建立熱線的歷史經驗，歸納台灣應有的認知，如下：

一、澄清政治立場

　　政府必須建立涉及兩岸關係的政治立場，特別是熱線可能涉及到對等層級問題，台灣應注意中共藉此設置障礙。中共提議的兩岸「熱線」，不會像中俄、中美模式，更不可能是衡山指揮所與山西指揮中心的互通，應會採取軍區與軍區、或艦隊與艦隊間互通的韓國模式。[8]尤其中共目前有七大軍區，其中南京軍區是主要負責對台灣作戰的主要單位。故未來兩岸建立國防部層級熱線，可能會產生台灣的國防部對上中共的南京軍區，有被矮化之嫌。故藉此澄清兩岸關係的彼此地位及可能涉及到「一中原則」，或許可以在「九二共識」的模糊框架下，作為兩岸設置熱線的基礎。

---

[8] 中韓兩國軍方最初規劃熱線開設地點，原本在韓國烏山的空軍作戰司令部中央防空管制所和中共北京首都防空中心、南韓鎮海海軍作戰司令部指揮控制室和中共青島北海艦隊司令部作戰處，分別設置軍事熱線。但中方隨後改建議，在大邱的第二「中央防空管制所」和山東半島的濟南軍區防空中心、南韓海軍第二艦隊司令部指揮控制室和青島北海艦隊司令部作戰室之間開設。由此可見，中方有意降低軍事熱線的層級，在空軍部份，由北京防空中心降低為濟南軍區防空中心。

二、分階段談判

　　目前學者在研究兩岸「信心建立措施」或「軍事互信機制」都會面臨一個問題，也就是中共始終強調「一個中國」的原則，台灣則一直加強「主權獨立」的訴求，[9]使兩岸「軍事互信機制」無法進一步的推展下去。而中共談判手法可分一籃子與分階段策略，目前中共企圖以一籃子的方式進行對台軍事互信機制的談判，在一中前提下任何事都好談。因此，台灣可以依據「先易後難、先低後高」方式，依台灣需求將熱線協議談判，分階段進行，如此可攻可守，進退有據。[10]

三、堅持「二軌」先行的溝通管道

　　目前軍事關係是兩岸關係最敏感部分，深受雙政治關係影響。中美、中俄、中印的熱線特點是未進行所謂「二軌」溝通管道，其各層級熱線皆是一軌為溝通管道。在兩岸互信不足的情況下，二軌溝通管道為了將來一軌溝通管道鋪路，例如先從南海地區建立熱線溝通管道做起。可由台灣的海巡與中共海監、邊防建立熱線聯繫、

---

[9]　Ming-Shih Shen, "The Military Confidence Building Measures Strategy Across the Taiwan Strait," *The Journal of Defense Studies*（IDSA, India）, Vol. 5, No.3, July 2011, p. 20.

[10]　例如中共在 1998 年與美國簽訂《中美兩國國防部關於建立加強海上軍事安全磋商機制的協定》（MMCA），同年又建立雙方元首層級熱線。但直到了 2008 年 2 月，才又簽署《中華人民共和國國防部和美利堅合眾國國防部關於建立直通保密電話通信線路的協定》，而並非先簽署「信心建立措施」或「軍事互信機制」協定後，再談細部措施的內容，這是目前國內研究者的最大盲點。

協調與合作管道，傳遞分享海上急難與海事安全資訊，進行聯合搜救，累積合作信任關係，不失為可行之計，但須避免陷入中共統戰陷阱。

四、非傳統安全領域熱線設置做起

兩岸與中印、中俄與最大不同，是兩岸之間隔 100 多公里寬的台灣海峽。然而，基於兩岸之間的海、空交流日益頻繁，再加上台海海域海象不佳，海峽區域發生海空難的潛在危機也隨之增加。因此，應置重點於雙方溝通措施的建立；將雙方進入台灣海峽機艦、飛彈、演習活動等通報對方。

從中美、中俄、中印的熱線的性質來看，都是屬於軍事安全領域方面。主要目的是希望透過此通報系統，避免意外發生，而穩定兩個假想敵國之間的軍事關係，進而發展出可預測的行為。目前兩岸民間救援單位自 1997 年起即已設置了海難通報救難熱線，未來兩岸熱線借鑒前者，先從較不涉及軍事安全領域的聯合海上搜救、維護漁民權益及確保運輸安全（如避免海盜的侵襲）等非傳統安全通報做起。

五、不宜過度期待熱線

1993 年兩岸設置海基會與海協會緊急聯絡機制，但中方在查明事件清楚前通常會先切斷聯繫，讓台灣著急與焦慮；又如 1995 年中共片面中斷兩岸協商之舉動，也使好不容易建立之溝通管道因

而受阻，使得這個管道無法在 1996 年台海危機期間發揮任何澄清雙邊誤解或防制意外之功能。

在中、美方面，2001 年 4 月 1 日美軍一架 EP-3 偵察機在南中國海與中共殲 8-II 戰機擦撞，當時美國總統布希亦嘗試以熱線與中共國家主席江澤民溝通，但遭江澤民拒接電話，另美國大使普魯赫（Joseph Prueher）也用一般電話作緊急聯繫卻無人回電；[11]及 2009 年美國「無瑕」號遭中方船隻迫近時，美國透過軍事熱線電話試圖與中方聯絡，卻得不到任何回應。顯示當雙方關係緊張時，元首之間的熱線也不一定打得通；也可看出中共對熱線的認知，是跟西方的認知是有段距離。

第二節　政策建議

總結以上對於兩岸「軍事互信機制」與「熱線」的各項討論與陳述，本書所得出了以下幾點政策建議：

■ 兩岸的「軍事互信機制」不適合歐洲國家的經驗，因兩岸隔著台灣海峽，應發展出具有兩岸特色的「軍事互信機制」。另成立兩岸軍事互信機制的「聯合工作小組」，將有助於推動兩岸關係的緩和以及問題的解決。

■ 軍事互信的前提是政治互信；兩岸在信任之初，都必須有政治性的善意，才有談判與協商的可能。兩岸簽署停戰協議，終止敵對狀態，軍事互信機制方可依序實施。因此，軍事互

---

[11] Kevin Pollpeter, *U.S.-China Security Management Assessing the Military-to-Military Relation Relationship*（Santa Monica: RAND, 2004）,pp. 17-18.

信機制的建立必須待兩岸的政治協商有進一步的發展後，方可逐步推動。

■ 「信心建立措施」的發展模式，第一階段在於「衝突避免」，而建立「熱線」，將有助於兩岸衝突避免。

■ 兩岸設置「熱線」的溝通管道，只是和平議程的開始，絕非雙方和平已經達成；雙方政治領導人和國防部門的主管溝通管道的開啟並不代表後此可以鬆懈心防，或誤認為不需要維持有效的防禦與嚇阻。畢竟，兩岸自 1949 年分離分治，迄今已超過 60 餘年，然而戰爭議題在兩岸之間卻從未停過，且隨著兩岸關係發展而不斷變化，與其過度期盼中共表現善意和互信，不如堅實的國防，才能夠確保國家安全與繁榮。

■ 從中共與他國建立不同層級熱線實踐之檢視，不論從理論建構，建立過程或產生之效果，都是經過詳細規劃與審慎評估；顯示中共對於與他國建立熱線，是基於本身國家利益與安全考量。因此，台灣應對中共與他國建立熱線各項作為，都值得深入分析與體察。

■ 兩岸設置「熱線」議題，充滿了政策和技術層面的問題，環繞的層面甚廣，其過程耗時，非作者個人能力所及。建議業管單位應成立專案，邀集相關領域專家學者進行研究，為隨時可能展開的兩岸「熱線」協商做好準備，才能處於主動優勢，避免受制於人。

附錄

民國 85-100 年兩岸「信心建立措施」與「軍事互信機制」研究文獻分類及統計

民國 85-100 年兩岸「信心建立措施」與「軍事互信機制」研究文獻統計

區分 年份	專書	專書論文	學位論文	期刊	小計
85				1	1
87			3	1	4
88		1		5	6
89		5	1	7	13
90		4	1		5
91		1	3	3	7
92		8		3	11
93		1	4	3	8
94	1	10	1	4	16
95	1		1	2	4
96		5	2	4	11
97		3	4	2	9
98		4	10	17	31
99	1	11	2	6	20
100		8	6	9	23
合計	3	61	38	67	169

資料來源：筆者自行整理。

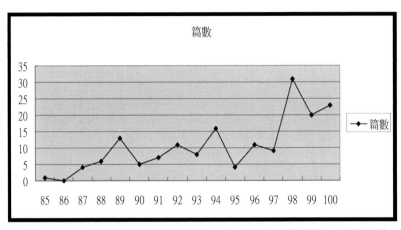

民國 85-100 年兩岸「信心建立措施」與「軍事互信機制」著作統計

資料來源：筆者自繪。

一、專書

項次	作者	書名	出版社	主要研究主題	
				整體分析	單一措施分析
1	劉慶祥	兩岸和平發展與互信機制之研析	秀威資訊科技股份有限公司（99）（合輯）	◎	
2	翁明賢吳建德	兩岸關係與信心建立措施	華立圖書股份有限公司（94）（合輯）	◎	
3	王順合	論台海兩岸建構「信心暨安全建立措施」之理論與實務	供學出版社（95）	◎	
附註	一、總計 3 專書：為整體分析。 二、◎係指整體分析。				

二、專書論文

項次	作者	文章篇名	登載期刊	主要研究主題	
				整體分析	單一措施分析
1	洪陸訓	2012大選後，兩岸軍事互信機制的展望	台灣戰略研究學會年度座談會（100）	◎	
2	陳興國	建立互信是兩岸政治發展的基礎	2011年台灣政治學會年會暨「辛亥百年與兩岸政治發展」學術研討會論文集（100）	◎	
3	沈明室 郭添漢	兩岸建立「熱線」溝通管道的分析	2011年中國研究年會暨「辛亥百年與兩岸政治發展」學術研討會論文集（100）		熱線
4	沈明室 郭添漢	建立兩岸軍事互信機制的理論探討	2011年台灣政治學會年學術研討會論文集（100）		
5	黃永松	對兩岸建立軍事互信之見	「續與變：2008-2010兩岸關係」研討會論文集（100）	◎	
6	戴振良	哈伯馬斯溝通行動理論分析：兼論兩岸建立軍事互信機制之實踐	第四屆中華民國國際關係學會「國關理論與全球發展」研討會論文集（100）	◎	
7	袁鶴齡 沈燦宏	從美中台戰略三角的演變看兩岸信心建構措施的建立	第四屆中華民國國際關係學會「國關理論與全球發展」研討會論文集（100）	◎	
8	尤國臻	兩岸「軍事互信機制」之倡議	陸軍官校「87週年校慶基礎學術」研討會論文集（100）	◎	

二、專書論文（續一）

項次	作者	文章篇名	登載期刊	主要研究主題	
				整體分析	單一措施分析
9	李陳同	從「權力轉移理論」看兩岸軍事互信機制發展	99 年中國研究年會「從轉型到轉向：中國研究的比較觀點」研討會論文集（99）	◎	
10	趙哲一	我國執行信心建立措施的向況與展望——以兩岸建立「軍事互信機制」為例	劉慶祥主編，《兩岸和平發展與互信機制之研析》（99）	◎	
11	劉廣華	兩岸軍事互信機制探討-源起、倡議、現況、障礙與作為	第四屆區域安全國防論壇「華日對話」研討會（99）	◎	
12	段復初	兩岸軍事互信機制建立之建構——軍事互動的可能模式	劉慶祥主編，《兩岸和平發展與互信機制之研析》（99）	◎	
13	曾復生	美「中」台建構互信機制的關鍵要素	劉慶祥主編，《兩岸和平發展與互信機制之研析》（99）	◎	
14	歐錫富	中國與俄羅斯、印度信心建立措施及其對台海的啟示	2010 年中央研究院「台海安全互信前瞻」研討會論文集（99）	◎	
15	丁樹範	中國對兩岸軍事互信的研究與未來	2010 年中央研究院「台海安全互信前瞻」研討會論文集（99）	◎	
16	蔡明彥	台灣對兩岸軍事互信的研究與未來作法	2010 年中央研究院「台海安全互信前瞻」研討會論文集（99）	◎	

二、專書論文（續二）

項次	作者	文章篇名	登載期刊	主要研究主題	
				整體分析	單一措施分析
17	蔡明憲	台灣與中國軍事互信機制的商議「前提與因應」	2010 年中央研究院「台海安全互信前瞻」圓桌論壇論文集（99）	◎	
18	宋開榮 楊太源	現階段兩岸軍事安全互信發展可行性研究	99 年第 3 季「國防大學陸軍學院」研討會論文集（99）	◎	
19	黃永松	對兩岸建立軍事互信之蠡見	台北大學「續與變：2008~2010 兩岸關係」研討會論文集（99）	◎	
20	戴政龍	身份建構與制度創新：兩岸軍事互信機制的想像與描繪	中興大學第六屆「全球戰略與台海安全」研討會論文集（98）	◎	
21	楊開煌	中共「軍事安全互信機制」之研析	王高成主編，《兩岸新形勢下國家安全戰略》（98）	◎	
22	劉廣華	固若磐石：從守勢國防看兩岸軍事互信	王高成主編，《兩岸新形勢下國家安全戰略》（98）	◎	
23	戴振良	國際建制理論探討兩岸軍事互信機制建立	99 年「全民國防教育」研討會論文集（98）	◎	
24	王崑義	海上反恐——兩岸信心建立措施初步合作之分析	第四屆中央警察大學「恐怖主義與國家安全」研討會論文集（97）		海上反恐

二、專書論文（續三）

項次	作者	文章篇名	登載期刊	主要研究主題	
				整體分析	單一措施分析
25	王維新	兩岸軍事互信建構之探討	97 年「兩岸關係發展及經濟趨勢」研討會論文輯（97）	◎	
26	彭錦珍	論兩岸軍事互信機制之建立－機制設計理論的應用	國防大學政戰學院「亞太政治情勢」研討會論文集（97）	◎	
27	黃筱薌	台海區域如何「非核化」與「非軍事化」	《2007 年解放軍研究論壇彙編》（96）		「非核化」與「非軍事化」
28	沈明室	兩岸軍事互信機制的建構困境與機會	2007 年「前瞻兩岸關係發展的趨勢」研討會論文集（96）	◎	
29	王順合	美國與台海兩岸之軍事合作交流及互信措施	陸軍官校「83 週年校慶基礎學術」研討會論文集（96）	◎	
30	趙哲一	〈兩岸如何建立對話管道——以「建立信任措施」為例〉	《2007 年解放軍研究論壇彙編》（96）	◎	
31	沈明室	建立兩岸領導人溝通熱線可行性之研究	《2007 年解放軍研究論壇彙編》（96）		熱線
32	陳明崙	兩岸軍事互信機制建構之文化基礎研究	第六屆國防大學「國家安全與軍事戰略」研討會論文集（94）	◎	
33	林正義	台海軍事互信機制可能與展望	第六屆國防大學「國家安全與軍事戰略」研討會論文集（94）	◎	

二、專書論文（續四）

項次	作者	文章篇名	登載期刊	主要研究主題 整體分析	主要研究主題 單一措施分析
34	郭天勇	中共與他國建立軍事互信機制之研究	《2005 IIR-CSS 戰略安全論壇彙編》（94）	◎	
35	程祥雲	如何以推擠策略使中共對兩岸互信機制有所需求	《2005 IIR-CSS 戰略安全論壇彙編》（94）	◎	
36	王高成	建立兩岸軍事緩衝區與海峽行為準則	《2005 IIR-CSS 戰略安全論壇彙編》（94）		
37	林建全	建立緩衝區及海峽行為準則預防兩岸衝突	《2005 IIR-CSS 戰略安全論壇彙編》（94）		
38	楊念祖	現階段台海兩岸發展「軍事互信」機制的限制以及可能突破限制的思維方向	《2005 IIR-CSS 戰略安全論壇彙編》（94）	◎	
39	廖宏杰	以多重架構推動台海互信措施具體作為	《2005 IIR-CSS 戰略安全論壇彙編》（94）	◎	
36	王高成	建立兩岸軍事緩衝區與海峽行為準則	《2005 IIR-CSS 戰略安全論壇彙編》（94）		緩衝區與海峽行為準則
37	林建全	建立緩衝區及海峽行為準則預防兩岸衝突	《2005 IIR-CSS 戰略安全論壇彙編》（94）		緩衝區及海峽行為準則
38	楊念祖	現階段台海兩岸發展「軍事互信」機制的限制以及可能突破限制的思維方向	《2005 IIR-CSS 戰略安全論壇彙編》（94）	◎	

二、專書論文（續五）

項次	作者	文章篇名	登載期刊	主要研究主題	
				整體分析	單一措施分析
39	廖宏杰	以多重架構推動台海互信措施具體作為	《2005 IIR-CSS 戰略安全論壇彙編》（94）	◎	
40	陳文賢	台海兩岸信心建立措施芻議	《2005 IIR-CSS 戰略安全論壇彙編》（94）	◎	
41	吳自立	兩岸軍事互信	《2005 IIR-CSS 戰略安全論壇彙編》（94）	◎	
42	丁樹範	推動兩岸「軍事互信機制」：中共的看法	《2003-2004 年 IIR-CSS 戰略安全論壇彙編》（93）	◎	
43	李黎明	兩岸衝突預防機制建立與台灣安全	《2003 台海戰略環境評估》（92）	◎	
44	周茂林	2004 年我國總統大選後兩岸建立軍事互信機制的障礙與契機	第四屆國防大學「國家安全與軍事戰略」研討會論文集（92）	◎	
45	李　明	如何建立兩岸軍事互信機制	政治大學國關中心「第 16 次戰略安全論壇」研討會論文集（92）	◎	
46	胡瑞舟	建立兩岸互信機制的契機	政治大學國關中心「第 16 次戰略安全論壇」研討會論文集（92）	◎	
47	丁樹範	推動「兩岸互信機制」：中共的看法	政治大學國關中心「第 15 次戰略安全論壇」研討會論文集（92）	◎	

二、專書論文（續六）

項次	作者	文章篇名	登載期刊	主要研究主題	
				整體分析	單一措施分析
48	王元綱	中共對兩岸信心建立措施之態度：兼論信心建立措施的侷限性	國防部「我國國防安全危機預判及信心建立措施之研究」研討會論文集（92）	◎	
49	黃奎博	當前信心建立措施與兩岸關係發展之研究。	國防部「我國國防安全危機預判及信心建立措施之研究」研討會論文集（92）	◎	
50	趙志興孟昭宇	設置非軍事區理論與案例分析	國防管理學院第十屆「國防管理學術暨實務」學術研討會（92）		非軍事區
51	韓岡明	兩岸推動「軍事互信機制」的非確定性因素研析	《國防軍事戰略視窗》（91）	◎	
52	張哲銘李鐵生	「信心建立措施」概念的回顧與展望	陳鴻瑜主編，《信心建立措施的理論與實際》（90）	◎	
53	林文程	中共對信心建立措施的立場及作法	陳鴻瑜主編，《信心建立措施的理論與實際》（90）	◎	
54	郭臨伍	信心建立措施與兩岸關係	陳鴻瑜主編，《信心建立措施的理論與實際》（90）	◎	
55	向　駿	兩岸軍事互信機制芻議	第八屆「國防管理學術暨實務」研討會論文集（90）	◎	

二、專書論文（續七）

項次	作者	文章篇名	登載期刊	主要研究主題 整體分析	單一措施分析
56	丁樹範	中共對台政策對兩岸建立互信機制的影響	第一屆國防大學「國家安全與軍事戰略」研討會論文集（89）	◎	
57	張　競	籌建兩岸熱線之研究	第一屆國防大學「國家安全與軍事戰略」研討會論文集（89）		熱線
58	郭臨伍	兩岸政策與信任建立措施	第一屆國防大學「國家安全與軍事戰略」研討會論文集（89）	◎	
59	張旭成	從歐安會議及亞太區域安全協商機制探討兩岸建立軍事互信機制之可行性	第一屆國防大學「國家安全與軍事戰略」研討會論文集（89）	◎	
60	林正義	國際經驗與台海信心建立措施	第一屆國防大學「國家安全與軍事戰略」研討會論文集（89）	◎	
61	王振軒 趙哲一	兩岸建立軍事互信機制之研究	政戰學校「國軍政治作戰理論與實踐」研討會論文集（88）	◎	
附註	一、總計 61 篇文：整體分析 53 篇；單一措施分析 8 篇（海上反恐、非軍事區【2】、熱線【3】、緩衝區及海峽行為準則【2】）。 二、◎係指整體分析。 三、括弧中代表篇數。				

三、學位論文

項次	作者	題目	學校系所	主要研究主題	
				整體分析	單一措施分析
1	鄧俊育	兩岸建構軍事互信機制之研究	國立中正大學政治學所碩士論文（100）	◎	
2	師嘉俊	兩岸現階段建構軍事互信機制之研究	南華大學國際暨大陸事務學系亞太研究所碩士（100）	◎	
3	宋自強	兩岸建立軍事互信機制發展之研究	中國文化大學政治學系研究所碩士（100）	◎	
4	尤國臻	兩岸軍事互信機制的建立——以兩岸非軍事區為例	國防大學政治作戰學院政治研究所碩士（100）		非軍事區
5	李翔宙	美、中、台戰略三角互動框架下兩岸信心建立措施之研究	中興大學國家政策與公共事務研究所碩士論文（100）	◎	
6	林志龍	兩岸建立軍事互信機制之研究	淡江大學中國大陸研究所碩士論文（100）在職專班	◎	
7	霍霈	兩岸軍事互信機制建構可行性之研究	國立政治大學外交學系戰略與國際事務碩士論文（99）在職專班	◎	
8	何啓聖	兩岸「信心建立措施」可行性之研究——從軍事武力性質之面向探討	臺灣大學政治學研究所碩士論文（99）	◎	
9	王嘉伶	中共對外軍事互信機制及對台海安全的影響	中興大學國際政治研究所碩士論文（98）	◎	
10	郭怡東	兩岸建立軍事互信機制之研究－政黨輪替後之研析（2000-2009 年）	中央警察大學公共安全研究所碩士論文（98）	◎	

三、學位論文（續一）

項次	作者	題目	學校系所	主要研究主題	
				整體分析	單一措施分析
11	陳泊瑋	啓動台海和平契機——從建構兩岸軍事互信機制探討	逢甲大學公共政策所碩士論文（98）	◎	
12	曾娟娟	從建構主義分析「兩岸軍事互信機制」之建立	開南大學公共事務管理學系碩士論文（98）	◎	
13	夏宜嘉	兩岸軍事互信機制倡議之研究	國立政治大學外交學系戰略與國際事務碩士論文（98）在職專班	◎	
14	蔡宗良	兩岸軍事互信機制建構之研究	國立中正大學政治學所碩士論文（98）	◎	
15	馮志成	兩岸軍事互信機制的海上安全合作	國防大學戰略研究所碩士論文（98）		海上安全合作
16	林繼煜	台灣海峽非軍事活動之研究	淡江大學國際事務與戰略研究所碩士論文（98）在職專班		台海和平區
17	易仲錢	兩岸衝突避免機制研究與展望	淡江大學國際事務與戰略研究所碩士論文（98）在職專班	◎	
18	鄒道勻	兩岸海上信心建立措施之研究	國防大學政治作戰學院政治研究所碩士論文（98）		海上信心建立措施
19	呂中華	兩岸建立軍事互信機制可行模式之研究	銘傳大學社會科學院國家發展與兩岸關係碩士論文（97）在職專班	◎	

三、學位論文（續二）

項次	作者	題目	學校系所	主要研究主題	
				整體分析	單一措施分析
20	彭錦珍	論兩岸軍事互信機制之建立——機制設計理論的應用	國防大學政治作戰學院政治研究所碩士論文（97）	◎	
21	林傳盛	中共「信任建立措施」立場研究	淡江大學國際事務與戰略研究所碩士論文（97）在職專班	◎	
22	王裕民	兩岸建立軍事信任措施之研究	淡江大學國際事務與戰略研究所碩士論文（97）在職專班	◎	
23	夏天生	從信心建立措施觀點論述兩岸軍事互信機制之建立	國立中山大學大陸研究所碩士論文（96）在職專班	◎	
24	張匡世	兩岸軍事互信機制建立之研究	國立政治大學國家安全與大陸研究碩士論文（96）在職專班	◎	
25	陳明崙	兩岸軍事互信機制建構之文化基礎研究	國立政治大學外交學系戰略與國際事務碩士論文（95）在職專班	◎	
26	余進發	台海兩岸軍事機構互訪可行性之研究	淡江大學國際事務與戰略研究所碩士論文（94）		軍事機構互訪
27	葉茂益	兩岸建立軍事互信機制可行性之研究	銘傳大學社會科學院國家發展與兩岸關係碩士論文（93）在職專班	◎	

三、學位論文（續三）

項次	作者	題目	學校系所	主要研究主題	
				整體分析	單一措施分析
28	白永成	台海兩岸軍事互信機制之建構──兩岸劃設「非軍事區」之探討	國立政治大學外交學系戰略與國際事務碩士論文（93）在職專班		非軍事區
29	林俊龍	軍事痛苦指數變異下兩岸軍事互信機制建立時機之研究	國防管理學院國防決策科學研究所碩士論文（93）	◎	
30	黃永桂	兩岸建立互信機制之研究──以 CSCAP 為例	國防管理學院國防決策科學研究所碩士論文（93）		海事合作
31	任海傳	兩岸信心建立措施之研究──以共同打擊犯罪為例	淡江大學國際事務與戰略研究所碩士論文（91）		共同合作打擊犯罪
32	裴志民	衝突預防機制之研究：以兩岸為例	國防管理學院國防決策科學研究所碩士（91）	◎	
33	顓孫建國	兩岸發展「信心建立措施」之研究：理論與實務之評估	淡江大學國際事務與戰略研究所碩士論文（91）	◎	
34	郝以知	推動兩岸信心建立措施之研究	國立政治大學外交學系戰略與國際事務碩士論文（90）在職專班	◎	
35	許舜南	台海兩岸建立軍事互信機制之研究	國立政治大學外交學系碩士論文（89）	◎	
36	趙哲一	建立信任措施──兩岸建立軍事互信機制之研究	政治作戰學校政治學系碩士論文（87）	◎	

三、學位論文（續四）

項次	作者	題目	學校系所	主要研究主題	
				整體分析	單一措施分析
37	陳華凱	中共對亞太區域「信心建立措施」立場之研究──兼論兩岸「信心建立措施」的建構	政治作戰學校政治學系碩士論文（87）	◎	
38	岳瑞麒	兩岸建立信心暨安全措施之研究	國立中山大學大陸研究所碩士論文（87）	◎	
附註	一、總計 13 所大學 38 篇論文：分為國防大學 9 篇（含政戰、管理及戰爭學院戰略所）、淡江大學 8 篇；政治大學 7 篇；中興大學、中山大學、中正大學、銘傳大學各 2 篇；台灣大學、中央警察大學、逢甲大學、開南大學、南華大學、文化大學各 1 篇。 二、全職生 24 篇，在職專班 14 篇。 三、總計 38 篇論文：整體分析 30 篇；單一措施分析 8 篇（海上安全合作、海上信心建立措施、海事合作、共同合作打擊犯罪、非軍事區【2】、台海和平區、軍事機構互訪）。 四、◎係指整體分析。 五、括弧中代表篇數。				

四、期刊

項次	作者	文章篇名	登載期刊	主要研究主題	
				整體分析	單一措施分析
1	陳世民	中共對「信心建立措施」之態度的分析：對兩岸關係的影響	《戰略與評估》，第 2 卷第 3 期（100）	◎	
2	夏宜嘉謝游麟	析論兩岸信心建立措施中之美國因素	《國防雜誌》，第 26 卷第 4 期（100）	◎	

四、期刊（續一）

項次	作者	文章篇名	登載期刊	主要研究主題	
				整體分析	單一措施分析
3	宋學文	兩岸軍事互信機制之國際政治因素：一個議程設定之分析	《亞太研究論壇》、第52期（100）	◎	
4	丁樹範	中國的兩岸軍事互信政策：堅持一個中國原則和最終統一	《亞太研究論壇》、第52期（100）	◎	
5	蔡明彥	臺灣對兩岸軍事互信的研究與未來作法	《亞太研究論壇》、第52期（100）	◎	
6	李毓峰	中共推動兩岸軍事安全互信機制之評析	《全球政治評論》，第34期（100）	◎	
7	陳偉寬	從兩岸和平發展中的國防問題看軍事互信機制	《空軍學術雙月刊》，第621期（100）	◎	
8	袁鶴齡	中共「軍事安全互信機制」及飛彈部署與台灣的策略選擇	《海峽評論》，第245期（100）	◎	
9	楊志誠	兩岸關係和平發展的契機——兩岸互信機制的建構	《研習論壇》月刊，第122期（100）	◎	
10	劉立倫	兩岸衝突預防軍事互信：制度機制觀點之探討	《中華戰略學刊》，九十九年冬季刊（99）	◎	
11	陳世民	探討中共對兩岸建立軍事互信機制之策略——兩岸建立軍事互信機制之可能性	《中共研究》，第44卷第9期（99）	◎	

四、期刊（續二）

項次	作者	文章篇名	登載期刊	主要研究主題	
				整體分析	單一措施分析
12	沈明室	探討中共對兩岸建立軍事互信機制之策略——兩岸軍事互信策略的目標、方法與手段	《中共研究》，第44卷第9期（99）	◎	
13	吳建德	臺海兩岸建構軍事互信機制之可行性評估	《展望與探索》，第8卷第7期（99）	◎	
14	曾復生	台海兩岸建構軍事互信機制的關鍵要素	《國防部國防戰略摘要》，第8期（99）	◎	
15	吳建德	台海兩岸建構和平協議之研究：信心建立措施之觀點	《空軍學術雙月刊》，第616期（99）	◎	
16	王安國	兩岸信心建立措施之評析	《遠景基金會季刊》，第10卷第3期（98）	◎	
17	林文隆	台海軍事互信機制的願景與路徑	《海軍學術雙月刊》，第44卷第1期（98）	◎	
18	林炎能	從賽局理論觀點探討臺海兩岸建構和平協議之可行性	《憲兵半年刊》，第71期（98）	◎	
19	謝臺喜	兩岸建立軍事互信機制之研究	《中華戰略學刊》，98年夏季刊（98）	◎	
20	劉啓文	從兩岸新局看建立軍事互信機制	《海軍學術雙月刊》，第43卷第4期（98）	◎	
21	沈明室	兩岸非軍事區倡議	《戰略安全研析》，第46期（98）		非軍事區
22	珅 宇	解讀「胡六點」觀察兩岸互信	《戰略安全研析》，第46期（98）	◎	

四、期刊（續三）

項次	作者	文章篇名	登載期刊	主要研究主題	
				整體分析	單一措施分析
23	林正義	胡六點與軍事信建立機制	《戰略安全研析》，第46期（98）	◎	
24	丁樹範	兩岸熱線：政治、技術、和體系的考慮	《戰略安全研析》，第46期（98）		熱線
25	蔡志昇 應澤揚	擱置爭議，追求雙贏：馬英九時代開始兩岸和平研究	《空軍學術雙月刊》，第609期（98）	◎	
26	吳孝寶	分裂國家、地區軍事互信機制建構比較	《空軍學術雙月刊》，第609期（98）	◎	
27	王央城	中國短程飛彈與兩岸軍事互信的意涵	《戰略安全研析》，第46期（98）	◎	
28	張中勇	兩岸海上搜救合作與軍事互信	《戰略安全研析》，第46期（98）		海上搜救合作
29	湯紹成	兩岸建立軍事互信機制的思考	《戰略安全研析》，第46期（98）	◎	
30	陳子平	兩岸建構「軍事互信機制」之展望	《戰略安全研析》，第46期（98）	◎	
31	林文隆	台海軍事互信機制的困境與突破	《戰略安全研析》，第46期（98）	◎	
32	曾章瑞	2009-2016推動「兩岸軍事互信機制」的可行作法	《戰略暨產業季刊》，第3卷第2期（98）	◎	
33	張亞中	論建立兩岸互信	《中國評論》月刊，第143期（97）	◎	
34	陳華凱	全民國防與軍事互信機制——矛與盾的辯論	《復興崗學報》，第92期（97）	◎	

四、期刊（續四）

項次	作者	文章篇名	登載期刊	主要研究主題	
				整體分析	單一措施分析
35	紹宗海	台海安全體系建立之可行性探討	《全球政治評論》，第19期（96）	◎	
36	陳子平	從 CBMs 看兩岸建立「軍事互信機制」	《中華戰略學刊》，96年秋季刊（96）	◎	
37	邵宗海	台海安全體系建立之可行性探討	《全球政治評論》，第19期（96）	◎	
38	王順合	中華民國對台海「信心暨安全建立措施」之理念變遷與發展	《中山學報》，第28期（96）	◎	
39	韓岡明	現階段建構兩岸「軍事互信機制」的困境與作法	《中華戰略學刊》，95年秋季刊（95）	◎	
40	龐 解	海峽兩岸建立軍事互信機制可行性之探討	《中山學報》，第24期（95）	◎	
41	李雨林	未來「兩岸軍事互信措施」具體規劃研究：就軍事安全觀點	《國家安全與軍事戰略研究》，第6卷第4期（94）	◎	
42	林正義	美國與台海兩岸信心建立措施	《問題與研究》，第44卷第6期（94）	◎	
43	丁樹範	少了一中 軍事互信 — 廂情願	《國政評論》，國安（評）094-084 號（94）	◎	
44	王順合	台海兩岸建立「軍事互信機制」之理論與實務	《海軍學術月刊》，第39卷第10期（94）	◎	
45	蘇進強	兩岸軍事互信機制的虛與實——沒有互動就沒有互信，沒有互信就沒有安全	《新世紀智庫論壇》，第26期（93）	◎	

四、期刊（續五）

項次	作者	文章篇名	登載期刊	主要研究主題	
				整體分析	單一措施分析
46	唐仁俊	中共對信心建立措施立場、實踐經驗與策略運用	《中國大陸研究》，第47卷第1期（93）	◎	
47	岳瑞麒	兩岸安全法制化與信心建立措施初探	《展望與探索》，第2卷第12期（93）	◎	
48	翟文中	兩岸軍事信心建立措施的建構：理論與實際	《國防政策評論》，第4卷第1期（92）	◎	
49	蕭朝琴	兩岸信心建立措施芻議	《遠景基金會季刊》，第4卷第1期（92）	◎	
50	趙哲一	兩岸信心建立措施的可行性與條件	《空軍學術月刊》，第509期（92）	◎	
51	洪陸訓	兩岸建立軍事信任措施可行性之探討	《共黨問題研究》，第28卷第7期（91）	◎	
52	劉良則	建立兩岸軍事互信機制研究——「戰略層級部隊調動、移防通告」之可性評估	《國家安全與軍事戰略研究》，第3卷第1期（91）		戰略層級部隊調動
53	謝台喜	兩岸建立軍事互信機制之研議	《陸軍學術月刊》，第38卷第445期（91）	◎	
54	謝台喜	「建立兩岸軍事交流之原則與作法」	《中華戰略學刊》（89）	◎	
55	吳建德	台海兩岸建立軍事互信機制之可行性分析：信心建立措施的觀點	《國防政策評論》，第1卷第1期（89）	◎	
56	王振軒	兩岸建立軍事互信機制之研究	《國防雜誌》，第15卷第7期（89）	◎	
57	張哲銘 李鐵生	推動兩岸軍事信心建立措施之芻議	《中華戰略學刊》，第139期（89）	◎	

四、期刊（續六）

項次	作者	文章篇名	登載期刊	主要研究主題	
				整體分析	單一措施分析
58	張哲銘 李鐵生	「信心建立措施」的回顧與展望	《戰略與國際研究》，第 2 卷第 1 期（89）	◎	
59	岳瑞麒	兩岸建構「信心建立措施」之省思	《共黨問題研究》，第 26 卷第 8 期（89）	◎	
60	郭臨伍	信心建立措施與兩岸關係	《戰略與國際究》，第 2 卷第 1 期（89）	◎	
61	郭臨伍	信心建立措施與台灣海峽兩岸關係	《戰略與國際研究》，第 1 卷第 1 期（88）	◎	
62	莫大華	中共對建立「軍事互信機制」之立場：分析與檢視	《中國大陸研究》，第 42 卷第 7 期（88）	◎	
63	林正義	台海兩岸信任建立措施	《國策專刊》（88）	◎	
64	林文程	兩岸「信心建立措施」之芻議	《共黨問題研究》，第 25 卷第 11 期（88）	◎	
65	林正義	台海兩岸信心建立措施	《國策專刊》，第 11 期（88）	◎	
66	林正義	台海兩岸信心建立措施芻議	《國防雜誌》，第 13 卷第 12 期（87）	◎	
67	張中勇	以信心建立為主導的兩岸關係	《國家政策雙周刊》，第 139 期（85）	◎	
附註	一、總計 67 篇文：整體分析 63 篇；單一措施分析 4 篇（非軍事區、熱線、海上搜救合作、戰略層級部隊調動通告）。 二、◎係指整體分析。				

參考文獻

壹、中文部份

一、專書

中華百科全書第九冊。1994 年。台北：中華文化大學。

「中共年報」編輯委員會。2011 年。2011 年中共年報。台北：中共研究雜誌社。

丁樹範。2000 年。中共對台政策對兩岸建立互信機制的影響。陳德門主編。國防大學第一屆國家安全與軍事戰略學術研討會論文。桃園：國防大學。頁 67-82。

丁樹範。2002 年。兩岸衝突預防：艱鉅的任務。曾章瑞主編。21 世紀初台海安全與衝突預防。台北：國防大學國家戰略研究中心。頁 247-252。

丁樹範。2005 年。推動兩岸「軍事互信機制」：中共的看法。王央城主編。2003-2004 年 IIR-CSS 戰略安全論壇彙編。桃園：國防大學國家戰略研究中心。頁 363-376。

卜睿哲。2010 年。台灣的未來。台北：遠流。

中央通訊社。2005 年。2006 世界年鑑。台北：中央通訊社。

中共中央文獻研究室編。1997 年。一國兩制重要文獻選編。北京：中央文獻出版社。

中國國民黨中央委員會大陸工作委員會。1987 年。反擊共匪統戰參考資料彙編。台北：國民黨中央委員會大陸工作委員會。

中華人民共合國外交部政策研究室編。1998 年。中國外交-1998 年版。北京：世界知識出版社。

中華人民共和國外交部政策研究室編。1996 年。中國外交-1996 年版。北京：世界知識出版社。

中華人民共和國外交部政策研究室編。2004 年。中國外交-2004 年版。北京：世界知識出版社。

中華人民共和國外交部政策研究室編。2005 年。中國外交-2005 年版。北京：世界知識出版社。

中華人民共和國國務院新聞辦公室。2011 年。2010 年中國的國防。北京：國務院新聞辦公室。

中華民國國防部。2002 年。中華民國九十一年國防報告書。台北：中華民國國防部。

中華民國國防部。2004 年。中華民國九十三年國防報告書。台北：中華民國國防部。

中華民國國防部。2006 年。中華民國九十五年國防報告書。台北：中華民國國防部。

中華民國國防部。2008 年。中華民國九十七年國防報告書。台北：中華民國國防部。

中華民國國防部。2009 年。中華民國九十八年國防報告書。台北：中華民國國防部。

中華民國國防部。2011 年。中華民國壹百年國防報告書。台北：中華民國國防部。

毛磊、范小方主編。1996 年。國共兩黨談判通史。蘭州：蘭州大學出版社。

王功安、毛磊。1997 年。海峽兩岸關係概論。武漢：武漢出版社。

王央城。2007 年。台海兩岸關係的現況。王央城主編。前瞻兩岸關係發展的趨勢。桃園：國防大學戰略研究所。頁 1-26。

王育三。1985 年。核子時期代之國際關係。台北：黎明文化事業公司。

王高成。2005 年。交往與促變：柯林頓政府對中共的外交戰略。台北：五南圖書出版公司。

王曾才。1992 年。世界現代史。台北：三民書局。

王曾才。2006 年。世界現代史——下冊。台北：三民書局。

王順合。2006 年。論臺海兩岸建構「信心暨安全建立措施」之理論與實務。台南：供學出版社。

亓樂義。2006 年。捍衛行動：1996 台海飛彈危機風雲錄。台北：黎明文化。

包宗和、吳玉山主編。2009 年。爭辯中的兩岸關係理論。台北：五南圖書。

包淳亮。2007 年。兩岸政治予盾與未來。王央城主編。前瞻兩岸關係發展的趨勢。桃園：國防大學戰略研究所。頁 27-49。

古越。2006 年。紅長城——新中國重大軍事決策實錄。廣州：廣東人民出版社。

甘宗源。2007 年。中共「十七大」外交戰略之研析。張文廣主編。解碼中共「十七大」——胡錦濤時代政策之剖析。台北：總政戰局、國防大學。頁 127-143。

石之瑜。2002 年。後現代的政治知識。台北：元照出版社。

共黨問題研究叢書編輯委員會。1994 年。中共對台工作研析與文件彙編。台北：法務部調查局。

行政院大陸工作委員會編印。1999 年。大陸工作法規彙編。台北：正中書局。

李承禹。2010 年。兩岸關係的發展與困境。劉慶祥主編。兩岸和平發展與互信機制之研析。台北：秀威資訊科技。頁 53-88。

李明。1998 年。南北韓政經發展與東北亞安全。台北：五南圖書出版公司。

李明。2001 年。「信心建立措施」在朝鮮半島：實踐與成效。陳鴻瑜主編。信心建立措施的理論與實際。台北：台綜院。頁 66-106。

李明。2002 年。東北亞區域推行信心建立措施之經驗與前瞻。曾章瑞主編。二十一世紀初台海安全與衝突。桃園：國防大學國家戰略研究中心。

李銘義。2006 年。兩岸關係與中國研究。台北：新文京開發。

李瓊莉。2005 年。中共與它國建立軍事互信機制之研究。賴宗男主編。2005 年 IIR-CSS 戰略安全論壇彙編。桃園：國防大學國家戰略研究中心。頁 54-59。

沈明室。2007 年。兩岸軍事互信機制的建構困境與機會。王央城主編。前瞻兩岸關係發展的趨勢。桃園：國防大學戰略研究所。頁 187-222。

沈明室。2007 年。建立兩岸領導人溝通熱線可行性之研究。顧尚智、李夢麟主編。2007 年解放軍研究論壇彙編。八德：國防大學。頁 387-410。

周茂林。2005 年。中共的南亞政策研析。2004 年戰略論壇文集。桃園：國防大學戰略研究中心。頁 169-173。

周茂林。2005 年。印、巴軍事互信機制對話的發展與啟示。2004 年戰略論壇文集。桃園：國防大學戰略研究中心。頁 125-127。

周茂林。2005 年。美國對兩岸互信機制的觀點與我方應有之認識。王央城主編。2003-2004 年 IIR-CSS 戰略安全論壇彙編。桃園：國防大學國家戰略研究中心。頁 402-417。

周茂林。2005 年。從中共「五一七對台聲明」論中共提出兩岸軍事互信機制的戰略意涵。王央城主編。2003-2004 年 IIR-CSS 戰略安全論壇彙編。桃園：國防大學國家戰略研究中心。頁 379-381。

林文程。2001 年。中共對信心建立措施的立場與作法。陳鴻瑜主編。信心建立措施的理論與實際。台北：台綜院。頁 379-381。

林文隆。2009 年。從台灣角度看美中軍事交流的現況與新局。王凱衍主編。2009 年戰略安全論壇彙編。八德：國防大學。頁 49-68。

林正義。1985 年。1958 台海危機期間美國對華政策。台北：台灣商務印書館。

林正義。2000 年。國際經驗與台海信心建立措施。陳德門主編。國防大學第一屆國家安全與軍事戰略學術研討會論文。桃園：國防大學。頁 51-82。

林正義。2001 年。東協區域論壇與南海信心建立措施。陳鴻瑜主編。信心建立措施的理論與實際。台北：台綜院。頁 25-65。

林正義。2005 年。台海兩岸軍事互信機制可能與展望。賴宗男主編。國防大學第六屆國家安全與軍事戰略學術研討會論文。桃園：國防大學。頁 201-219。

林正義。2005 年。倫斯斐訪華與中美軍事關係。賴宗男主編。2005 年 IIR-CSS 戰略安全論壇彙編。桃園：國防大學國家戰略研究中心。頁 194-199。

林建全。2005 年。建立緩衝區及行為準則預防兩岸衝突。2005IIR-CSS 戰略安全論壇彙編。頁 127-139。

林郁方。1995 年。穩定兩岸政治關係的原則：中華民國的觀點。台北：淡江大學國際事務與戰略研究所。

邵宗海。2006 年。兩岸關係。台北：五南書局。

邱延正。2007 年。兩岸外交競逐與展望。王央城主編。前瞻兩岸關係發展的趨勢。桃園：國防大學戰略研究所出版。頁 51-84。

段復初。2010 年。兩岸軍事互信機制之建構——軍事互動的可能模式。劉
　　慶祥主編。兩岸和平發展與互信機制之研析。台北：秀威資訊科技。
　　頁 201-242。

洪陸訓。2005 年。軍事政治學：文武關係理論。台北：五南圖書。

軍事知識詞典。1988 年。北京：國防大學出版。

軍事情報局。2003 年。2002 年大陸情勢總觀察。台北：國防部軍事情報局。

唐家璇。2000 年。中國外交辭典。北京：世界知識出版社。

孫國祥等著。2003 年。亞太綜合安全年報 2002-2003。台北：遠景基金會。

席來旺。1996 年。國家安全戰略。北京：紅旗出版社。

翁明賢、吳建德主編。2005 年。兩岸關係與信心建立措施。台北：華立
　　圖書。

翁明賢、林德澔、陳聰銘合著。1994 年。歐洲區域組織新論。台北：五
　　南書局。

翁明賢等著。1998 年。未來台海衝突中的美國。台北：麥田出版社。

袁易。2005 年。對美國有關兩岸軍事信任措施建立的觀察。王央城主編。
　　2003-2004 年 IIR-CSS 戰略安全論壇彙編。桃園：國防大學國家戰略
　　研究中心。頁 396-399。

袁易。2009 年。安全典則與美「中」關係：一個認知社群的分析架構。
　　包宗和、吳玉山主編。爭辯中的兩岸關係理論。台北：五南圖書。頁
　　391-432。

馬振坤。2007 年。兩岸關係發展的前瞻。王央城主編。前瞻兩岸關係發
　　展的趨勢。 桃園：國防大學戰略研究所出版。頁 311-330。

國防大典。1987 年。北京：國防大學出版。

國防部「四年期國防總檢討」編纂委員會。2009 年。中華民國九十八年
　　四年期國防總檢討。台北：中華民國國防部。

國防部史政編譯局。1988 年。八二三砲戰勝利三十週年紀念文集。台北：
　　國防部。

國防部史政編譯局。1997 年。國軍簡明美華軍語辭典。台北：國防部史
　　政編譯局。

國防部史政編譯局譯。1997 年。1997 年美國四年期國防總檢討。台北：
　　國防部史政編譯局。

國防部編譯。1989 年。中國戰史大辭典——戰役之部。台北：國防部史編局。

國防部戰略規劃司委託研究。2008 年。未來十年東北亞戰略情勢分析之
　　研究。台北：國防部戰略規劃司委託研究。

國軍軍語辭典編審指導委員會。2004 年。國軍軍語辭典九十二年修訂本。
　　台北：國防部。

國家安全會議。2008 年。2006 國家安全報告 2008 修訂版。台北：國家安
　　全會議。

國家藍圖委員會編。1999 年。陳水扁國家藍圖 1－國家安全。台北：陳水
　　扁總統競選指揮中心。國家藍圖委員會。

張小明。2003 年。中國周邊安全環境分析。北京：中國國際廣播出版社。

張五岳。2003 年。兩岸關係研究。台北：新文京出版社。

張火木。1993 年。金門古寧頭戰役的歷史意義與影響。紀念古寧頭大捷
　　四十五週年兩岸關係學術研討會論文集。金門：金門臨時縣議會。頁
　　4-18。

張玉法。2001 年。中華民國史稿修訂版。台北：聯經出版社。

張旭成。2000 年。從歐安會議及亞太區域安全協商機制探討兩岸建立軍
　　事互信機制之可行性。陳德門主編。國防大學第一屆國家安全與軍事
　　戰略學術研討會論文。桃園：國防大學。頁 37-50。

張亞中、李英明。2003 年。中國大陸與兩岸關係概論。台北：生智文化。

張虎。1996 年。剖析中共對外戰爭。台北：幼獅文化。

張哲銘、李鐵生。2001 年。「信心建立措施」概念的回顧與展望。陳鴻瑜
　　主編。信心建立措施的理論與實際。台北：台綜院。頁 1-24。

張樹軍。1998 年。中南海三代集體領導與共和國外交實錄上卷。北京：
　　中國經濟出版社。

張競。2000 年。籌建兩岸熱線之研究。陳德門主編。國防大學第一屆國
　　家安全與軍事戰略學術研討會論文。桃園：國防大學。頁 83-122。

莫大華。2003 年。建構主義國際關係理論與安全研究。台北：時英出版社。

郭臨伍。2001 年。信心建立措施與兩岸關係。陳鴻瑜主編。信心建立措
　　施的理論與實際。台北：台綜院。頁 165-190。

陳一新。1995 年。斷交後的中美關係。台北：五南公司。

陳水扁總統競選指揮中心國家藍圖委員會。1999 年。新世紀、新出路－
　　陳水扁國家藍圖 1：國家安全。台北：陳水扁總統競選指揮中心國家
　　藍圖委員會。

陳必照。2000 年。兩岸建立軍事互信機制之原則與作法。行政院大陸委員會委託研究專案。頁 180-199。

陸年安。2002 年。新世紀-美中台戰略關係。台北：豐盈美術印刷。

陸軍總部戰法暨準則發展委員會。2002 年。通信兵運用。龍潭：陸軍總部戰法暨準則發展委員會。

章念馳。2005 年。台灣問題與中國的前途和命運。郭偉峰主編。胡錦濤與兩岸關係新思維。香港：中國評論出版社。頁 293-300。

彭光謙、王光緒等編著。1989 年。軍事戰略思想。北京：軍事科學出版社。

彭錦珍。2008 年。雙贏或零和?臺海新情勢兩岸互信機制之建立──機制設計理論的應用。國防大學政戰學院亞太政治情勢研討會論文集。台北：國防大學。頁 126-127。

童振源。2002 年。中國對台政策：演變、特徵與變數。丁樹範主編。胡錦濤時代的挑戰。台北：新新聞。頁 312-314。

黃介正等。2002 年。積極推動兩岸「軍事信任措施可行方案之研究」委託研究報告。台北：國防部。

黃秋龍。2009 年。非傳統安全論與政策應用。台北：結構群文化。

楊開煌。2009 年。中共「軍事安全互信機制」之分析。王高成主編。兩岸新形勢下的國家安全戰略。台北：秀威資訊科技。頁 81-108。

葉怡君。2005 年。中國對台政策與沿革。趙建民主編。大陸研究與兩岸關係。台北：晶典文化。頁 377-418。

葉可蔚。2001 年。國家救難體系中國軍之定位與經精進作法之研究。台北：國防部。

裘兆琳。2000 年。兩岸關係中的國際因素。國家政治走向與兩岸關係研討會論文集。台北：救國團社會研究院。頁 83-92。

趙永生。2005 年。美國亞太安全戰略與兩岸關係。王央城主編。2003-2004 年 IIR-CSS 戰略安全論壇彙編。桃園：國防大學國家戰略研究中心。頁 333-336。

趙春山。2003 年。中共對台政策。張五岳主編。兩岸關係研究。台北：新文京開發。頁 35-55。

趙哲一。2007 年。兩岸如何建立對話管道-以「建立信任措施」為例。顧尚智、李夢麟主編。2007 年解放軍研究論壇彙編。八德：國防大學。頁 347-386。

趙哲一。2010 年。我國執行信心建立措施的現況與展望。劉慶祥主編。
　　兩岸和平發展與互信機制之研析。台北：秀威資訊科技。頁 161-200。
趙傑夫。1997 年。跨越歷史的鴻溝－兩岸交流十年的回顧與前瞻。台北：
　　陸委會。
齊辛。1974 年。珍寶島事件真相。香港：七十年代雜誌社。
劉華秋。2000 年。軍備控制與裁軍手冊。北京：國防工業出版社。
滕建群。2008 年。中國建立信任措施的實踐與展望。李根信，滕建群主
　　編。2008：國際軍備控制與裁軍。北京：世界知識。頁 209-213。
蔡東杰。2008 年。當代中國外交政策。台北：五南圖書出版公司。
鄭啟榮。2008 年。改革開放以來的中國外交。北京：世界知識出版社。
鄧小平。1993 年。鄧小平文選。上海：人民。
戴政龍。2009 年。身份建構與制度創新：兩岸軍事互信機制的想像與描
　　繪。蔡東杰主編。全球與亞太區域戰略格局發展。台北：鼎茂圖書。
　　頁 322-339。
戴萬欽。2000 年。中國由一統到分割：美國杜魯門政府之對策。台北：
　　時英出版社。
謝奕旭。2008 年。建構東亞安全機制可行性探討-美、日、台聯盟。國防
　　大學 97 年「國防事務專案研究暨戰略學術研討會」論文集。桃園：
　　國防大學。頁 368-383。
謝奕旭。2009 年。東北亞戰略情勢的挑戰及對我國的戰略意涵。王凱衍
　　主編。2009 年戰略安全論壇彙編。八德：國防大學。頁 33-40。
韓岡明、許順南、羅慶生。2002 年。現階段建構「兩岸軍事互信」具體
　　作法之研究。桃園：國防大學國家戰略研究中心。
韓岡明。2002 年。兩岸「軍事互信機制」的非確定性因素研析。曾章瑞
　　主編。國防軍事戰略視窗。桃園：國防大學國家戰略研究中心。頁
　　23-25。
韓岡明。2002 年。從中共與周邊國家建構「信心建立措施」檢視其基本
　　立場。曾章瑞主編。國防軍事戰略視窗。桃園：國防大學國家戰略研
　　究中心。頁 51-55。
韓岡明。2005 年。現階段建構「兩岸軍事互信」具體作法之研究。王央
　　城主編。2003-2004 年 IIR-CSS 戰略安全論壇彙編。桃園：國防大學
　　國家戰略研究中心。頁 431-465。

顧立民、趙忠傑合著。2010 年。大陸政策與兩岸關係。台中：博明文化。

二、譯著

Earl Babbie 著。李美華譯。1998 年。社會科學研究方法。台北：時英出版社。

David Lai 著。黃引珊譯。2010 年。中共對海洋的企圖。國防譯粹。第 37 卷第 1 期。

David M. Lampton 著。計秋楓譯。2003 年。同床異夢。香港：中文大學。

Howard H. Lentner 著。淦克超譯。1979 年。外交政策分析（*Foreign Policy Analysis-A Comparative and Conceptual Approach*）。台北：黎明文化事業公司。

K. J. Holsti 著。鄭哲民、何建台、龔文周合譯。1993 年。國際政治解析的架構（*International Politics: A Framework for Analysis*）。台北：龍田出版社。

Rand. Co.著。謝永湉譯。1985 年。一九五八年台灣海峽危機（*The Taiwan Strait Crisis of 1958*）。台北：國防部史編局。

Raymond L. Garthoff. 著。徐鍵譯。1996 年。巨變——論美蘇關係與冷戰結束下。台北：國防部史政編譯局。

Richard C. Bush and Michael E. O'Hanlon 著。林宗憲譯。2010 年。不一樣的戰爭。台北：博雅書屋。

Steven J. Rosen and Walter S. Jones 著。林郁方、金開鑫、謝福助合譯。1993 年。國際關係（*The Logic of International Relations*）。台北：正中書局。

Wilfried Loth 著。朱章才譯。2000 年。和解與軍備裁減：1975 年 8 月 1 日。赫爾辛基。台北：麥田出版社。

佛藍納根（Stephen J. Flanagan）、馬提（Michael E. Marti）著。方淑惠、余佳玲譯。2005 年。人民解放軍與變動的中國（*The Peoples Liberation Army and China in Transition*）。台北：國防部史政編譯室。

杭亭頓（Samuel P. Huntington）著。黃裕美譯。1997 年。文明衝突與世界秩序的重建（*The Clash of Civilization and The Remarking of World Order*）。台北：聯經出版社。

勃奇克（Laurie Burkitt）、施道安（Andrew Scobell）、伍爾澤（Larry M. Wortzel）著。2004 年。解放軍七十五週年之歷史教訓（*The Lessons of History-The Chinese Peoples Liberation Army at 75*）。台北：國防部史政編譯室。

柯恩（Stephen Philip Cohen）著。高一中譯。2003 年。印度：成型中的強權（*India: Emerging Power*）。台北：史政編譯室。

許勘（Uk Heo）、霍羅威茨（Shale A. Horowitz）著。周茂林譯。2008 年。亞洲衝突：南北韓、台海、印巴（*Confict in Asia: Korea. China-Taiwan. And India-Pakistan*）。台北：國防部史政編譯室。

裴魯恂（Lucian W. Pye）著。胡祖慶譯。1988 年。中國政治的變與常（*The Dynamics of Chinese Politics*）。台北：五南圖書出版公司。

三、期刊

丁樹範。2007 年。2006 年的兩岸關係及中國對台工作。戰略安全研析。第 23 期。頁 10-13。

丁樹範。2009 年。兩岸間的軍事熱線：政治、技術、和體系的考慮。戰略安全研析。頁 13-15。

丁樹範。2011 年。2010 年中國的國防：仍有改進空間。展望與探索。第 9 卷第 5 期。頁 24-25。

丁樹範。2011 年。中國的兩岸軍事互信政策：堅持一個中國原則和最終統一。亞太研究論壇。第 52 期。頁 86-106。

丁樹範、黃恩浩、王俊評。2012 年 4 月。中國歷史上的「信心建立措施」：以宋遼軍事關係為例。遠景基金會季刊。第 13 卷第 2 期。頁 99-142。

于有慧。2001 年。近期兩岸關係中的美國因素。中國大陸研究。第 44 卷第 8 期。頁 1-21。

方天賜。2005 年。中、印開放乃堆拉山口邊境貿易之評析。戰略安全研析。第 16 期。頁 47-50。

王央城。2007 年。美國國防部長蓋茲訪問中國的美中軍事交流趨勢。戰略安全研析。第 32 期。頁 6-9。

王振軒。2000 年。兩岸建立軍事互信機制之研究。國防雜誌。第 15 卷第 7 期。頁 37-48。

王崑義。2009 年。兩岸和平協議：理論、問題與思考。全球政治評論。第 26 期。頁 45-92。

王衛星。2009 年。兩岸軍人攜手共建軍事安全互信。中國評論月刊。第 134 期。頁 13-26。

吳孝寶。2009 年。分裂國家、地區軍事互信機制建構與比較。空軍學術雙月刊。第 609 期。頁 28-50。

吳建德。2009 年。國共二軌平台與未來兩岸關係發展。空軍學術雙月刊。第 610 期。頁 23-43。

吳建德。2010 年。台海兩岸建構和平協議之研究：信心建立措施之觀點。空軍學術雙月刊。第 616 期。頁 3-26。

吳建德。2010 年。臺海兩岸建構軍事互信機制之可行性評估。展望與探索。第 8 卷第 7 期。頁 45-71。

吳朝旺。2002 年。冷戰時期東西軍事衝突的預防措施。復興學報。第 66 期。頁 109-125。

吳衛。2005 年。中共近年來對外軍事交流發展初探。陸軍月刊。第 41 卷第 481 期。頁 45-62。

宋學文。2011 年。兩岸軍事互信機制之國際政治因素：一個議程設定之分析。亞太研究論壇。第 52 期。頁 55-103。

李大中。2010 年。「兩岸建立互信機制的重要議題」。中共研究。第 44 卷第 9 期。頁 101-104。

李明。2000 年。『信心建立措施』在朝鮮半島：實踐成效。戰略與國際研究。第 2 卷第 1 期。頁 56-82。

李明。2007 年。南北韓高峰會的發展與意義。戰略安全研究。第 30 期。頁 25-28。

李翔宙。2010 年。觀察南北韓情勢探討國安作為。戰略安全研究。第 62 期。頁 22-25。

李貴發。2011 年。勇敢踏出歷史的第一步：兩岸建立互信機制此其時也。亞太防務。第 39 期。頁 34-37。

李毓峰。2011 年。中共推動兩岸軍事安全互信機制之評析。全球政治評論。第 34 期。頁 71-95。

李瓊莉。2010 年。第十七屆東協區域論壇觀察分析。戰略安全研析。第 64 期。頁 26-29。

沈有忠。2006 年。美中台三角關係：改良的戰略三角分析法。展望與探索。第 4 卷第 3 期。頁 39-40。

沈明室、郭添漢。2011 年。中共軍事武力在南海領土主權運用的分析。戰略與評估。第 2 卷第 3 期。頁 49-68。

沈明室。2005 年。和平契機或歹戲拖棚？第四次六方會談的前景展望。戰略安全研究。第 6 期。頁 35-37。

沈明室。2007 年。互信或防範？美中建立軍事熱線的意涵與挑戰。戰略安全研析。第 32 期。頁 13-16。

沈明室。2009 年。從「胡六點」的延續與新意看台灣因應戰略。共戰略安全研析。第 45 期。頁 15-18。

沈明室。2010 年。北韓擊沉韓國天安艦戰略企圖、後續行動與影響。戰略安全研究。第 61 期。頁 12-15。

沈明室。2010 年。美印戰略合作現況與影響因素。戰略安全研析。第 66 期。頁 26-30。

沈明室。2010 年。掌握兩岸情勢發展。強化抗敵意志。國防雜誌。第 25 卷第 2 期。頁 3-12。

沈明室。2010 年。朝鮮半島砲擊事件與北韓權力繼承。戰略安全研析。第 68 期。頁 16-19。

沈明室。2010 年。探討中共對兩岸建立軍事互信機制之策略──兩岸軍事互信策略的目標、方法與手段。中共研究。第 44 卷第 9 期。頁 107-128。

岳瑞麒。2004 年。兩岸安全與信心建立措施之初探。展望與探索。第 2 卷第 12 期。頁 47-68。

林文程。1999 年。東協區域論壇與亞太多邊安全體系的建構。戰略與國際研究。第 1 卷第 3 期。頁 74-114。

林文程。2000 年。中共對信心建立措施的立場與作法。戰略與國際研究。第 2 卷第 1 期。頁 83-129。

林文隆。2009 年。台海軍事互信機制的困境與突破。戰略安全研析。頁 35-38。

林正義。1998 年。台海兩岸「信任建立措施」芻議。國防雜誌。第 13 卷第 2 期。頁 4-13。

林正義。1998 年。歐洲及亞太信心暨安全建立措施之研究。理論與政策。第 47 期。頁 80-85。

林正義。2005 年。美國與台海兩岸信心建立措施。問題與研究。第 44 卷第 6 期。頁 1-28。

林正義。2005 年。倫斯斐對中國擴軍仍持質疑。戰略安全研析。第 7 期。頁 10-12。

林正義。2007 年。東協區域論壇及其發展。戰略安全研析。第 28 期。頁 6-7。

林正義。2007 年。美國國防部長蓋茲訪中與美中軍事熱線。戰略安全研析。第 32 期。頁 10-12。

林正義。2009 年。兩岸新局勢與「台灣關係法」的新解讀。戰略安全研究。第 48 期。頁 6-9。

林正義。2007 年。「戰略模糊」、「戰略明確」或「雙重明確」：美國預防台海危機的政策辯論。遠景基金會季刊。第 8 卷第 1 期。頁 30-37。

初國華、張昌吉。2010 年。戰略三角理論與臺灣的三角政治。問題與研究。第 49 卷第 1 期。頁 87-89。

邵宗海。2007 年。台海安全體系建立之可行性探討。全球政治評論。第 19 期。頁 43-53。

邱立本、江迅。1999 年。兩岸和平的最新機遇。亞洲週刊。第 13 卷第 16 期。頁 18-23。

信強。2007 年。中美「軍事熱線」的意義不宜高估。世界經濟與政治半月刊。總第 303 期第 12 期。頁 46-47。

洪陸訓。2002 年。兩岸建立軍事信任措施可行性之探討。共黨問題研究。第 28 卷第 7 期。頁 28-42。

唐仁俊。2004 年。中共對信心建立措施之立場、實踐經驗與策略運用。中國大陸研究。第 47 卷第 1 期。頁 105-134。

唐仁俊。2011 年。中共外交政策之因素分析。空軍軍官雙月刊。第 161 期。頁 30-51。

夏立平。1998 年。中美安全合作與軍事交流的成果與問題。中國評論。頁 78-85。

夏宜嘉、謝游麟。2011 年。析論兩岸信心建立措施中之美國因素。國防雜誌。第 26 卷第 4 期。頁 37-52。

徐萍、趙清海。2007 年。周邊安全環境透析。國際問題研究。第 2 期。頁 29-31。

殷天爵。1999 年。透視中共的「大國外交」與「夥伴關係」。國防雜誌。第 15 卷第 6 期。頁 34-48。

袁文靖。1984 年。雷根政府對華政策。國際現勢週刊。頁 12-13。

康民軍。2006 年。試析中印邊界問題的歷史與現狀。南亞研究季刊。第 2006 卷第 1 期。頁 55-60。

張中勇。2001 年。臺灣海峽非傳統性安全威脅之評估。戰略與國際研究。頁 1-35。

張中勇。2009 年。兩岸海上搜救合作與事安全互信。戰略安全研究。第 46 期。頁 20-23。

張哲銘、李鐵生。2000 年。『信心建立措施』概念的回顧與展望。戰略與國際研究。第 2 卷第 1 期。頁 1-20。

張皓熙。2005 年。從「江八點」到「五一七聲明」論中共對台政策之演變。中共研究。第 39 卷第 1 期。頁 123-125。

張雅君。1998 年。中共與美、日的亞太海權競爭：潛在衝突與制度性競爭機制。中國大陸研究。第 41 卷第 5 期。頁 5-19。

張雅君。2000 年。印巴核武試爆後中共的南亞安全政策。中國大陸研究。第 43 卷第 2 期。頁 15-35。

張廖年仲。2009 年。美中「戰略再保證」對兩岸關係之意涵。亞太和平月刊。第 1 卷第 12 期。頁 13-14。

莫大華。1999 年。中共對建立「軍事互信機制」之立場：分析與檢視。中國大陸研究。第 42 卷第 7 期。頁 27-37。

許志嘉。2007 年。中國新睦鄰外交政策。遠景基金會季刊。第 8 卷第 3 期。頁 43-89。

許國樑。2000 年。對中共「信心建立措施」之探討。中共研究。第 34 卷第 3 期。頁 72-81。

郭臨伍。1999 年。信心建立措施與台灣海峽關係。戰略與國際研究。第 1 卷第 1 期。頁 84-105。

陳一新。2000 年。柯林頓政府台海危機決策制訂過程一個案研究。遠景季刊。第 1 卷第 1 期。頁 87-138。

陳子平。2005 年。中俄「和平使命-2005」聯合軍事演習之戰略意涵。戰略安全研析。第 5 期。頁 24-28。

陳子平。2007 年。從 CBMs 看兩岸建立「軍事互信機制」。中華戰略學刊。
　　96 年秋季刊。頁 138-170。

陳世民。2011 年。中共對「信心建立措施」之態度的分析：對兩岸關係
　　的影響。戰略與評估。頁 69-82。

陳永和。1998 年。寬頻光纖通訊系統 DWDM 元件。電子月刊。第 4 卷第
　　10 期。頁 76-84。

陳先才。2009 年。兩岸軍事互信機制：理論建構與實現路徑。台灣研究
　　集刊。第 103 期。頁 24-29。

陳寒溪。2005 年。新安全觀實踐：中國的建立信任措施政策及其影響。
　　國際關係學院學報。第 5 期。頁 31-36。

陳嘉生。2010 年。中日釣魚台撞船事件對東亞地區的戰略啟示。戰略安
　　全研析。第 66 期。頁 22-26。

陳嘉生。2010 年。北韓砲擊南韓延平島事件的觀察與後續發展。戰略安
　　全研究。第 68 期。頁 20-24。

陳嘉生。2011 年。共軍總參謀長訪美的對台戰略意涵。戰略安全研析。
　　第 74 期。頁 35-40。

傅立文。2009 年。2008 年中共國防與軍事。中共研究。第 43 卷第 2 期。
　　頁 66-79。

曾章瑞。2009 年。2009-2016 推動「兩岸軍事互信機制」的可行作法。戰
　　略暨產業研究。第 3 卷第 2 期。頁 38-41。

黃山伐。2008 年。蘇美首腦熱線數次防止「核大戰」。科學大觀園。頁 43-44。

黃忠成。2005 年。臺灣海峽中線意涵試論。海軍學術雙月刊。第 38 卷第
　　10 期。頁 4-13。

黃鴻博。1996 年。中共與「北韓核武危機」。共黨問題研究。第 22 卷第 2
　　期。頁 36-38。

楊永明、唐欣偉。1999 年。信心建立措施與亞太安全。問題與研究。第 38
　　卷第 6 期。頁 1-15。

楊志恒。1998 年。中共國防報告書的分析。共黨問題研究。第 24 卷第 8
　　期。頁 1-10。

楊念祖。2009 年。關於推動台海兩岸軍事安全互信的認知問題。亞太和
　　平月刊。第 1 卷第 3 期。頁 5-7。

楊開煌。1999 年。兩國論後中共文攻武嚇之分析──以部分地方媒體武力統一論為例。遠景季刊。第 1 卷第 1 期。頁 63-69。

翟文中。2003 年。兩岸軍事信心建立措施的建構：理論與實踐。國防政策評論。第 4 卷第 1 期。頁 18-63。

翟文中。2008 年。中共與美國海上軍事安全磋商機制之研究-背景、運作與展望。國防雜誌。第 23 卷第 5 期。頁 43-56。

劉文斌。2006 年。當前中共對台統戰作為的結構性環境：從台灣國家認同變遷的觀點。中共研究。第 40 卷第 8 期。頁 200-203。

劉良則。2002 年。建立兩岸軍事互信機制研究：「戰略層級部隊調動、移防通知」之可行性評估。國家安全與軍事戰略研究。第 3 卷第 1 期。頁 195-226。

劉振安。2009 年。歐巴馬上任後美中軍事交流之研究。空軍學術雙月刊。第 612 期。頁 3-34。

劉復國。2009 年。本期編輯要點。戰略安全研析。第 46 期。頁 1-2。

劉慶元。2001 年。從三次台海危機論台海安全。中華戰略學刊。頁 38-64。

劉啟文。2009 年。從兩岸新局看建立軍事互信機制。海軍學術月刊。第 43 卷第 4 期。頁 23-31。

蔡天新。2009 年。建國以來大陸對台政策的歷史演變與兩岸關係發展。成都理工大學學報社會科學版。第 17 卷第 3 期。頁 1-7。

蔡志昇、應澤揚。2009 年。擱置爭議追求雙贏-馬英九時代開展兩岸和平之研究。空軍學術雙月刊。第 609 期。頁 3-27。

蔡明彥。2006 年。俄中軍事合作關係發展與影響。俄羅斯學報。第 5 期。頁 1-24。

蔡明彥。2010 年。亞太地區信心建立措施之發展與特點。大陸兩岸情勢簡報。頁 1-7。

蔡明彥。2011 年。台灣對兩岸軍事互信的研究與未來作法。亞太研究論壇。第 52 期。頁 107-128。

蔡東杰。2007 年。東北亞安全與區域治理機制發展。全球政治評論。第 19 期。頁 1-20。

鄭大誠。2007 年。美國與中國軍事交流展望。全球防衛雜誌。第 278 期。頁 90-97。

鄭羽。1997 年。中俄戰略協作夥伴關係的前景。國際經濟評論。第 5 期。
　　頁 50-51。

蕭朝琴。2003 年。兩岸信心建立措施芻議。遠景基金會季刊。第 4 卷第 1
　　期。頁 65-91。

蕭源興。2011 年。新年新氣象兩岸交流展新局。中共研究。第 45 卷第 1
　　期。頁 17-27。

豫夫。2007 年。「博勝案」初步完成。台美軍事熱線正式開通。國際展望
　　半月刊。總第 575 期第 21 期。頁 32。

應紹基。2010 年。美軍「無瑕號」海測船事件之研析。海軍學術雙月刊。
　　第 44 卷第 3 期。頁 32-45。

謝台喜。2002 年。兩岸建立軍事互信機制之研議。陸軍學術月刊。第 38
　　卷第 445 期。頁 80-86。

謝台喜。2009 年。兩岸建立軍事互信機制之研究。中華戰略學刊。頁
　　99-129。

韓岡明。2006 年。現階段建構兩岸『軍事互信機制』的困境與作法。中
　　華戰略學刊。頁 111-113。

藍天虹、王湧正。2005 年。美國倫斯斐出訪中國之研析。戰略安全研析。
　　第 7 期。頁 13-16。

藤建群。2008 年。中國建立信任措施的實踐展望。國際問題研究。第 3
　　期。頁 13-14。

蘇進強。2004 年。兩岸軍事互信機制的虛與實-沒有互動就沒有互信。沒
　　有互信就沒有安全。新世紀智庫論壇。第 26 期。頁 6-11。

四、研討會論文

丁樹範。2000 年 11 月 30 日。中共對台政策對兩岸建立互信機制的影響。
　　發表於「第一屆『國家安全與軍事戰略』國際學術研討會」。桃園：
　　國防大學。

丁樹範。2010 年 6 月 29 日。中國對兩岸軍事互信的研究與未來作法。發
　　表於「台海安全互信前瞻研討會」。台北：亞太區域研究專題中心。

王高成。2010 年 10 月 26-27 日。兩岸軍事互信機制的探討。發表於「第
　　四屆區域安全國防論壇──華日對話研討會」。台北：中華民國國防
　　部整合評估室。

王崑義。2008 年 5 月 11 日。海上反恐——兩岸信心建立措施初步合作之分析。發表於「第四屆恐怖主義與國家安全學術研討會」。桃園：警察大學。

王順合。2007 年 6 月 1 日。美國與台海兩岸之軍事合作交流及互信措施。發表於「八十三週年校慶基礎學術研討會」。高雄：陸軍官校。

吳東林。2010 年 9 月 17 日。韓國國防武力與東北亞安全。發表於「瞭解當代韓國民主政治學術研討會」。台北：台灣國際研究學會。

李明。2001 年 12 月 11 日。東北亞區域推行信心建立措施之經驗與前瞻。發表於「第二屆『國家安全與軍事戰略』國際學術研討會」。桃園：國防大學。

李登科。2000 年 11 月 13 日。冷戰後中共大國外交策略之研究。發表於「2000 年中共對外關係學術研討會」。台北：國立政治大學。

沈明室、郭添漢。2011 年 10 月 1 日。建立兩岸軍事互信機制的理論探討。發表於「2011 年中國研究年會」學術研討會」台北：政治大學東亞研究所、中國研究年會籌備小組、政治大學中國大陸研究中心。

沈明室、郭添漢。2011 年 5 月 13 日。中共「嫦娥工程」發展的戰略意涵。發表於「陸軍官校建國百年暨 87 週年校慶『中共崛起與亞太安全』國際研討會」。高雄：陸軍官校。

沈明室、郭添漢。2011 年 6 月 9 日。中共軍事武力在領土主權問題運用的角色：以南海為例。發表於「第四屆『國關理論與全球發展』國際研討會」。台北：中華民國國際關係學會、淡江大學國際研究學院。

邵宗海。2002 年 11 月 23-24 日。發表於「亞太情勢發展學術研討會」。台北：圓山大飯店。淡江大學國際關係學院美國研究所所主辦。

施子中。2002 年 11 月 18-19 日。陳水扁「一邊一國」主張分析與對兩岸關係的影響。中共國防決策與台海安全之研究。發表於「我國國防安全危機預判及信心建立措施之研究學術研討會」。台北：我國國防安全危機預判及信心建立措施之研究學術研討會籌備會。

洪陸訓。2011 年 9 月 24 日。2012 大選後。兩岸軍事互信機制的展望。發表於「2011 年台灣戰略研究學會年度座談會」。台北：淡江大學國際事務與戰略研究所。

翁明賢。2009 年 5 月 1 日。建構兩岸集體身份下的台灣安全戰略。發表於「第五屆戰略學術研討會」。台北：淡江大學國際事務與戰略研究所。

張中勇。1996 年 5 月 11 日。以信心建立為主導的兩岸關係。發表於「中華民國新開端：國家安全與國力提昇」圓桌研討會。台北：國策中心。

陳一新。2011 年 3 月 8 日。兩岸和平發展對臺美中臺三邊關係之影響。發表於「財團法人海峽交流基金會海基雙十、兩岸雙贏兩岸關係學術研討會」。台北：海協會。

陳勁甫。2008 年 9 月 20 日。兩岸和平互信機制之探討。發表於「中華孫子兵法研究學會全勝論壇──『迎接卓越與關鍵時刻──從孫子全勝思維展望兩岸前途發展』研討會」。桃園：元智大學暨中華孫子兵法研究學會主辦。

齊藤良。2010 年 10 月 26-27 日。對人民解放軍認為的信任措施一個考察。發表於「第四屆區域安全國防論壇-華日對話研討會」。台北：中華民國國防部整合評估室。

劉廣華。2010 年 10 月 26-27 日。兩岸軍事互信機制探討-源起、倡議、現況、障礙與作為。發表於「第四屆區域安全國防論壇-華日對話研討會」。台北：中華民國國防部整合評估室。

劉文斌。2010 年 10 月 2 日。從戰略三角評析國、民、親三黨競逐關係。發表於「續與變：2008-2010 兩岸關係學術研討會」。台北：台北大學。

歐錫富。2010 年 6 月 29 日。中國與俄羅斯、印度信心建立措施及對臺海的啟示。發表於「中央研究院人文社會科學研究中心亞太區域研究專題中心 2010 臺海安全互信前瞻研討會」。台北：中研院。

蔡明彥。2010 年 6 月 29 日。臺灣對兩岸軍事互信的研究與未來作法。發表於「中央研究院人文社會科學研究中心亞太區域研究專題中心 2010 臺海安全互信前瞻研討會」。台北：中研院。

五、博碩士論文

尤國臻。2010 年。兩岸軍事互信機制的建立──以兩岸非軍事區為例。台北：國防大學政治作戰學院政治研究所碩士論文。

王裕民。2008 年。兩岸建立軍事信任措施之研究。台北：淡江大學國際事務與戰略研究所碩士在職專班碩士論文。

白永成。2005 年。台海兩岸軍事互信機制之建構-兩岸劃設「非軍區」之探討。台北：政治大學戰略與國際事務研究所碩士在職專班論文。

任海傳。2002 年。兩岸信心建立措施之研究－以共同打擊犯罪為例。台北：淡江大學國際事務與戰略研究所碩士論文。

余進發。2005 年。台海兩岸軍事機構互訪可行性之研究。台北：淡江大學國際事務與戰略研究所碩士論文。

吳洲桐。2005 年。朝鮮半島安全情勢下的預防外交-兼論中共的角色與態度。台北：淡江大學國際事務與戰略研究所碩士在職專班論文。

呂中華。2008 年。兩岸建立軍事互信機制可行模式之研究。台北：銘傳大學社會科學院國家發展與兩岸關係碩士在職專班碩士論文。

岳瑞麒。1998 年。兩岸建立信心暨安全措施之研究。台北：中山大學大陸研究所碩士論文。

林俊龍。2005 年。軍事痛苦指數變異下兩岸軍事互信機制建立時機之研究。台北：國防大學管理學院國防決策研究所碩士班論文。

夏天生。2007 年。從信心建立措施觀點論述兩岸軍事互信機制之建立。高雄：中山大學大陸研究所碩士在職專班論文。

夏宜嘉。2010 年。兩岸軍事互信機制倡議之研究。台北：國立政治大學戰略與國際事務研究所碩士在職專班論文。

師嘉俊。2011 年。兩岸現階段建構軍事互信機制之研究。南華大學亞太研究所碩士班論文。

郝以知。2001 年。推動兩岸信心建立措施之研究。台北：政治大學外交學系戰略與國際事務碩士在職專班碩士論文。

張文賢。2008 年。中印關係中的地緣政治因素研究。台北：政治大學國家安全與大陸研究所在職專班碩士論文。

許舜南。2000 年。台海兩岸建立軍事互信機制之研究。台北：政治大學外交學系碩士論文。

陳明崙。2006 年。兩岸軍事互信機制建構之文化基礎研究。台北：政治大學外交學系戰略與國際事務碩士在職專班論文。

陳泊瑋。2010 年。啟動台海和平契機-從建構兩岸軍事互信機制探討。台中：逢甲大學公共政策研究所碩士班論文。

陳國銘。1996 年。由建立信任措施論歐洲傳統武力條約之研究。台北：淡江大學國際事務與戰略研究所碩士論文。

曾娟娟。2009 年。從建構主義分析「兩岸軍事互信機制」之建立。桃園：開南大學公共事務研究所碩士在職專班論文。

馮志成。2010 年。兩岸軍事互信機制的海上安全合作。桃園：國防大學戰略研究所戰略與國際事務研究所論文。

黃振祥。2003 年。冷戰後時期「中俄戰略協作夥伴關係」之形成與探析。台北：政治大學外交研究所碩士論文。

葉茂益。2004 年。兩岸建立軍事互信機制可行性之研究。台北：銘傳大學社會科學院國家發展與兩岸關係碩士在職專班碩士論文。

葛海濱。2006 年。1967 年中東戰爭與美蘇的有限緩和。山東：山東師範大學碩士論文。

趙哲一。1998 年。建立信任措施－兩岸建立軍事互信機制之研究。台北：政治作戰學校政治學系碩士論文。

劉振安。2004 年。美國與中共軍事交流之研究：國家利益之觀點。高雄：中山大學大陸研究所碩士論文。

蔡宗良。2009 年。兩岸軍事互信機制建構之研究。嘉義：中正大學政治學所碩士論文。

蔡明宗。2002 年。冷戰後美國與中共間信心建立措施之發展。台北：政治大學東亞研究所碩士論文。

鄭國芳。2009 年。跨世紀的中共軍事外交。台北：淡江大學國際事務與戰略研究所碩士在職專班論文。

賴炯良。2010 年。兩岸關係發展與變遷之研究-社會建構主義觀點。桃園：國防大學戰略與國際事務研究所碩士論文。

六、網路資料

社論。2011 年 1 月 17 日。兩岸應建立軍事熱線機制。人間福報。http://www.merit-times.com.tw/NewsPage.aspx?unid=215196。

「歐洲安全暨合作組織」Organization for Security and Co-operation in Europe。http://www.osceprag.cz/docs/chronos.htm。

2007 年 4 月 12 日。不光就一台紅色電話機：中國對外軍事熱線「趨熱」。木子網。http://www.muzi.com/cc/fanti/10800.19931.shtml?q=1463929。

2008 年 3 月 14 日。中俄兩國國防部建立直通電話。新華網。http://news.xinhuanet.com/newscenter/2008-3/14/content_7791561.htm 。

2008 年 3 月 18 日。中俄軍事熱線開通：與中美軍事熱線差別很大。人民網。http://military.people.com.cn/BIG5/7013661.html。

2008 年 3 月 5 日。美國防部稱中美軍事熱線有望一個月內開通。中評社。http://www.chinareviewnews.com。

2008 年 4 月 16 日。台海危機催生中美軍事熱線 首次通話長達 30 分鐘。你好臺灣網。http://big5.am765. com/gfxgx/mtjl/ 200804/t20080416_346997.htm。

2008 年 4 月 25 日。中美軍事熱線通話程序繁複。華盛頓時報。http:// www.washingtontimes.com/article/20080425/NATION04/443231768。

2009 年 3 月 22 日。北韓重啟兩韓軍事熱線。人間福報。http://www.merit-times.com.tw/NewsPage.aspx?unid=118536。

2009 年 8 月號。兩岸互動一年；馬總統滿意度民調。遠見雜誌。http://www.gvm.com.tw/gvsrc/index.html。

2010 年 10 月 6 日。南北韓軍事熱線共 9 條。頭條日報即時新聞。http://www.hkheadline.com/instantnews/news_content/200810/06/20081006b125416.html?cat=b。

2011 年 5 月 27 日。第五屆東協國防部長會議 以維繫區域和平與國防合作為主軸。台灣東南亞國家協會研究中心。http://www. aseancenter.org.tw/ ASEANnewsDetail.aspx?id_news=36。

2011 年 5 月 5 日。中韓 7 月會談商設軍事熱線。sina 全球新聞。http:// dailynews.sina.com/bg/news/int/sinchewdaily/20110505/22012426793.html。

2011 年 11 月 1 日。揭秘中外首腦熱線:複雜的約會。文匯網。http:// news.wenweipo.com/2011/11/14/IN1111140132.htm。

CHEONG WA DAE. "National History: Gojoseon." *CHEONG WA DAE Website*. In http://english.president. go.kr/koreain/ history/ gojoseon.php.

Gertz. Bill. November 14 2006. Defenses on subs to be reviewed. *The Washington Times*. http:// www.washintontimes.com/news/2006-nov/14/20061114 -123345-3750r/?feat=article_retlated_stories

一邊一國論。聯合新聞網。http://issue.udn.com/ FOCUSNEWS/ TWOSIDES/ index.htm。

中華人民共和國外交部。1993 年 9 月 7 日。中華人民共和國與印度共和國關於中、印邊境實際控制線地區保持和平與安寧協定。http://big5.fmprc.gov.cn/gate/big5/www.mfa.gov.cn/chn/gxh/zlb/tyfg/t6052.htm。

王北固。2008 年 3 月 3 日。寰宇縱橫 中美軍事熱線上海簽約。台灣
　　立報。http://www.lihpao.com/?action-viewnews-itemid-3127。

王長偉。2008 年 11 月 25 日。中韓作戰部隊開通軍事熱線。中廣新聞網。
　　http://n.yam.com/bcc/china/200811/20081125891646.html。

台北市一江山五十週年祭典。http://myweb.hinet.net/ home8/ yusanshu/
　　new_page_3116.htm。

朱幸福。2007 年 12 月 8 日。發展中美軍事關係面臨三大障礙。文
　　匯報。http://paper.wenweipo.com/2007/12/08/WW0712080006.htm。

余克禮。2009 年 8 月 4 日。兩岸應正視結束敵對狀態簽訂和平協定的問
　　題。中國評論新聞網。http://www. chinareviewnews.com/ doc/ 1010/
　　3/5/5/101035580_5.html?coluid=33&kindid=3470&docid=101035580&
　　mdate=0827124454。

李大光。2005 年 5 月 16 日。我國逐漸與別國建立軍事熱線。文匯論壇。
　　http://paper.wenweipo.com。

李正修。2009 年 1 月 7 日。正視中華民國的存在 才是解決兩岸爭端的關
　　鍵。國家政策研究基金會。http://www.npf.org.tw/post/1/5268。

李光大。2008 年 5 月 10 日。軍事熱線是軍事外交重要渠道。香港文匯
　　報。http://paper.wenweipo.com/。

李明。2003 年 8 月 25 日。六邊會談三對三口舌競賽。國策評論。http:
　　//old.npf.org.tw/PUBLICATION/NS/092/NS-C-092-258.htm。

李海元。2007 年 10 月 9 日。直播實錄：閻學通評「軍事熱線」與中美關
　　係。人民網。http://world.people.com.cn/ BIG5/89881/ 97032/ 6506616.
　　html。

洪聖斐。2011 年 11 月 18 日。美智庫：蔡若勝選前四月是兩岸關鍵時刻。
　　番薯藤。http://n.yam.com/newtalk/ international/201111/ 20111118379526.
　　html。

邱永崢。2009 年 1 月 4 日。與中美軍事熱線有別 中俄軍方啟用直通電話
　　談時局。中青在線。http://www.cyol.net/node/index.htm。

美中猜忌深 軍事熱線不熱。世界新聞網。http://www.worldjournal.com/
　　view/full_news/13275430/article-%E7%BE%8E%E4%B8%AD%E7%8
　　C%9C%E5%BF%8C%E6%B7%B1-%E8%BB%8D%E4%BA%8B%E7
　　%86%B1%E7%B7%9A%E4%B8%8D%E7%86%B1?instance=m2。

美國「史汀生研究中心」。"What are Confidence-Building Measures ?"。Yahoo。http://www.stimson.org/cbm/cbmdef.htm。

美國「戰略暨國際研究中心」.http://csis.org/。

唐璐。2009 年 6 月 18 日。中印或將設「總理熱線」兩國民間反應冷熱不均。新華網。http://world.people.com.cn/BIG5/9498561.html。

海北。2008 年 12 月 2 日。中韓軍事熱線用英語通話。世界新聞報。http://big5.cri.cn/gate/big5/gb.cri.cn/12764/2008/12/02/145s2346327.htm。

財團法人台灣智庫。2010 年 8 月 13 日。美韓聯合軍事演習與東亞海權撞擊－雙邊聯合演習對台灣的啟示。2010 國際暨外交事務政策評析。頁 1-5。財團法人台灣智庫。http://www.taiwanthinktank. org/page/chinese_attachment_1/1700/011_20100817.pdf。

馬英久、蕭萬長 2008 年總統大選競選國防政策。Yahoo。http:// 2008.ma19. net/files/ma-policy4you/pdf/defense.pdf。

高永光。2010 年 3 月 28 日。美對台軍售宜明快。http://www. peaceforum. org.tw/onweb.jsp?webno=3333333504&webitem_no=2455。

康鳳。中國大陸內部經社壓力下的兩岸關係展望。和平論壇。http:// www.peaceforum.org.tw。

陳漢華。2003 年。兩岸信心建立措施及美國角色之評估。http://www. peaceforum.org.tw/onweb.jsp?webno=3333333502&webitem_no=635R。

陸委會。2003 年 1 月 1 日。陳總統主持中華民國九十二年開國紀念典禮暨元旦團拜：有關兩岸關係談話內容。總統府新聞稿。http:// www.mac.gov.tw/ct.asp?xItem=58415&ctNode=5645&mp=1。

彭志文。2008 年 3 月 24 日。中俄先於中美開通國防軍事熱線的背後內幕。鳳凰網。http://big5.ifeng. com/gate/big5/bbs.ifeng.com/ viewthread. php?tid=3085524###。

揭仲。2009 年 09 月 08 日。先要釐清「軍事互信機制」。蘋果日報。http:// tw.nextmedia.com/applenews/article/art_id/31923193/IssueID/20090908#。

曾復生、何志勇。2010 年 3 月 15 日。台海兩岸建構軍事互信機制的關鍵要素。國政基金會國政研究報告。http://www.npf.org.tw/getqr/7182。

曾復生。2010 年 3 月 15 日。台海兩岸建構軍事互信機制的關鍵要素。國政基金會國政研究報告。http://www.npf.org.tw/post/2/7182。

靖心慈。2010 年 10 月 2 日。兩岸經濟合作架構協議之服務貿易早期收穫和後續可能發展研析。WTO 電子報。第 235 期。頁 2-5。中華經際研究院台灣 WTO 中心。http://www.wtocenter. org.tw/SmartKMS/fileviewer?id=112959。

裴敏欣。2007 年 11 月 26 日。中美軍事熱線和戰略互信。BBC 中文網。http://news.bbc.co.uk/chinese/trad/hi/newsid_7110000/newsid_7113300/7113398.stm。

劉俊。2008 年 3 月 18 日。中俄軍事熱線開通：與中美軍事熱線差別很大。人民網。http://military.people.com.cn/BIG5/7013661.html。

劉禹慶、黃旭磊、蔡宗勳、余雪蘭。2009 年 10 月 6 日。巴拿馬貨輪沉沒一死十失蹤對兩岸發展影響。自由電子報。http://www. libertytimes.com.tw/2009/new/oct/6/today-fo3-3.htm。

劉曉霞。2010 年 10 月 28 日。馬英九：ECFA 是一種信心建立措施。鉅亨網。http://tw.money.yahoo.com/news_article/adbf/d_a_101028_2_2aakb。

歐錫富。2009 年 3 月 12 日。2008 年中共解放軍重要事件回顧。大陸與兩岸情勢簡報。11http://www.mac. gov.tw/public/Attachment/ 962315311446.pdf。

蔡東杰。2009 年 6 月 15 日。北韓核試 引爆第三次朝鮮半島危機。台灣戰略研究學會。http://blog.sina.com.tw/strategy2009/ article.php? pbgid=79840&entryid=591631。

賴怡忠。2010 年 3 月 28 日。孟買恐怖攻擊事件對印巴信心建立措施的衝擊。中國電子時報。http://www.peaceforum.org.tw/onweb.jsp? webno=3333333731&webitem_no=1602。

七、報紙資料

1993 年 9 月 8 日。中印簽署關於邊界問題等文件——兩國總理出席簽字儀式。人民日報。版 1。

1994 年 9 月 13 日。印領導人會見遲浩田——希望發展兩國兩軍友好合作關係。人民日報。版 7。

1998 年 5 月 25 日。柯江 25 日熱線電話。中國時報。版 1。

1999 年 8 月 18 日。中國解決台灣問題決心不會被現代化武器嚇阻。解放軍報。

2000 年 11 月 28 日。金大中：兩韓模式不完適用兩岸。他表示台灣和大陸間隔著海峽。問題自然困難得多。不過他表示和平統一最重要的是真誠。要從內心發出和平的願望。聯合報。版 13。

2005 年 10 月 22 日。中共拒與美軍事熱線。中國時報。版 4。

2009 年 9 月 23 日。兩岸軍事互信由民間走向台前。中國時報。版 13。

2010 年 12 月 30 日。和平發展新思維兩岸關係新突破。文匯報。A17。

2010 年 2 月 13 日。鍾堅主張潛艦不只要買。八艘還太少。自由時報。A6。

2010 年 5 月 16 日。聯名函歐巴馬 136 眾議員促售台 F-16。聯合報。A4。

2010 年 5 月 16 日。蘇起證實：兩岸有秘密溝通管道。聯合報。A4。

2010 年 5 月 21 日。就職兩周年。馬：任內絕對不進行統一談判。中國時報。版 2。

何振忠。2000 年 7 月 21 日。蘇志誠：接觸三十多次。精彩的在 92 年以後。聯合報。版 3。

李志德。2009 年 8 月 27 日。葛來儀：92 共識下 可建構ＣＢＭ。聯合報。A11。

李金生。2012 年 8 月 31 日。海上聯合搜救演練 兩岸官員同艦指揮。中國時報。A17。

林琮盛。2008 年 7 月 11 日。兩岸關係研討會王衛星：未來路線圖 兩岸成友軍。聯合報。A21。

社論。1999 年 8 月 1 日。世界並不太平。戰爭並不遙遠。解放軍報。

社論。2011 年 4 月 13 日。何妨辯論兩岸軍事互信機制。聯合晚報。版 2。

范凌嘉。2006 年 5 月 21 日。首件國安報告出爐：兩岸設軍事熱線。聯合報。A10。

陳一新。1998 年 5 月 1 日。中美搭上熱線，我應籌思對策。中國時報。版 11。

黃越宏、尹乃菁。2000 年 7 月 20 日。鄭淑敏：扮李江熱線窗口 直到李卸任前。中國時報。版 2。

楊羽雯。1999 年 1 月 20 日。兩岸軍事熱線 不應預設前提。聯合報。版 13。

趙春山。2009 年 10 月 21 日。解讀歐胡聯合聲明應有新思維。蘋果日報。版 30。

蔡慧貞。2001 年 1 月 22 日。監院調查：兩岸密使往還　歷時三年。中國時報。版 1。

鄧中堅。2007 年 1 月 8 日。「中」印形成軍事同盟的限制。中央日報。版 4。

鍾雲蘭。1992 年 5 月 11 日。簽署協定。兩岸進入中程階段的指標。聯合報。版 3。

羅俊宏。2011 年 3 月 16 日。析論開放「陸客自由行」對兩岸發展影響。青年日報。版 7。

嚴兆華。2007 年 1 月 13 日。南京軍區──武力部署直指臺灣。青年日報。版 4。

貳、英文部分

一、專書

Allen. Kenneth W. 1999. "China's Approach to Confidence-Building Measures." in Ranjeet K. Singh. ed. *China's Foreign Military Relations*. Oxford: Westview Press.

Allen. Kenneth W. 1999. "Military Confidence-Building Measures Across the Taiwan Strait."in Ranjeet K. Singh ed.. *Investigating Confidence-Building Measures in the Asia-Pacific Region*. Washington D.C.: The Henry L. Stimson Center.

Betts. Richard K. 2007. Enemies of Intelligence: Knowledge and Power in American National Security New York: Columbia University Press.

Blainey. Geoffrey 1988. *The Causes of War*. New York: The Free Press.

Bloed. Arie ed..1993. *The Conference on Security and Cooperation in Europe* The Netherlands: Kluwer Academic.

Booth. Ken 1985.*Law, Force and Diplomacy at Sea*. London: George Allen and Unwind.

Borawsku. John 1986. "The World of CBMs."in John Borawski ed.. *Avoiding War in Nuclear Age: Confidence-Building Measures for Crisis Stability Boulder.* Colorado: Westview Press.

Boutros-Ghali. Boutros 1993.*Study on Defensive Security Concepts and Policies* New York: United Nations.

Boutros-Ghali. Boutros 1995. *An Agenda for Peace*New York: United Nations.

Bush. Richard C. 2005.*Untying the Knot: Making Peace in the Taiwan Strait.* Washington, D.C.: Brookings Institution Press. U.S.

Carter. Ashton B. John D. Steinbruner & Charles A. Zraket. 1987. *Managing Nuclear Operations* Washington D.C.: The Brookings Institution.

Cashman. Greg 1993. What Causes War? : An Introduction to Theories of International Conflict. New York: Lexington Books.

Clinton. Bill 2004. *My Life*. New York: Alfred A. Knopf.

Cossa.Ralph A. 1995. "Asia Pacific Confidence and Security Measures." *in Asia Pacific Confidence and Security Building Measures* Washington D.C.: The Center for Strategic and International Studies.

Darilek. Richard E. eds.. 1998. "East-West Confidence-Building Measures: Defusing the Cold War." in Michael Krepon et al.. *A Handbook of Confidence-Building Measure for Regional Security.* 3rd Edition. Washington D.C. ：The Stimson Center.

Desjardins. Marie-France 1996.*Rethinking Confidence-Building Measures*. London: Oxford University Press.

Elliot. Jeffrey M. & Robert Reginald. 1989. *the Arms Control, Disarmament, and Military Security Dictionary.* Santa Barbara, C.A.: ABC-CLIO Press.

Evera. Stepheh V. 1999.Causes of War: Power and the Roots of Conflict. Cornell Studies in Security Affairs. Ithaca: Cornell University Press.

Gaddis. John L. 1998.*We Now Know; Rethinking Cold War History.* Oxford. University Press.

George. Alexander L. 1988. *U.S.-Soviet Security Cooperation.* New York: Oxford University Press.

Ghebali. Victor-Yves 1989.Confidence-Building Measures within the CSCE Process: Paragraph-by- Paragraph Analysis of Helsinki and Stockholm Regimes. New York: United Nations.

Godwin. Paul H. B. & Alfred D. Wilhelm, Jr. eds.. 1996. *Taiwan 2020: Development in Taiwan to 2020: Implications for Cross-Strait Relations and U.S. Policy.* Washington. D.C.: The Atlantic Council of the United States.

Goldridge. John H. 1997.*Crossing the Divide.* New York: Rowman Littlefield Publishers. Inc.

Goodman. David S. G. Martin Lockett & Gerald Segal. 1986. *The China Challenge.*

London: Routledge & Kegan Paul Ltd.

Gutteridge. William ed.. 1982. *European Security. Nuclear Weapons and Public Confidence.* Hong Kong: Macmillan Press.

Habeeb. William M. 1988.Power and Tactics in International Organization: How Weak Nations Bargain with Strong Nations. Baltimore: The John Hopkins University Press.

Hass. Ernst B. & Philippe C. Schmitter. 1996. Economics and Differential Patterns of Political Integration: Projections about Unity in Latin America, International Political Community an Anthology. New York: Anchor Books.

Holgate. Laura S. Hayes 1993. "Preventing accidental war," in Richard Dean Burns's ed.. *Encyclopedia of arms Control and Disarmament.* New York: Charles Scribner's.

Huaqiu. Lin 1995. "Step-By-Step Confidence and Securit Building for the Asian Region: A Chinese Perspective." in Ralph A. Cossa ed. *Asia Pacific Confidence and Security Building Measures.* Washington. D.C.: Center for Strategic and International Studies.

Jervis. Robert "Security Regime." in Stephen D. Krasner, ed. 1983.*International Regimes* Ithaca. New York: Cornell University Press.

Joynt. Carey B. 1964. "Arms Races and the Problem of Equilibrium." in George W. Keeton & George Schwazenberger. eds.. *The Yearbook of World Affairs* London: Stevens.

Kan. Shirley A. 2009.*U.S.-China Military Contacts: Issues for Congress* Washington D.C.: Library of Congress.

Kau. Michael Y. M. 1987. "The Implications of the Triangular Relations for Taiwan: An Emerging Target of Opportunity."in Ilpyong J. Kim ed.. *The Strategic Triangle: China. the United States and the Soviet Union.* New York: Paragon House Publishers.

Keohane. Robert 2002.Liberalism, Power and Governance in a Partially Globalizes World. New York: Rutledge.

Kim Hak-Joon. 1977.*The Unification Policy of South and North Korea.* Seoul: Seoul National University Press.

Kissinger. Henry 1994.*Diplomacy.* New York: Simon & Schuster.

Kremp.Walter Michal Olejamik. Victor-Yves Ghebali, Andrei Androsov & Keith Jinks. 2000. *OSCE Handbook.* Vienna: OSCE.

Krepon. Michael et. al. 1998. *A Handbook of Confidence-Building Measures for Regional Security.* Washington D.C.: The Henry L. Stimson Center.

Lall. Artgur 1966.Modern International Negotiation: Principles and Practice. New York: Columbia University Press.

Liping. Xia 1997. "The Evolution of Chinese View toward CBMS." in Michael Krepon ed. *Chinese Perspectives on Confidence-Building Measures.* Washington. D.C.: The Henry L. Stimson Center.

Mandelbaum. Michael 1979.The Nuclear Question- The United States & Nuclear Weapons 1946-1976. New York: Cambridge University Press.

Mayers. Teena K. 1986.*Understanding Nuclear Weapons and Arms Control.3rd ed..* Washington. D.C.: Pergam on –Brassey's.

Mearsheimer. John J. 2001.*The Tragedy of Great Power Politics.* New York: W. W. Norton.

Melvin. Gurtov 1998.*China's Security : The New Role of the Military.* Boulder: Lynne Rienner publisher.

Office of the Secretary of Defense. 2010. *Military and Security Developments Involving the People's Republic of China 2010.* Washington. D.C.: Office of the Secretary of Defense.

Office of the Secretary of Defense. 2011. *Military and Security Developments Involving the People's Republic of China 2011* Washington. D.C.: Office of the Secretary of Defense.

Oxford University Press.1991.*SIPRI Yearbook 1991: World Armaments and Disarmament.* Oxford: Oxford University Press.

Pederson. M. Susan & Week. Stanley 1995. "*A Survey of Confidence and Security Building Measures.*" in Ralph A. Cossa ed.. Asia Pacific Confidence and Security Measures. Washington. D.C.: The Center for Strategic and International Studies.

Perderson. M. Susan & Stanley Weeks. 1995. "A Survey of Confidence and Security Building Measures." in Ralph A. Cossa ed. *in Asia Pacific Confidence and Security Building Measures.* Washington. D.C.: The Center for Strategic and International Studies.

Pollpeter. Kevin 2004. U.S.-China Security Management Assessing the Military-to- Military Relation Relationship. Santa Monica: RAND.

Quandt. William B. 1997.Peace process: American Diplomacy and the Arab-Israeli Conflict Since 1967. Washington, D.C.: Brookings Institution.

Roberts. Brad Robert A. Manning & Ronald N. Montaperto. 2000. *China: The Forgotten Nuclear Power in The Rise of China* New York: the Council on Foreign Relations.

Roy. Denny 2010. "Restructuring Foreign and Defense Policy: the People's Republic of China." in Anthony McGrew & Christopher Brook eds.. *Asia-Pacific in the New World Order.* New York: Rutledge.

Russett . Bruce & Harvey Starr. 1992. *World Politics.4rd ed..* New York: W. H. Freeman.

Stone. Webster A. 1993. "The hot line: Washington-Moscow Communication links."in Richard Dean Burns ed.. *Encyclopedia of arms Control and Disarmament* New York: Choral's Scribner's.

Suettinger. Robert L. 2003. *Beyond Tiananmen: the Politics of U.S.-China Relations 1989-2000.* Washington. D.C.: Brookings Institution Press.

Yu. Chen-Hung ed. 1999. Compilation of Security Treaties. Agreements and Statements of Asia-Pacific.Taipei Taiwan Research Institute.

Zartman. William & Maureen Berman. 1982.*The Practical Negotiation.* New. Haven: Yale University Press.

二、期刊、論文

Allen. Kenneth W. 1998. "Military Confidence-Building Measures Across The Taiwan Strait." paper presented in the Conference on 'Building New Bridges for a New Milennum' Sponsored by The public policy Institute of Southern Illinois University pp.9-14.

Allen. Kenneth W. 8-9 April 1999. "Confidence-Building measure and the People's Liberation Army." paper presented at The PRC's Reforms at Twenty: Retrospect and prospects. held by Sun Yat-sen Graduate Institute of Social Science and Humanities. National Chengchi University. Taipei.

Ball. Desmond May 1991. "Improving Communications Links between Moscow."*Journal of Peace Research.* Vol.28. No.2 pp.135-159.

Chai. Wen-Chung 2003. "Establishing Military Confidence Building Measures across the and the Taiwan Strait: Theory and Practice. "*Taiwan Defense Affairs.* Vol.4. No.1 . pp.18-39.

Chalmers. 1996.Malcolm "Openness and Security Policy in Southeast-east Asia." *Survival.* Vol.38. No.3. Autumnpp.84-88.

Chang. Chung-young 2001. "Globalization and Human Security: Taiwan's Perspective. " paper presented at the Fourth ASEAN-ISIS/IIR Dialogue.Taipei. January 11-14. pp.367-390.

Cossa. Ralph A. 2008. "Taiwan Strait Crisis Management: The Role of Confidence Building Measures." paper presented at the Confidence Building Measures –Successful Cases and Implications for the Taiwan Strait. Taipei. pp.279-285.

Deng. Yong 1998. "The Association of East Asian Security and the United States' Role." *East Asia: An International Quarterly*16. Issue 3/4 Autumn/Winter pp.95-97.

Glaser. Bonnie S. & Wang Liang. 2008. "North Korea: The Beginning of a U.S.-China Partnership?" *The Washington Quarterly*. Vol.31. No.3. Summer pp.165-180.

Glaser. Bonnie S. 2005. "Military Confidence Building Measures: Averting Accidents and Building Trust in the Taiwan Strait ." *American Foreign Policy Interests.* No. 27. pp.98-100.

Glaser. Bonnie S. 2008. "Establishing Cross-Strait Military Confidence Building Measures." paper presented at the Confidence Building Measures –Successful Cases and Implications for the Taiwan Strait. Taipei. pp.268-281.

Glaser. Bonnie S. November 9-11. 2002. "Cross-Strait Stalemate: Searching for a way out." paper presented at the 2002 Roundtable on the Asian-Pacific Security Environment Emerging Realities. Hawaii. pp.168-217.

Gregson.Wallace C. September 27-29. 2009. "U.S.-Taiwan Defense Relations: 2009." U.S.-Taiwan Defense Industry Conference. Charlottesville. Virginia.

Gross. Donald G. April 2006. "U.S.-Korea Relations: Forward on Trade as Nuclear Talks Sputter. " *Comparative Connections.*Vol.8. No.1. pp.49-57.

Harding. Harry Fall 1994. "Prospects for Cooperative Security Arrangements in the Asia-Pacific Region." *Journal of Northeast Asia Studies*. Vol.13. No.3. pp.32-37.

Huaqiu. Lin 1995. "Step-By-Step Confidence and Security Building for the Asian Region: A Chinese Perspective". in Ralph A. Cossa ed.. *Asia Pacific Confidence and Security Building Measures* Washington. D.C.: Center for Strategic and International Studies. pp.121-126.

Katsumata. Hiro 2003. "Reconstruction of Diplomatic Norms in Southeast Asia: The Case for Strict Adherence to the ASEAN Way." *Contemporary Southeast Asia*. Vol.25. No.1. pp.104-121.

Kireev. Genrikh 1997. "Strategic Part-nership and Stable Border." *Far Eastern Affairs.* Moscow. No.4. pp.8-22.

Koo. Bon-Hak 1998. "Challenges and Prospects for Inter-Korean Relations Under the New Leadership." *Korean Journal of Defense Analysis*. Vol.10. No.1. pp.79-82.

Leifer. Michael July 1996. "The ASEAN Regional Forum. " *Adelphi Paper* . No.302. pp.1-65.

Lim. Robyn August 1998. "The ASEAN Regional Forum: Building on Sand." *Contemporary Southeast Asia.y.*Vol.20. No.2. pp.115-136.

Lin. Wen-Cheng Summer 2001. "Beijing's Taiwan Policy and Cross-Strait Relation."*Taiwan Defense Affairs.*Vol.1. No.4. 4. pp.95-98.

Malik. J. Mohan June. 1995. "China-India Relations in the Post-Soviet Era: The Continuing Rivalry." *The China Quarterly*. No. 142. pp.317-355.

Nathan. Andrew J. 2000.What's Wrong with American Taiwan Policy. *The Washington Quarterly.* Vol.23. No.2. pp.93-106.

Nischalke. Tobias Ingo 2000."Insights from ASEAN's Foreign Policy Cooperation: The ASEAN Way. a Real Spirit or a Phantom?" *Contemporary Southeast Asia*. Vol.22. No.1. pp.89-112.

Owens. Mackubin Thomas Spring 2006. "A Balanced Force Structure to Achieve a Liberal World Order."*Orbits.*Vol.50. No.2. pp.309-312.

Park. Jongchul Spring 1999."Seoul's Engagement Policy Towards Pyongyang-Setting. Framework and Conditions." *Korea and World Affairs.* pp.5-25.

Pillsbury. Michael 1975. "U.S.-Chinese Military Tie?" *Foreign Policy*. Fall. No.20. pp.50-64.

Ramcharan. Robin 2000. "ASEAN and Non-interference: A Principle Maintained." *Contemporary Southeast Asia*. Vol.22. No.1. pp.60-88.

Searle. Peter Apr 2002. "Ethno-Religious Conflicts: Rise or Decline? Recent Developments in Southeast Asia." *Contemporary Southeast Asia: A Journal of International & Strategic Affairs* 24. Issue 1. pp.1-11.

Shen. Ming-Shih July 2011. "The Military Confidence Building Measures Strategy Across the Taiwan Strait." *The Journal of Defense Studies.*IDSA. India. Vol.5. No.3. pp.17-24.

Shirk. Susan L. 1994. "Chinese Views on Asia-Pacific Regional Security Cooperation." *NBL-Analysis.* Vol.5. No.5. pp.11-15.

Smith. Bromley K. 1988. Organizational History of the National Security Council during the Kennedy and Johnson Administrations. Monograph Written for the National Security Council. pp.5–14.

Snitwongse. Kusuma 1995. "ASEAN's Security Cooperation: Searching for a Regional Order." *The Pacific Review.* Vol.8. No.3. pp.528-532.

Sithara. Y. J. & N. Fernando.November. 24 2010. "China's Maritime Relations with South Asia: Form Confrontation to Cooperation part one." *Strategic Analysis paper.* pp. 1-24.

Weith. R. May 2006. "Military dialogue." *China Brief.* Vol.6. No.18. pp.6-8.

Whan. Kihl Young 1998. "Soul's Engagement Policy and U.S.-DPRK Relations." *Korean Journal of Defense Analysis.* Vol.10. No.1. pp.21-25.

Whiting. Allen S. June 1995. "Chinese Nationalism and Foreign Policy After Deng." *The China Quarterly.* No.142. pp.295-316.

Wu. Yu-Shan January 1995. "Taiwan in 1994: Managing a Critical Relationship. " *Asian Survey.* Vol.35. No.1. pp.61-67.

Yan. Xue-tong. 1997. "In Search of Security after the Cold War: China's Security Concerns." *World Affairs.* Vol.4. No.1. pp.38-77.

三、報紙資料

Celeste Johnson. L. April 6. 1999. "Military Confidence-Building Measures between Taiwan and the People's Republic of China." *Policy Analysis Exercise.* Massachusetts: John F. Kennedy School of Government. Harvard University. pp.21-24.

25 April. 1996. "Beijing. Moscow Set Up Telephone Hot Link." *Agency France-Presse.*

Aug.26.2005. "US Cancels Defense Meet with Taiwan." *Taipei Time.* p.1.

Dec. 26. 2008. "China Navy off to Hunt African Pirates." *Bangkok Post.* p.2.

Fan. Maureen Dec. 18. 2008. "China Navy Plans to Enter Fight Against Pirates." *Washington Post*. p.2.

Garamond. Jim January 15. 2004. "China. U.S. Making Progress on Military Relations." *American Forces Press Service.*

July/August 1997. "Joint Statement by the People's Republic of China and the Russian Federation." *Asia-Pacific Defenses Reporter.* p.6.

Kan. Shirley A. March 19. 2009. U.S.-China Military Contacts: Issues for Congress. p.17.

Keefe. Ohn January 2002. "Anatomy of the EP-3 Incident, April 2001."*Center for Naval Analyses report.*

Lampton　David M. & Kenneth Lieberthal.April 12. 2004. "Heading off the Next War." *Washington Post.* p.19.

Ma.Ying-Jeou December 12. 2008. "Peace Plan. China and Taiwan." *The Washington Times.*

Rickards. Jane January 20. 1999. "Military Hotlines Proposal to Boost Ties." *China News.* p.1.

Roth. Stanley O. March 24. 1999. "The Taiwan Relations Act at Twenty-and Beyond." Address to the Woodrow Wilson Center and the American Institute in Taiwan. Washington. D.C.

Schweid. Barry 10 January .1999. "Kissinger Offered to the Help China against Soviets; U.S. was Willing to Share Information about Soviet Forces. Transcript of Secret 1973 Meeting Shows." *Austin American-Statesman.*

新・座標17　PF0122

新銳文創
INDEPENDENT & UNIQUE

熱線
——兩岸軍事互信機制建構

作　　者	郭添漢
責任編輯	邵亢虎
圖文排版	郭雅雯
封面設計	秦禎翊

出版策劃	新銳文創
發 行 人	宋政坤
法律顧問	毛國樑　律師
製作發行	秀威資訊科技股份有限公司
	114 台北市內湖區瑞光路76巷65號1樓
	電話：+886-2-2796-3638　傳真：+886-2-2796-1377
	服務信箱：service@showwe.com.tw
	http://www.showwe.com.tw
郵政劃撥	19563868　戶名：秀威資訊科技股份有限公司
展售門市	國家書店【松江門市】
	104 台北市中山區松江路209號1樓
	電話：+886-2-2518-0207　傳真：+886-2-2518-0778
網路訂購	秀威網路書店：http://www.bodbooks.com.tw
	國家網路書店：http://www.govbooks.com.tw

出版日期	2013年7月　初版
定　　價	390元

國家圖書館出版品預行編目

熱線：兩岸軍事互信機制建構 / 郭添漢著. -- 初版. -- 臺
北市：新銳文創, 2013.07
　　面；　公分
　ISBN 978-986-5915-80-3(平裝)

　1.兩岸關係　2.軍事

573.09　　　　　　　　　　　　　　102008309

讀者回函卡

感謝您購買本書，為提升服務品質，請填妥以下資料，將讀者回函卡直接寄回或傳真本公司，收到您的寶貴意見後，我們會收藏記錄及檢討，謝謝！如您需要了解本公司最新出版書目、購書優惠或企劃活動，歡迎您上網查詢或下載相關資料：http:// www.showwe.com.tw

您購買的書名：_____

出生日期：_____年_____月_____日

學歷：□高中 (含) 以下　　□大專　　□研究所 (含) 以上

職業：□製造業　□金融業　□資訊業　□軍警　□傳播業　□自由業
　　　□服務業　□公務員　□教職　　□學生　□家管　　□其它_____

購書地點：□網路書店　□實體書店　□書展　□郵購　□贈閱　□其他

您從何得知本書的消息？

　□網路書店　□實體書店　□網路搜尋　□電子報　□書訊　□雜誌

　□傳播媒體　□親友推薦　□網站推薦　□部落格　□其他_____

您對本書的評價：(請填代號　1.非常滿意　2.滿意　3.尚可　4.再改進)

　封面設計____　版面編排____　內容____　文／譯筆____　價格____

讀完書後您覺得：

　□很有收穫　□有收穫　□收穫不多　□沒收穫

對我們的建議：_____

_____

_____

_____

11466
台北市內湖區瑞光路 76 巷 65 號 1 樓
秀威資訊科技股份有限公司　　　收
　　　　　　　　BOD 數位出版事業部

....

（請沿線對折寄回，謝謝！）

姓　　名：＿＿＿＿＿＿＿＿＿　年齡：＿＿＿＿　性別：□女　□男

郵遞區號：□□□□□

地　　址：＿＿＿＿＿＿＿＿＿＿＿＿＿＿＿＿＿＿＿＿＿＿＿

聯絡電話：(日) ＿＿＿＿＿＿＿＿＿＿　(夜) ＿＿＿＿＿＿＿＿＿＿

E-mail：＿＿＿＿＿＿＿＿＿＿＿＿＿＿＿＿＿＿＿＿＿＿